供给侧结构性改革

理论、实践与发展探究

孙国生 著

华龄出版社
HUALING PRESS

责任编辑：李梦娇
责任印制：李未圻

图书在版编目（CIP）数据

供给侧结构性改革理论、实践与发展探究 / 孙国生著. -- 北京 : 华龄出版社 , 2021.6
ISBN 978-7-5169-1446-5

Ⅰ. ①供… Ⅱ. ①孙… Ⅲ. ①中国经济—经济改革—研究 Ⅳ. ① F12

中国版本图书馆 CIP 数据核字 (2021) 第 111629 号

书　　名：供给侧结构性改革理论、实践与发展探究
作　　者：孙国生

出版发行：华龄出版社
地　　址：北京市东城区安定门外大街甲 57 号　　邮　　编：100011
电　　话：010-58122255　　传　　真：010-84049572
网　　址：http://www.hualingpress.com

印　　刷：三河市嵩川印刷有限公司
版　　次：2021 年 8 月第 1 版　　2021 年 8 月第 1 次印刷
开　　本：787 mm × 1092 mm　1/16　　印　　张：13.75
字　　数：250 千字
定　　价：58.00 元

前 言

随着我国经济发展下行压力逐渐增大，必须加快转变经济发展方式，从粗放式的高速发展向中高速的高质量发展转变，经济发展进入新常态。这就要求我国要转变生产方式，调整经济结构，不仅要扩大总需求，更要在供给端发力，深入贯彻落实供给侧结构性改革，提高供给这一体系的效率和质量。这就要求我们要对供给侧结构性改革有一个全面的了解和认识。

现阶段，供给侧结构性改革已经开展起来，需要返璞归真、追根溯源，在理论上重新认识改革的方方面面，这不仅有利于总结目前为止已经开展的供给侧结构性改革取得的一些成果，还有利于在这些理论的指导下，继续开展供给侧结构性改革的工作，基于这一逻辑，本书将“供给侧结构性改革”作为主要的研究对象，并进行系统化的研究。

本书分为七个部分，第一部分将回归本源，探讨供给侧结构性改革开展的背景，并溯流而上，探寻供给侧结构性改革的起源，在此基础上，明晰供给侧结构性改革的内涵和具体的特点，发现误区，最后，综合起来，讨论供给侧结构性改革的核心本质。第二部分中，我们将从创新意义、理论模型和实施路径三个层面来分析供给侧结构性改革，从重要性、理论到实践，全面考量，通篇考虑，充实供给侧结构性改革的研究内容。第三部分针对在供给侧结构性改革中的经济策略这一角度进行深入细致的剖析，探讨在供给侧结构性改革中的劳动力要素、资本要素、自然资源要素以及企业家与科学技术要素。第四部分以供给侧结构性改革中的生产率作为焦点，分析实体与非实体经济均衡问题，吸取发达国家生产率下降的一些经验，探讨中国生产率计算以及实体创新和降低金融风险的问题。第五部分中，经济增长跨越与经济的高质量发展是探讨的重点，在分析了增长阶段的特征和世界范围内的比较之后，探寻中国高质量发展的道路，为制定高质量和可持续发展的经济政策提供参考。第六部分从多个维度深入思考供给侧结构性改革，分别是宏观的动力维度、中观的产业维度以及微观的企业维度，在此基础上，深化供给侧结构性改革的战略重点。最后一部分中，重点探讨在供给侧结构性改革中的“数字化”

的重要作用，展望未来数字货币的发展，并分析在5G背景下的金融科技具有哪些特征，发展的路径是怎样的，最后讨论在全球贸易的大环境下，数字经济发展的新趋势。

供给侧结构性改革作为当前的一项重要举措，必须从多个层面进行全面、系统的分析，本书力求做到这一点，从供给侧结构性改革的本质和起源入手逐渐延伸，尽量使理论体系更加丰富全面。

希望通过本书的研究，能够做一些有益于我国供给侧结构性改革发展的工作，为国家发展贡献一些绵薄之力。

目 录

第一章 概 述

第一节 供给侧结构性改革的背景与起源

一、供给侧结构性改革的背景

（一）供给侧结构性改革的历史实践案例

“供给侧结构性改革”这一新生词语自2005年11月以来，频繁出现在高层领导的讲话中。中共中央总书记、国家主席、中央军委主席习近平在中央财经领导小组第十一次会议上的讲话中明确提出：“在适度扩大总需求的同时，着力加强供给侧结构性改革，着力提高供给体系质量和效率。”

同时，国务院总理李克强也在“十三五”《规划纲要》编制工作会议上指出：“要在供给侧和需求侧两端发力促进产业迈向中高端。”此外，时任中央财办主任、国家发改委副主任刘鹤也强调重视“供给侧”的调整。

1. 供给侧结构性改革的含义

供给学派侧重经济活动的供给方面，强调对生产要素的优化配置与高效利用。其主要代表人物阿瑟·拉弗[①]（Arthur Betz Laffer）认为，供给经济学是“提供一套基于个人和企业刺激的分析结构。政府在这一结构中的任务在于使用其职能去改变刺激以影响社会行为”。因此，政府应该简政放权，激发企业的市场活力，从而创造新供给，培育新需求，增强经济的可持续发展能力。

需求侧管理就像“西医”，见效快却有副作用；供给侧管理犹如“中医”，能从源头上综合治理，激发经济发展的长久活力。以往我国侧重需求侧管理的宏观调控模式，推动了经济规模的快速增长，实现了经济总量的跃迁，但也不可避免地产生了各种发展矛盾。

因此，供给侧结构性改革就是针对经济新常态下的发展问题，在适度扩大总需求的

① 阿瑟·拉弗（Arthur Betz Laffer），（1941年8月14日— ），美国经济学家，南加州大学教授，供应学派代表人物。拉弗先生以其“拉弗曲线”而著称于世，并当上了里根总统的经济顾问，为里根政府推行减税政策出谋划策。

同时，从供给源头进行经济结构的优化调整，推动国内企业在新常态下的转型升级，大力扶持信息化时代下新兴产业的发展，从而优化经济结构，培植核心竞争力，增强可持续发展能力。

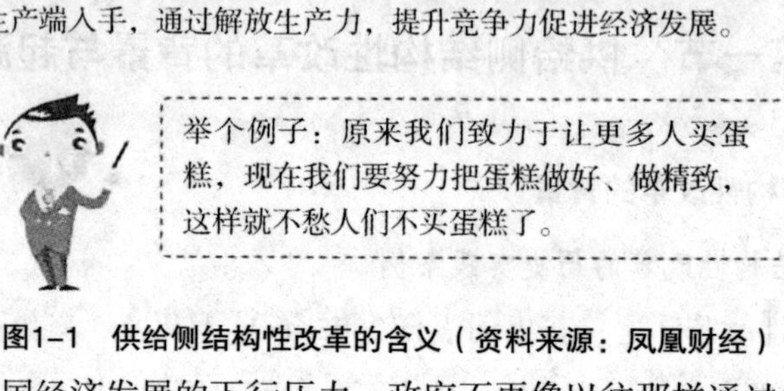

以前提到经济增长，条件反射就是要扩大内需，刺激增长，现在要换一种新思路，新方法——供给侧结构性改革。从供给、生产端入手，通过解放生产力，提升竞争力促进经济发展。
举个例子：原来我们致力于让更多人买蛋糕，现在我们要努力把蛋糕做好、做精致，这样就不愁人们不买蛋糕了。

图1-1　供给侧结构性改革的含义（资料来源：凤凰财经）

例如，面对我国经济发展的下行压力，政府不再像以往那样通过大规模的投资来刺激经济发展，而是从供给端出发，通过简政放权、探索自由贸易区、政策引导等多种途径，激发企业活力，特别是对市场需求高度敏感的中小企业的发展活力，从而优化产业结构，增加有效供给，挖掘、培育国内消费市场，最终提升我国经济的整体发展活力和竞争力。

从供给与需求的对应关系来看，“供给侧”同“需求侧”之间也存在对应关系。需求侧是短期经济增长的直接动力，由投资、消费和出口构成“三驾马车”，以其需求作为刺激经济增长的最主要原因。而“供给侧”包括劳动力、土地、资本和创新这四大因素，供给侧管理认为拉动经济增长最根本的因素是提高生产力，以提升潜在产出水平。而结构性改革则是指对经济结构进行全面的优化和调整，合理利用生产要素，以达到最大效率。

需求“三驾马车”
投资
消费
出口
需求侧刺激
供给侧改革
供给四大要素
劳动力
土地
资本
创新
经济增速
经济潜在增速

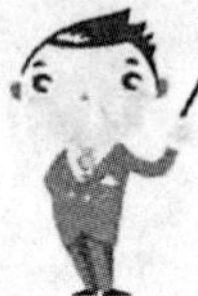

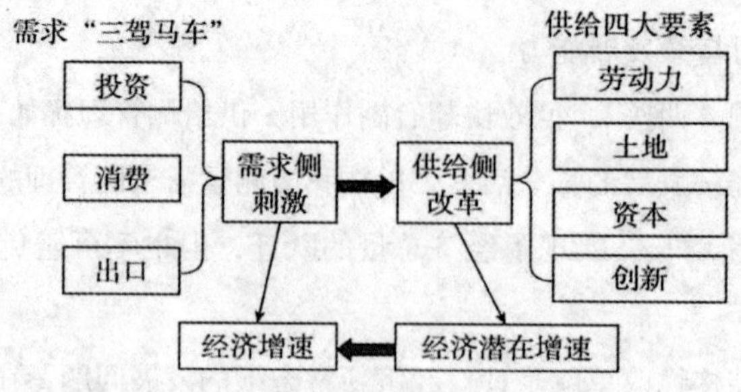

图1-2　需求“三驾马车”与供给四大要素

2. 供给侧结构性改革实施的原因

（1）经济现状表象：需求乏力

自2007年以来，我国经济的增速呈现下滑趋势。从需求侧外需来看，2007—2010年，我国对外出口呈现零增长，自2010年开始逐渐下滑。在经济全球化的背景下，中国很难不受影响，在逐渐失去了低成本的优势之后，原本在我国集中分布的低端制造业不可避免地向东南亚等地区转移。从需求侧内需来看，我国人口结构发生变化，自2012年，社会逐渐进入工业化后期，投资增速下降。

（2）经济现状实质：供需错配

单纯的需求刺激对经济状况的改变效果不大。自2015年以来，央行五次降息降准，发改委新批超过2万亿的基建项目，最终都没有从根本上改变投资萎靡的现状。

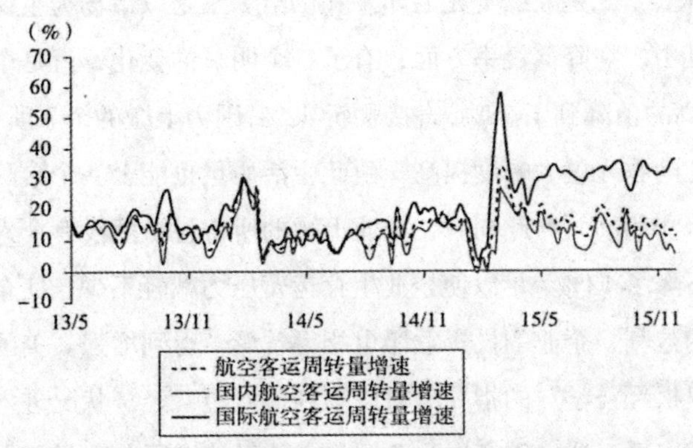

图1-3 航空客运周转量增速（资料来源：民航信息中心）

调查显示，消费领域中内需与外购出现明显的不平衡。在内部需求持续下滑的情况下，海外购物的数量节节攀升；在国内航空增速持续下跌的同时，境外旅游成了一大热点。这充分说明，目前我国存在的经济问题是中长期的持续供给而不是短期的经济刺激。

3. 历史上供给改革的实践案例

供给学派的典型实践当属“里根经济学”（Reaganomics）和“撒切尔主义”（Thatcherism）。

回顾世界历史的发展线轴可以发现，美国在20世纪70年代曾陷入严重的滞胀危机，几乎同一时期，英国也出现了类似的结构性问题。为此，里根经济学和撒切尔主义分别采用减税和国企改革等措施来帮助经济从困境中脱身。

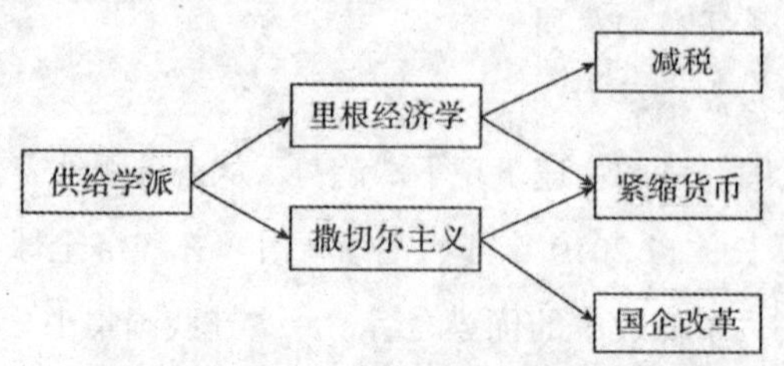

图1–4　供给学派的主要政策

（1）里根经济学应对滞胀危机

在20世纪70年代，美国在“二战”后高速发展的经济陷入了滞胀[①]，在1981年，共和党派的里根在大选中获胜，担任美国第40任总统，为了带领美国走出滞胀危机，在上任伊始，他立即提出了一个“经济复兴计划”。这个计划的内容大致如下：一是将原有的税率进行降低；二是减少美元的印发和供给；三是以市场为主体，尽量将政府的干预降到最低。其中，在降低税率方面，有了一个明显的变化，就是个人所得税从原来的70%这样一个高的值降到了28%，直接腰斩42%，因为上缴的个人所得税大幅度降低，个人手中的可支配的收入就大幅度提高，由此生活质量也能上一个台阶，个人继续参加劳动的意愿也会水涨船高。与此同时，企业上缴的所得税虽然没有个人所得税下降的幅度那么大，但也下降了13%，足以使企业生存运营压力减轻不少，使企业的生产能力提升，产生出更多的盈利，企业的投资意愿也相得益彰，得到增强。美国20世纪70年代的经济危机在“里根经济学”的指导下得以顺利地渡过，经济状况进入了平稳运行的阶段，并且，从长期来看，这一转变也为美国将来的经济发展奠定了坚实的基础。

（2）撒切尔政府的“国企私有化”

在“二战”后，英国的经济在马歇尔计划援助之后得以复苏和发展，但到了20世纪70年代，英国的经济出现了问题，那就是政府干预过大，影响了市场对资源的配置作用，这一现象被称为“大政府，小市场”，也被戏称为“英国病”。在这种背景下，英国历史上，乃至欧洲历史上第一位女性首相，被人称为“铁娘子”的撒切尔上台，誓要扭转这种病症。在上任伊始，她就使用了“国企私有化”这个办法。

这种所谓的“国企私有化”具体来讲有三个主要形式：一是整体将国有企业打包出售给私人个体；二是将国有企业的股份进行拆分，售卖给原公司的员工；三是将国有

① 滞胀全称停滞性通货膨胀（Stagflation）又称为萧条膨胀或膨胀衰退。在经济学，特别是宏观经济学中，特指经济停滞（Stagnation）与高通货膨胀（Inflation），失业以及不景气同时存在的经济现象。通俗地说就是指物价上涨，但经济停滞不前。它是通货膨胀长期发展的结果。

企业上市处理。国企私有化是一个渐进的过程，这具体体现在撒切尔在她的第一个任期内只是进行了国企私有化的初步尝试，并没有全面彻底地推行，在此次的尝试中，撒切尔将国有企业的股份售卖给员工，得到了企业员工的普遍支持，国企私有化的开局十分顺利。

国有企业私有化的顺利进行为撒切尔接下来的计划打下了基础，在1983年，她逐渐加大国有企业和垄断企业的私有化进度，其中一个典型的企业就是英国电讯公司，在三年之内，撒切尔将电讯公司的股票推销给200万英国人，这一举措为英国电讯公司募集到了30多亿英镑。

雷厉风行的“铁娘子”改革取得了令人瞩目的成就，英国一直以来被人诟病的“大政府，小市场”状况逐渐减轻，在这种大形势下，英国的不少公司起死回生，逐渐复苏。比如英国钢铁公司，其运营状态此前长期处于亏损状态，在国企私有化的改革之下，运营的效益有了显著提升。

（二）供给侧改革的逻辑与路径

1. 实现供给侧改革的举措

在中央财经领导小组会议上，习近平强调，推进经济结构性改革，要针对突出问题，抓住关键点；要使过去需求侧改革而产生的大量剩余产能得到有效化解，使目前的产业结构得到重新组合和优化；要将企业负担的成本降低，为企业在优势竞争领域继续保持优势助力；要将此前过多的房地产库存进行化解清除，使房地产产业健康良性地发展。这四个重大的举措被人形象地称为“在经济结构改革当中的四大‘歼灭战’”。

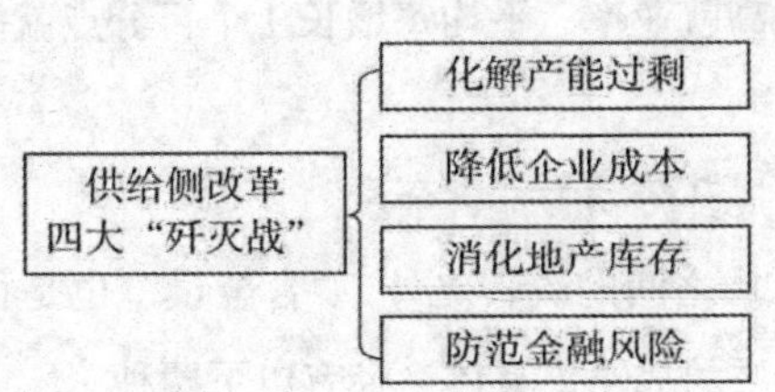

图1-5 供给侧改革四大“歼灭战”

要想打赢“歼灭战”，就要从劳动力、资本、创新、政府四个方面入手。

2. 供给侧改革对劳动力的优化配置

（1）开放生育政策，补充劳动力

在过去，尤其是在科技发展欠发达时期，中国主要的经济发展动力来源于充足的劳动力。2011年我国人口结构拐点出现，劳动人口人数和占比下降，老龄化现象逐步凸显，到2014年年底，60岁以上的老年人占人口总数的比例高达15.5%。

“十三五”规划正式全面放开生育政策，一对夫妇可以生育两个孩子。生育政策的开放将极大地减轻老龄化压力，并为劳动力的供给打下基础。

（2）户籍制度改革，促进劳动力库存之间的流通

在劳动力要素改革之中，户籍制度改革无疑是重点，能够促进各地劳动力库存之间的流通。“十三五”规划提出，要加速户籍人口城镇化，从而提高城镇化率的质量。

经过多年的城镇化，我国在城镇的常住人口数量约为7.5亿人，但这7.5亿人并非全都拥有相应的城镇户口，其中有三分之一的人，也就是大概2.5亿人至今没能解决城镇户口问题。此外，还有数量庞大的农民工群体，他们的数量在2.7亿人左右，在他们之中，真正能够在城镇买房并落户的数量极为稀少，只有1%。针对这一现象不是没有过解决办法，在2014年国务院曾经推出了一个《推进户籍制度改革的意见》，但在具体实施时，进程十分缓慢，因此也就没有取得多大的效果。

如今，尤其是在二三线城市，地产库存积压严重，这时就需要住房制度和户籍制度改革同时施行，帮助缓解地产库存压力，促进地域之间的资源流通，加快城镇化进程。

（3）发展服务业，缓解就业压力

优化生产结构难以避免淘汰落后产能，也意味着给就业部门带来巨大压力。而服务业恰好能创造大量的就业机会，吸纳劳动力，缓解就业压力，成为经济和社会发展稳定的一剂良药。服务业的发展扩展了就业空间，促进了未来劳动力要素的改革。数据显示，第三产业的增长能大幅拉高就业率，平均每增长1个百分点就能增加大约100万个工作岗位。

（4）重视素质教育，提升劳动力“含金量”

劳动力除了供给和区域之间的流转之外，“含金量”也是很重要的因素。因此，必须大力实行提高劳动者素质的战略，具体途径有以下两种：

①贫困地区脱贫问题。我国现行的脱贫标准是农民年人均纯收入按2010年不变价计算为2300元，2014年现价脱贫标准为2800元。“十三五”规划指出，在现行标准的基础上尽快解决村、县级贫困问题，帮助农民尽快脱贫。

②继续加强对教育的投入。在2015年4月中央全面深化改革小组的第11次会议上，审议通过了《乡村教师支持计划（2015—2020年）》。会议上着重强调了农村的教育问题，

提出要加大对农村教育的投入，为农村孩子提供公平、高质量的教育机会，以此来避免贫困现象的传代。

此外，国务院也陆续通过了一系列关于教育改革的草案，并且对下属教育部门部署改革措施，敦促其实行。

3. 供给侧改革优化土地和资本配置

（1）推进土地制度改革，加速土地确权流转

土地改革的核心，或者说土地改革的目的是提高土地的使用率。在农村，土地使用的基础是土地确权[①]，目的是活化农村土地使用权。这样一来，未来农村土地的使用权更加开放，突破了供给瓶颈，地域之间地产流动加快，当地的库存压力削减。

（2）降低成本，优化配置，提高资本回报率

提高资本的回报率是资本改革和优化的主要方向，而对于供给侧来说，高成本可谓是扼住了咽喉。到 2014 年年底，工业企业的主营业务中，业务成本高达 86%，税费占比 9%，剩下一点可怜的份额就是主营利润。国内需求的收缩再次为企业成本的控制增加了难度。在需求持续乏力的大环境下，企业要想获得盈利空间，获得资本回报，就必须想办法压缩成本。

就企业的发展现状来看，未来压缩企业显性成本的途径，一般有以下几种：

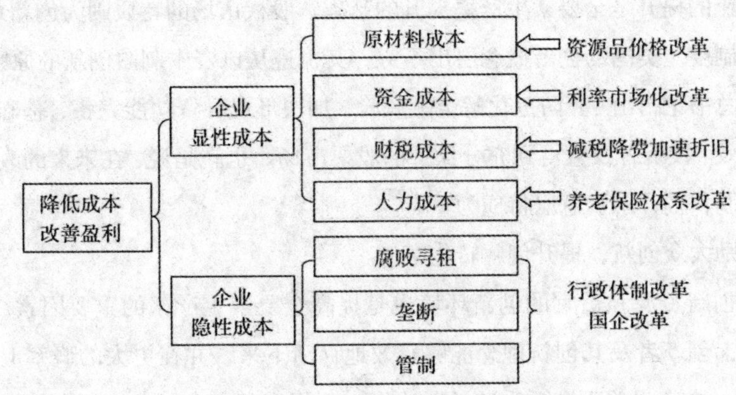

图1-6 供给侧改革降低企业成本的办法

①从源头入手，压缩原始材料价格，降低其成本。

②从税费入手，减轻企业税费压力，或者是加快企业产品折旧速度，降低财税成本。

① 土地所有权、土地使用权和他项权利的确认、确定，简称确权。是依照法律、政策的规定确定某一范围内的土地（或称一宗地）的所有权、使用权的隶属关系和他项权利的内容。

③从利率入手，推进利率市场化，并以降息为辅助，减轻企业财务压力。

④从人力入手，改革养老保险制度，缓解企业人力压力。

（3）提升资本使用率，淘汰落后产能

除了资本回报率之外，提高资本使用效率也是资本改革的重点。其最终目的同样是改善企业现状，提升盈利能力。落后产能的存在会对主营产业的盈利能力起到阻碍作用，其占用资源但是无法带来与之相匹配的利益。自 2011 年以来，我国工业企业的产能利用率呈下滑趋势，同时企业的盈利也随之走了下坡路。2013 年，政府着手调整，开始去产能化，未来盈利与产能之间的矛盾有望得到缓解。

（4）去产能的主要担子落到了国企身上

国企规模大、生存时间长，但是盈利能力却尤为堪忧。在相当长的时间内，国企的资产负债率最高，资产周转率最低，主营收入利润率最低，且收入和利润持续下滑。

在企业中，国企的产能负担最大，未来去产能化的主要担子必定也会落到国企身上。但不能忽视的是，落后产能的淘汰意味着大量岗位的裁减，国企员工的下岗会带来巨大的就业压力，因此服务业的发展也是十分必要的。

4. 供给侧改革提高全要素生产率的途径

（1）完善融资机制，刺激创新意愿

创新意愿的提升是全要素生产率提升的基础，股权市场的特质则为创新意愿提供了有效的激励制度。美国的创新概念层出不穷，其也遵从以资本刺激创新的原则。

习近平总书记指出：要防范化解金融风险，加快形成融资功能完备、基础制度扎实、市场监管有效、投资者权益得到充分保护的股票市场。也就是说，在未来的改革进程中，改革融资机制，提升融资意愿将成为重点。

（2）鼓励大众创新，提升创新转化率

充足的创新资源和适宜的创新环境也是提高全要素生产率的重要因素。在两种因素的鼓励下，创新者及其创新理念能够有效地存活下来，并在更大的概率上获得成功。2014 年 9 月，李克强总理在夏季达沃斯论坛[①]上提出“大众创业、万众创新”，同时国务院也出台了优惠政策。在鼓励大众创新、提升创新转化率方面，未来以下几个方面的改革可能会同步进行。

① 世界经济论坛（World Economic Forum，WEF），因在瑞士达沃斯首次举办，又被称为“达沃斯论坛”。是以研究和探讨世界经济领域存在的问题、促进国际经济合作与交流为宗旨的非官方国际性机构，总部设在瑞士日内瓦。

①继续实行产、学、研相结合的策略，加快创新理念成果向工业转化的脚步。

②关心创新企业的成长，以私募股权等形式为其提供资金支持。

③对创新性企业适当提供税收优惠，为其研发减轻压力。

5. 政府促进“供给侧改革”落地的措施

（1）实行行政改革，控制制度成本

“供给侧改革”需要政府在制度等方面的支持，其中重要的一点就是控制制度成本，对市场进行保护。具体来说，就是在改革过程中加大反腐力度，突破垄断限制，适当减轻管制力度等。在这些领域中，看似与企业没有直接关系，实际上企业在经过这些领域的管辖之后会无形中增加“隐性成本”。

（2）深化国企改革，强强联合形成优势

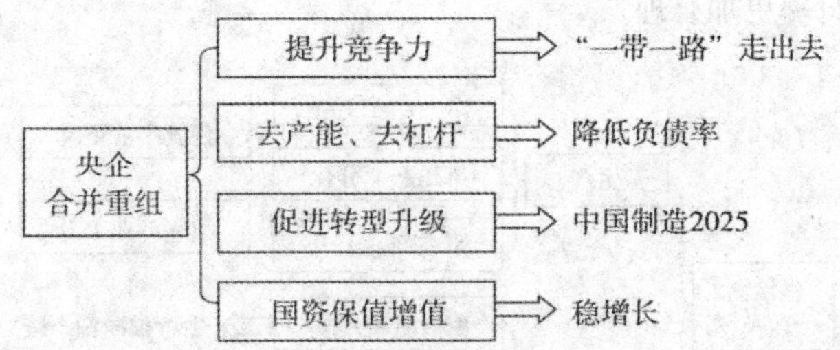

图1-7 央企合并重组的战略意义

除了市场外，政府也要发挥好“看得见的手”的作用，深化国企改革。国企在长期发展中形成了一定规模的优势，而通过强强联合能够扩大优势，强化弱点，持续助力经济增长。

（三）供给侧改革的经济影响

1. 供给侧改革对经济结构的影响

供给侧改革对经济结构的影响可以从生产和收入两个方面来分析。

从生产角度来看，我国农业基础薄弱，工业大而不强，第三产业发展滞后，产业构成比例不合理，产业结构亟须改善。而供给侧改革可以改变产业间要素配置的结构，调整和优化产业结构，将资源尽可能地向需求高、前途好、效益明显的产业转移，比如从农业流向非农业，从工业流向服务业，从传统产业流向新兴产业。

从收入角度来看，与扩大需求的宏观调控政策不同，供给侧结构性改革不再将扩大货币发行、财政支出和投资力度作为调控的主要措施，而是要通过结构性改革激发微观主体的活力，减少政府不正当的干预，打破垄断，鼓励竞争，提高劳动力市场的活力，减轻企业的税费负担，降低企业成本，化解产能过剩。

因此，供给侧改革对经济结构的影响实际上就是激活供给侧的生产主体和生产要素，促进经济结构的进一步优化升级。

2. 供给侧改革对中国杠杆率的影响

为了稳定增长、保证就业，长期以来，我国政府推行了大量的扶持、担保和补贴政策，以致传统行业出现了严重的产能过剩现象，使得国有企业的杠杆率不断提升，经济增速持续下滑，企业利润开始下降，造成整个经济体系的风险不断增加。虽然中国实体经济的杠杆率处于国际中等水平，但非金融企业的杠杆率过高，迫切需要进行供给侧改革。

通过推动供给侧改革，采用“行政 + 市场”的方式改善各产业的供需结构，能够推动企业创新和产品升级，刺激过剩产能出清，减少对产能过剩企业的无效补贴，使得各行业各部门的杠杆率更加合理。

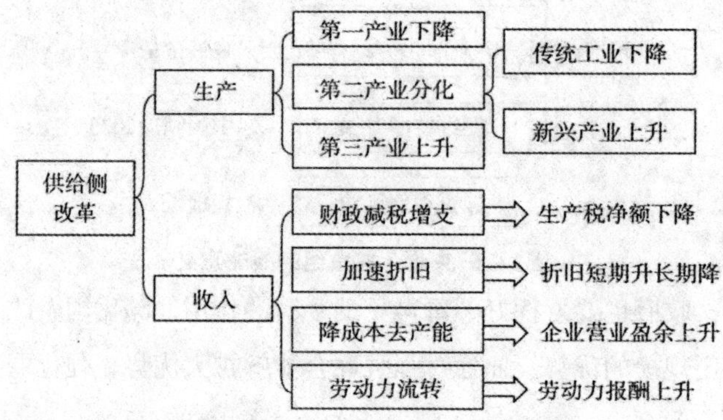

图1-8 供给侧改革对经济结构的影响

（四）供给侧改革的总体战略目标

与供给侧相对应的是需求侧，后者一直是之前改革的重点。现在，政府决定实施供给侧改革，并不意味着将宏观调控的重点由需求侧转变为供给侧，而是使供给与需求更加匹配。如果供给与需求不能在整体上维持平衡，就会导致经济动荡，甚至出现危机。

概括而言，供给侧改革要实现以下五个目标：

（1）提高各种生产要素（土地、资本、劳动力等）的投资回报率；

（2）推动科技资源、人力资源、知识资源的进一步发展；

（3）建设创业基地，为创业者提供更多的发展空间，通过发展高等院校及科研院所培养高科技人员，建设创新型政府；

（4）降低税率，减少干预，提高人们的工作积极性，鼓励创新；

（5）淘汰不符合市场需求的企业及商品，发挥市场作用，提高企业的竞争力。

虽然我国在前段时间一直尝试通过实施宽松政策来促进经济的平稳发展，但因为多数实体经济不愿进行投资，改革并未取得预期效果。所以政府在注重拉动需求的同时，致力于“供给侧改革”。

目前，我国正在经历从传统产业向新产业模式的过渡，经济发展依靠的动能也有所转变。在这个时期要做的是：更加深入地开发传统增长动力，改革传统模式，完善经济结构，创新发展方式，推动经济发展；另外，为新兴产业的发展提供支持，提高经济发展活力。所以，将“老供给”过渡到“新供给”既是经济发展的需求，也是时代进步的需要。

二、供给侧改革的起源

（一）凯恩斯主义谢幕

供给学派首次提出了鲜明的供给管理政策，从而在理论和实践层面扩散了供给管理思想的影响力，但这并不意味着供给管理的经济学思想是始于供给学派。相反，从纵向历史发展来看，供给管理思想是伴随现代经济学而产生和发展起来的，并一度成为经济发展中的主流调控思路和政策依据。

早在现代经济学理论发展之初，经济学的创立者、著名古典经济学家亚当·斯密（Adam Smith）就曾指出劳动、资本等供给侧因素对经济增长的驱动作用，强调政府只是经济发展的“守夜人”，应避免对具体经济活动的干预，最大限度地发挥市场这只“看不见的手”对资源、要素和产品的优化配置功能。

之后，法国的让·巴蒂斯特·萨伊[①]（Jean-Baptiste Say）将亚当·斯密的经济学思想通俗化、系统化，进一步发展了供给管理理论，提出了著名的“萨伊定律”，认为“供给自动创造需求”，强调供给端要素对经济发展的驱动作用。简而言之，市场是有调节性的，如果企业不盲目生产，就不会出现产能过剩的情况。

由于市场调节的滞后性、盲目性等因素，西方国家在20世纪30年代爆发了严重的经济危机。在此背景下，凯恩斯经济学登上历史舞台，强调政府的宏观调控和干预，认为经济危机的根源来自需求不足，应该实行以需求管理为核心的经济政策。凯恩斯希望

① 让·巴蒂斯特·萨伊（Jean–Baptiste Say，1767—1832），法国经济学家，古典自由主义者。他是继亚当·斯密，李嘉图古典经济学派兴起之后的又一个经济学伟人。

时任美国总统的罗斯福能够实施他的主张，刺激经济需求。为此，凯恩斯曾在《纽约时报》发表过给罗斯福的公开信,并在1934年与罗斯福见面。罗斯福在改革经济的过程中，确实采用过凯恩斯的提议，只是其主张还未真正产生影响，就发生了第二次世界大战。

《国家工业复兴法》是罗斯福新政的重要组成部分，体现出国家对经济的干预。该项法案针对企业产能过剩的解决方法是：严格规定企业的生产规模、市场价格及分配方式，将工人的工作时间限定在一定范围，确保薪资水平。同时，新政还强调了政府的监督作用，典型代表是《Q条例》的推出，使政府能够管制利率。

第二次世界大战爆发后，美国的经济形势呈现新的特点，政府加强了对经济的控制，市场的调节作用迅速降低，很多企业向军工化方向发展。第二次世界大战之后，美国继续参加了一系列战争，如朝鲜战争，之后又参加了越南战争。这对美国国内的经济产生了重大影响，市场本身的作用得不到恢复，最终还引发了严重的财政赤字。

1973年，中东战争爆发，随之而来的是石油资源的短缺，石油价格迅速提高，出现供给通货膨胀。美国国内出现严重的经济滞胀问题，这种情况的发生使很多经济学家陷入迷惘，因为从经济学中的菲利普斯曲线来分析，失业率会随着通货膨胀率的上升而下降，但实际情况却是，通货膨胀率上升，失业率也持续攀高。因此，凯恩斯主义在这种情况下不再适用。

此外，政府不断加强经济管控，使实体经济面临越来越大的压力。20世纪80年代，政府在经济管控上的成本消耗大抵相当于现在的8000亿美元，这意味着平均每户需要上缴4000美元的税费。

1977年，卡特担任美国第三十九届总统，在他任职期间，美国的经济持续走低。之所以会出现这种情况，是因为卡特继续实施凯恩斯主义来恢复经济。美国的问题出现在供给短缺上，而凯恩斯主义的重点是刺激需求，因此，卡特实施的政策并没有促进美国的经济发展，反而加剧了经济危机的严重性。

而且，这个时期的美国政府在政策实施方面犹疑不决，一会儿实行宽松的货币政策，一会儿又实施货币紧缩，导致美国经济的发展举步维艰。继卡特之后，里根担任美国第四十届总统，他决定弃用凯恩斯主义，开始以供给学派的理论为基础，从供给管理的角度解决经济发展的问题。

（二）供给学派的崛起

在凯恩斯主义已无法缓解经济危机的情况下，供给经济学应运而生。可以说，供给经济学是对古典经济学的倡导与复兴。

我们来分析一下美国20世纪70年代的经济危机，凯恩斯主张通过政府刺激来拉动经济需求，但供给经济学派有着不同的观点。在他们看来，问题出在供给侧，企业在没有了解市场需求的情况下盲目生产。所以，通过拉动需求来恢复经济是行不通的。之所以会出现供给不足的情况，可能是因为政府监管太严使企业无法创新，也可能是因为企业承担太多的税费从而导致供给跟不上。

从本质上来讲，供给经济学就是使供给和需求有效匹配的一门学科，供给经济学派的代表人物认为，要是供给和需求之间的关系更加匹配，就需要政府层面多进行政策的鼓励。比如，在监管力度上，政府要适当地放宽松，这样有利于企业更好地进行创新活动；在税收方面，政府要尽量给企业进行税收的减免，这不仅有利于提升企业的盈利状况，还有利于促进企业的生产，提高员工的工作积极性。此外，这一举措还可以起到增加资本积累的作用，为企业生产率的提高添砖加瓦。

在供给管理方面的经济学理论异彩纷呈，供给学派也是百家争鸣，比如，一些供给经济理论，“发展经济学”“人本发展理论”等，这些理论虽然从表面上来看，风格迥异，但从本质上来讲，都是从供给的角度出发的，重点就体现在这些供给理论都有一个共性，就是重点关注的是人口、资本、技术等供给方面的要素，重视这些要素发挥的作用，并且，在经济发展遇到问题时，供给学派会去供给层面寻求解决问题的办法。在供给学派里面，有一个人是不能不提的，那就是阿瑟·拉弗，他之所以闻名天下不仅仅是因为他是美国第49届总统的经济顾问，还因他提出了“拉弗曲线”这一重要的供给经济理论。

在整个供给学派纷繁多样的供给经济学理论中，有一个理论是至关重要的，那就是以“拉弗曲线”为中心的减税理论。从本质上来讲，供给学派引以为傲并始终奉行的是市场的自由竞争和企业家的精神，这就意味着供给学派将市场的作用看得无比重要。

具体来看，兴起于20世纪70年代的供给学派对凯恩斯经济学的反思包括：

①短期而言，赋税提高能够增加财政收入；但从中长期来看，过高的税负水平会严重抑制企业和生产者的投资与创造积极性，导致经济发展疲软，最终反而会降低税收收入。

②供给学派认为，长期实行需求管理政策导致了市场中的“供需错位”“劣等”商品供给过剩，而能够真正满足人们需求的新供给能力不足。因此，经济发展问题的根源不是总需求不足，而是能够创造新需求的新供给不足。

③企业也并非像需求管理理论所认为的那样，只是根据市场需求进行产品生产，而是能够主动创造新供给，通过新供给激发市场的新需求，并以此推动经济发展。

④供给学派认为，经济增长主要源于供给创造能力和社会生产力水平的提高。从这个角度来讲，第二次世界大战后西方国家的经济发展，并非来自凯恩斯经济学的需求管理政策，而是技术进步所推动的供给能力和生产率的提高。

针对需求管理政策造成的发展问题，供给学派提出了围绕供给侧的宏观调控政策，即“四减四促”：

①通过减税、减管制、减垄断、减货币发行，解除“供给约束”和“供给抑制”，增强总供给能力。

②通过促进私有化、促进市场竞争、促进企业家的能动性和创造性，以及促进技术创新和知识资本投入，激发市场活力，创造新供给、释放新需求。

在实践上，里根政府推行的“经济复兴计划”，以及英国撒切尔政府的经济政策，都是以供给学派的思想为主要理论基础，并取得了不俗的发展成绩，从而也推动了供给学派思想的广泛传播。

（三）里根经济学：供给经济学的伟大实践

供给经济学在诞生及发展初期，只得到了少数人的认可，老布什曾将其称作“巫术经济学”，并以此来反驳里根的观点。拉弗曲线是供给经济学不被认可的主要原因。该理论认为，政府的财政收入能够随着利率的降低而升高，这听起来简直是天方夜谭。

曾担任美国国防部长的拉姆斯菲尔德对这个理论表示震惊，按照该理论来计算，若税率为100%，政府就得不到任何财政收入。后来，里根总统正是遵循此理论实施减税政策。在里根的坚持下，供给经济学逐渐得到了认可。

而里根之所以用供给经济学来指导其改革，是有一定必然性的。对此，他曾在自己的就职演说中发表过有针对性的观点。他认为，美国在当时面临严重的经济危机，但政府却解决不了，这就是需要去改进的问题。

税收使企业在获得大量利润的同时承担着压力巨大的税负，降低了人们的工作积极性。里根强调要让市场发挥重要的调节作用，这使他在担任总统期间能够取得辉煌的成绩。从这里可以看出，里根实施的政策与供给经济学有很多共同之处，他坚持的经济理论被称为“里根经济学”。

里根与罗斯福一起被美国舆论界称为“20世纪最伟大的美国总统”。美国资深历史学家迈克·莱丁（Michael Ledeen）发表观点，在他看来，华盛顿、林肯、罗斯福、里根这四位美国总统不仅改变了美国，而且还对整个世界产生了重要影响。为什么里根总统能够获此殊荣？对此，奥巴马曾这样表示，里根在任期间，使美国的发展道路发生了彻底的变革，所以，他的成就要高于尼克松与克林顿。

里根竞选总统成功之时，美国的经济发展受到以下几个问题的困扰：财政赤字严重；政府的监管力度太大；税率居高不下；通货膨胀。

里根在1981年召开的国会上表示，国家的发展，离不开在工厂工作的员工、生产粮食的农民、销售商品的店员所做的贡献，但政府却通过税收降低了他们的工作积极性，因而，通过高税率的税收来监管经济发展的做法是不科学的，历任总统也曾实践过，并没有取得理想的效果。

里根上任之后，在1981年出席了美国的内阁会议，当时的美国人都把挽救美国经济的希望寄托在新任总统身上，里根在那次会议上明确表示，他不支持政府实行高税率的税收，不支持政府对经济进行过多的管控与干预。

里根总统在上任后的第一次国会演讲上，就经济预算问题表达了他的观点。他认为，要改善国内经济，第一步要做的就是控制政府的财政支出；第二步要做的是降低税率提高人们的工作积极性；第三步是恢复市场的作用；第四步是由政府相关部分与财政机构合作，推出科学的货币政策，缓解通货膨胀等。

这些内容，共同构成了里根经济学的关键部分。

里根经济学的理论来源便是供给学派与货币主义学派。供给学派建议政府实施减税政策，增加市场供给规模；货币主义学派则认为，货币发行量过多，会出现价格膨胀的现象。供给学派与货币主义学派都强调市场的作用，注重自由竞争的精神。

总统领导下的运营团队在管理国家的过程中发挥着重要作用。为了保障决策的科学性，里根在每个月都会抽出时间与其团队成员共同参加午餐会，并就相关问题进行探讨。与会人员中有拉弗、格林斯潘、沃尔克等，这对里根的改革起到了很大的推动作用。

里根在实行改革期间遇到了很多困难，一方面，供给经济学在美国得到的认可比较少，那时的拉弗也没有很高的名望，所以很多经济学人士都不支持改革的实施；另一方面，国会强烈反对，因为财政入不敷出，议员反对降低税率，里根为了进行改革，只能通过电话亲自说服各个议员。另外，改革不能在短时间内见效，而且政策实施后，经济发展会呈现下跌趋势。这些困难都需要里根及其团队去逐一克服。

前任总统卡特任命沃尔克为美联储主席，沃尔克一直尝试通过加息来解决通货膨胀问题，但其政策只是加剧了危机，使卡特在竞选中失势。那时美国绝大多数的政府人员都对沃尔克的政策表示不满，但里根对他始终持支持态度。到 1983 年，美国的失业率高于 10 个百分点，问题的严重性不言而喻。

里根上任之后，毫不犹豫地降低了税率，将个人最高税下调了 42 个百分点，将企业所得税下调了 13 个百分点。然而，该政策在实施后的短期内没有发挥明显的作用，因为扩大税基不可能在短时间内实现。这也就意味着，可能会在短期内加剧财政赤字的危机。很多人都认为里根的改革行不通，时任总统经济顾问委员会主席的费尔德斯坦认为，里根是在自欺欺人，里根随即解除了他的职务。

虽然很多人表示不赞同，国会也不支持，经济发展还出现了下跌趋势，但里根最后还是坚持了下来。他从来没有怀疑过自己的观念，他认为降低税率、放松政府管制，就能够提高人们的工作积极性，进而推动整体经济发展。

在正确判断、科学决断的基础上，里根始终坚持改革与政策的实施，挺过了最艰难的经济危机，实现了经济的高速发展，在他的改革下，美国终于从危机中走出来。

到 1984 年，里根再次参与总统竞选时，美国经济正处于上升阶段，在 50 个参选的州选举人中，只有一人没有给里根投票，里根毫无悬念地成功连任，说明选民已经认可了里根经济学。

里根使美国经济由下跌趋势反转为上升趋势，使个人及企业都拥有了更多的自由权利，打造出一个全新的经济模式。之后的 25 年里，美国的经济保持着稳定的发展趋势，政府的财政收入在10年的时间里实现了翻倍增长。可以说，克林顿执政时期的经济发展，也是里根经济改革作用的延续。

“大道至简”是古代圣贤倡导的治世原则，今天，李克强总理又再次强调，治理国家就是要让百姓安居乐业，这也是供给经济学的灵魂所在。

供给经济学不会像凯恩斯主义那样在短期内发挥作用，它需要经过降低税率、改革经济结构、放松政府管控等一系列政策的实施。改革者在实施改革的过程中要以大局为重，立足长远，以强大的信念作为支撑，不惧困难与压力。

第二节　供给侧改革的内涵、特点、实质及误区

一、供给侧改革的内涵、特点及实质

（一）供给侧改革的内涵

在经济学这个社会科学的基础学科中，有两个概念是至关重要的，那就是供给和需求。在这两者之中，我们对需求了解得更多，用一个形象的词语来形容需求就是“三驾马车”。拉的车就是经济发展，拉车的三匹马分别是投资、消费和出口。以往我们过于注重投资和出口，但今日消费成为带动经济发展的最重要的一方。在供给的一方，则比较复杂，可以从狭义和广义两个层面来解读。从狭义上来讲，供给就是商品的生产者愿意进行商品或者是劳务提供的某个价格水平；从广义上来讲，供给包括的范围就十分大，只要是能够使生产力得到提高，使经济得到发展的供给侧要素都可以包括在内，这些供给要素具体来讲就是生产要素、管理制度的改革和经济结构的调整等。

供给侧改革和需求侧改革最大的不同就在于需求端将消费、投资和出口“三驾马车”作为一个整体，从整体的角度，即总的需求端作为抓手进行调整和控制。而供给端则是将上文提到的供给要素进行各个击破，作为宏观调控的一个个落脚点和着力点，在此基础上，为了使经济的总供给能力得到提升，采取多种多样的措施。在一系列精准措施的实行下，以往僵化的经济结构得以加快转型升级，进一步创造出新的供给，新的需求也会随之产生，这就是供给侧改革驱动经济向前发展的动力。

改革开放以来，我国经济取得了巨大的成就，但也产生了很多急需解决的问题，比如，当前我国经济发展的区域不平衡，东部沿海地区和中西部内陆地区的经济发展状况差距颇大；产业结构中缺少中高端的产业，使得我国长期处于供应链的低端位置，获得的收益远远低于供应链上游；在要素的投入上，对科技要素还不够重视；在经济增长动力结构上，过去过于依赖需求侧，因而产生了很多问题；在收入分配结构上，做得不到位，产生了贫富差距逐渐增大的现象。鉴于此，我国领导层敏锐地注意到了这些现象，并及时精准施策，强调供给侧结构性改革，在供给侧结构性改革的过程中，上述的诸多矛盾和问题有望得以缓解或者彻底解决。同时，在这个过程中，整体的经济结构可以得到优化，经济的转型也会逐渐达到预定的目标。

（二）供给侧改革的三个特点

以往需求侧的改革会聚焦到“三驾马车”上，即刺激消费的需求、扩大投资和出口的力度，但这些办法已经难以继续奏效于中国今日的经济现状，就需要对供给侧下手，下面是供给侧改革的几个特点：

（1）过去在需求侧进行改革的过程中，更多的是政府发挥宏观调控的功能，在经济社会发展的过程中挥斥方遒；而今日在供给侧发力，则正好相反，市场作为资源配置主体的地位不断得到强调。正是如此，企业的生产积极性和创新动力也会被激发出来，从而迸发出蓬勃的经济发展动力，促使经济结构顺利转型。

（2）在经济发展的过程中难免会遇到这样或者那样的问题，一些即时性的问题可以在短期内解决并产生效果的，可以采用需求端的办法进行解决；但对于中长期发展中涌现出来的，难以在一时之间解决的问题，如果错误地采用了需求侧的管理，就会使问题严重化，此时就需要在供给端发力，进行有效的改革。

（3）在对需求侧进行管理的过程中，时常会用到两种工具，一是财政政策；二是货币政策。在短期的经济发展过程中，可以使用这两项工具对经济发展的方向和侧重点进行改革；但是如果要解决长期发展中出现的问题，根治经济顽疾，就必须从供给侧入手，才有可能彻底解决上述问题，建立一个长远的经济发展体系。

（三）供给侧改革的实质

供给侧改革的实质是要严格遵循我国经济发展的实际情况来进行具体的改革，从本质上来讲，我国供给侧结构性改革就是让新的经济主体得以产生；让新的经济发展动力得以形成；让新兴的高端产业得以顺利落地生根，并迅速发展。

（1）形成新的经济活动主体：在形成新主体的过程中，政府层面要做的就是四个字“简政放权”。具体措施就是，在市场具体的经济事务和经济活动中，政府要减少过度的干预，让“看得见的手”松一些，相对应的市场这个“看不见的手”就会使资源的配置更加合理，使企业家和创新者真正成为经济活动的主体，继而发挥出更大的作用。

（2）培养出新的经济增长动力：过去要拉动经济增长，我们时常会将投资和出口两项作为战略重点，但在国际情况不确定性增加的情况下，我们只能采取供给侧的调整，将技术的创新发展作为推动经济增长的第一动力，在管理和制度因素上，向供给侧靠拢，这样就有利于全要素的生产率得以提高，经济增长的新引擎在这种情况下也就会自然而然地产生，到那时整个经济的发展将会是一个全新的面貌，那就是可持续发展能力得到空前的增强，从整体上来讲，经济的竞争力也会相应增强。

（3）培育新兴产业：转变经济发展方式，提高经济发展质量势必要将目前的市场经济体制进行深化改革，已经落后的产能和一些“僵尸”企业要坚决、干净、彻底、全部地清除出去，此举不仅有利于将产能过剩的矛盾解决，还有利于更加优化资源的配置和更加高效地利用资源。与此同时，随着信息化的高速发展，积极投身于新兴信息技术和信息产业的发展当中，有利于创造出更多的新供给，与之相对的新需求就会得到释放。由此，经济增长的新动力得以形成，经济结构得以顺利转型，经济发展的全新周期正式开展。

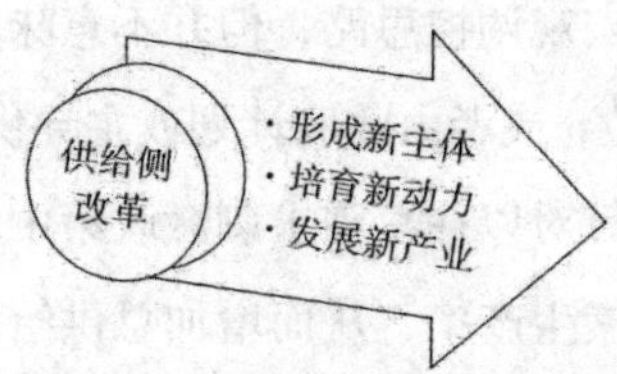

图1-9 供给侧改革的实质

二、供给侧改革容易陷入的六个误区

供给侧改革是针对我国经济发展现实情况而提出的新发展思路，是实现经济转型升级、开启发展新周期的必要举措。然而，由于供给管理思想主要源于西方供给学派的理论，而且我国一直以来都是奉行刺激总需求的需求管理政策。因此在实践中，需要避免对“供给侧结构性改革”的误读，特别是要避免陷入以下误区。

（一）将供给侧改革理解为从未有过的新生事物

供给侧结构性改革虽然是针对当前经济发展现状的新提法，但其蕴含的有关供给管理的思想、政策和实践，却早已出现。

例如，改革开放之初在农村地区实行的家庭联产承包责任制改革、对乡镇企业发展的鼓励扶持，以及 20 世纪 90 年代推行的市场化经济体制改革和国有企业的优化重组等，都是从供给管理的角度进行变革。

因此，供给侧改革并不是一种全新的路径和实践，而是根据我国经济发展的现实，重新启用曾在改革开放中占据主导地位的调控思路和政策导向，是一种常识的回归。

（二）简单地用西方供给学派的观点来理解中国的供给侧改革

供给管理思想主要源自西方供给学派，该学派“四减四促”的主要调控思路和政策主张能够为我国的供给侧结构性改革提供诸多启发和借鉴。但是，不论从大的国际发展环境来说，还是从具体的经济体制和发展现实情况而言，我国的经济发展都有着自身的独特性。特别是当前我国经济发展所面临的问题，远比美国、英国等国在20世纪70年代经济“滞胀”时期的问题复杂得多。

因此，我国在推进供给侧改革时，既不能完全照搬西方供给学派的理论来解读我国的经济现实，也不能在调控政策上完全复制西方国家的成功经验，而是需要直面当前经济发展的具体现实问题，围绕供给端，有针对性地进行制度、政策、技术、管理、结构等多个层面的优化变革。

（三）以政府计划思维推进供给侧改革

供给侧改革虽然也是一种宏观调控思路，但并不意味着政府要在供给侧的优化、调整、转型、升级上居于主导地位，或者由政府计划或主导供给端的要素分配和产品供给。恰恰相反，供给侧改革本就是针对以往总需求刺激政策中政府对经济活动的过分干预提出的。其最终目标是提高全要素生产率，从而增加总供给，优化供给体系和质量。

因此，供给侧改革不能是政府主导产业、产品、项目、技术等内容的选择，而是需要政府放弃计划经济的调控思维，简政放权，深化社会主义市场经济体制改革，充分发挥市场本身对资源的优化配置功能，减轻发展负担，激发企业活力，实现市场出清。

（四）将供给侧与需求侧对立起来

供给侧改革的另一个常见误区是将供给端与需求端完全对立起来，只看到两者的对立性和矛盾性，没有看到两者的依存性和转化性。其实，供给和需求作为经济发展中的两个最重要维度，只有实现平衡和协调，才能使经济达到最佳的运行状态，实现可持续发展。

现在，政府之所以提出供给侧结构性改革，主要是因为以往经济发展中过于偏重需求侧调控，并由此引发了一系列发展问题和瓶颈，因此需要通过供给侧改革进行纠偏和平衡，使经济重新回到良性运行和协调发展的轨道上来。因而，进行供给侧改革绝不是忽视需求管理，正如习近平总书记指出的“要在适度扩大总需求的同时，着力加强供给侧结构性改革”。

（五）将供给侧改革简单理解为增加商品或劳务供给

对供给侧的理解不能够局限于狭义范围，认为增加了商品或劳务供给，就是进行供给侧改革。相反，这只会使经济结构失衡和产能过剩问题更加严重。因此，需要从更广泛的意义上来理解供给侧的内涵：供给主体培育、要素投入、全要素生产率提升、存量调整、增量形成等。

进行供给侧改革，就是激发企业活力，充分发挥市场对资源的优化配置功能，加快淘汰落后产能，实现市场出清；同时，大力扶持新兴产业和技术的发展，推动经济转型升级，培育经济发展的新动力。

（六）将供给侧的生产要素与效率提高决定因素简单平行地放在一起

供给侧包含着诸多因素，如人口、劳动力、土地、资源等生产要素，以及制度、管理、技术等影响全要素生产率的因素。在进行供给侧改革时，一个常见的误区是将诸多供给侧因素放在同一层面，对生产要素和影响效率提高的决定因素同等对待。

进行供给侧改革，不是简单地增加生产要素的投入量以提高供给规模，而是要侧重于生产要素的提升，即通过技术创造、制度构建、管理变革等措施，推动要素升级、结构优化，从而提高全要素生产率，实现经济增长。

供给侧结构性改革的最终目标是提高全要素生产率，增强经济的可持续发展能力。因此，作为提高全要素生产率“三大发动机”的制度变革、结构优化和要素升级，是供给侧结构性改革的主要内容，决定着新主体的形成、新动力的培育和新产业的发展情况。

第三节 供给侧改革的核心本质

一、需求管理与供给管理

经济政策管理的“需求”与“供给”二者之间的区别可以被视为医学领域中“西医”与“中医”的不同，各有各的疗效。

（一）“需求管理”如同“西医”

众所周知，西医的特点是“头疼医头，脚疼医脚”，且病情能够很快地得到缓解、取得疗效，但却很难根治，也就是“治标不治本”。在经济学领域里，“需求管理”正是扮演了这样一个西医的角色。

在经济的范畴之内，“需求管理”这位西医的主要诊疗手段为调节市场需求，以求达到管理国民经济的目的，在此方面的代表“医师”为凯恩斯。此“医师”的管理政策核心要点是这样的：为了实现刺激投资与社会需求的目的，政府可在财政与货币两方面采取积极的政策，这样便可对私人市场有效需求不足的情况起到弥补作用，进而实现充分就业。如此一来，能够产生经济危机与社会失业的基础就被消除了。例如，当经济增长出现了减速的情况时，凯恩斯“医师”所做出的治疗方式是多发行货币以刺激需求，这样经济增长速度很快就会恢复。

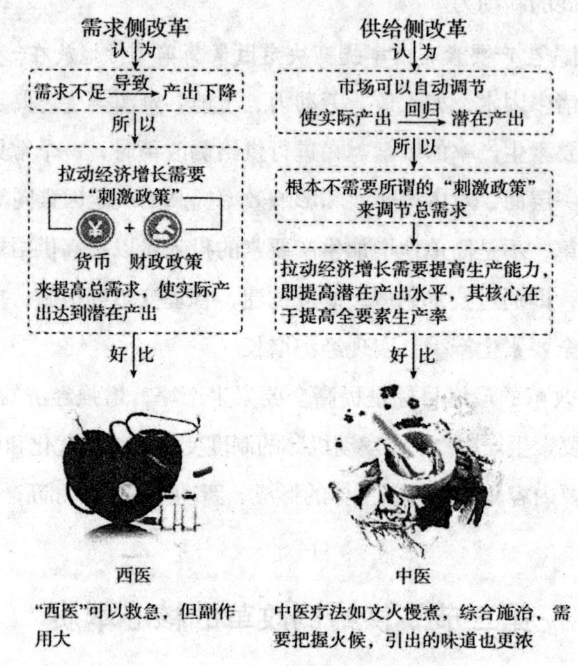

图1-10 需求侧改革与供给侧改革

在国际上，通过凯恩斯“医师”走出经济萧条的最成功案例当属20世纪美国大萧条时期的罗斯福新政了。当时，罗斯福总统就是采取了一系列的财政政策与货币政策来刺激市场需求，最终领导美国走出了这场危机；在我国，同样也有一个成功的案例，即2008年美国次贷危机引发全球金融风暴时，政府所采取的方式就是布局投资，数额达4万亿元人民币，使得中国经济成功抵御了金融危机。

（二）“供给管理”如同“中医”

相比西医来说，中医的诊疗见效比较慢，没有一定的时间是看不到起色的，但是却能做到“标本兼治”,而“供给管理”在经济领域所能发挥的作用正与中医有着相似之处。

具备中医性质的“供给管理”，在实现宏观经济目标时主要手段是调节总供给。在这方面有一个专门的学派——供给学派，它是兴起于20世纪70年代的一个经济学流派，其思想来源于19世纪的法国经济学家萨伊，又经多位经济学家研究与发展而最终形成。

在他们看来，市场本身是具备自我调节机能的，需求的创造与调节往往可以通过供给自身来实现，若想从根源上解决经济滞胀所带来的困难，唯有从生产与供给着手，因为只有这样才能使消费者过剩的需求得以消除。而着手的前提是要先做到减税，以此来提高民众的储蓄和投资能力。如此一来，政府的开支就得到了削减，对市场的干预也就得到了削弱，而经济调节也就可以通过市场机制来自动进行了。

在已经过去的30年间，我国的宏观经济管理一向都把重点放在了“需求”这一端，主要目的是刺激经济增长，最先想到的总是扩大内需，增加消费。实际上，从“供给”这一端入手同样也可以达到这个目的，而且可以改进的空间更多。例如，“打车难”的问题，如果出租车总量得不到增加，只是一味地提价或是进行油价补贴，根本无法解决这一问题。见效较慢的供给管理，最具代表性的典型案例即里根经济学。

二、里根经济学与供给侧改革

（一）成功的里根经济学

20世纪80年代，美国遭遇了自经济大萧条以来最为严重的一次经济危机，那时美国的民众大多对当时实行的政治经济制度产生了怀疑。就在此时，里根击败对手，就任了美国第49届总统，在1981年1月20日宣誓就职后不久，就向国会提出了国民经济复兴计划，针对经济停滞与通货膨胀，提出借鉴供给学派与货币学派的经济理论，实行减税政策以及控制货币供应量的增长。

所谓里根经济学，就是将上述两个经济学派的理论观点进行有机结合。在降低通货膨胀率这方面，主要措施是削减政府的开支，控制货币供应量的增长；在促进经济发展方面，主要是通过减税等措施为企业的经营者、投资者等提供更为宽松的市场环境以及自由竞争的政策空间。

之前的罗斯福新政带领美国走出了经济大萧条，而里根经济学则是带领美国走出了滞胀危机。所以，在美国经济发展史上，里根经济学被视为自罗斯福新政以来的第二次革命，因此也被称为“里根革命”。

（二）中国经济遇到新问题——“供需错位”

在供给学派的经济学专家看来，如今的中国经济在发展的过程中已经遭遇到了制约增长的最大障碍，供给与需求两方都呈现出了严重不足的状态。例如，我国的服务业与高端制造业无法供给消费者满意的产品，而中西部以及农村地区连基础设施都得不到满足。

我们经常可以看到这样的情况：许多人无论是因公出差还是外出旅游，只要是远赴海外就一定会疯狂购物，而没有能力出国的人则千方百计地寻找海外代购……这种供给上的短缺，仅仅靠“西医”凯恩斯主义是无法解决的。

与此同时，我国煤炭、钢铁等传统产业出现了严重的产能过剩情况，PPI 指数已经连续 43 个月出现负增长，而这种情况同样也是“西医”凯恩斯主义无法解决的。

所以，要解决目前中国经济所产生的问题，就需要从供给端来寻求解决之道。

（三）里根经济学能否在中国复制

就目前而言，中国国内滞胀的经济形势确实是陷入了某种困境，而以往采取的刺激需求的财政与货币政策所能发挥的效用已经越来越小。从当前局势来看，与 20 世纪的美国总统里根所面对的经济环境有着相似之处。然而几十年过去了，里根经济学在美国的成功能够复制到今天的中国吗？在回答这个问题之前，我们先来对这一思想的核心做一个了解。

简而言之，其核心有三个方面：第一，要简政放权，将市场问题交给市场本身去解决，依靠市场机制来进行供给方面的调节，并激活需求；第二，要实行减税政策，使企业盈利得到提升，以此来增加就业，提高国民收入；第三，货币供给方面要稳定，解决或减少政府赤字，降低通货膨胀率，让经济逐渐实现复苏。

这三个方面正是供给学派的政策主张，而每一条都与中国经济的现状相关。从近年来国家推行的经济改革的相关政策来看，以上三个方面都有所涉及，应该可以对经济的发展起到积极的作用，但是实施的难度都比较大。

三、供给侧改革的战略与难点

供给学派的经济改革基础是发挥市场自身的调节作用，减少政府对经济的干预。对于我国来说，这正是改革的难点所在，毕竟要动政府的“奶酪”并不是一件容易的事。

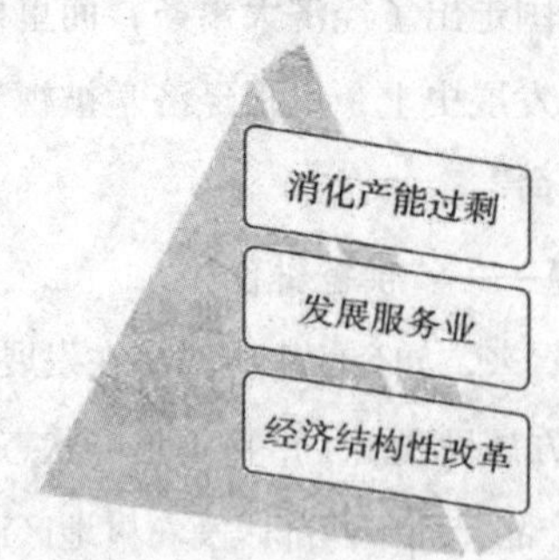

图1–11　供给侧改革的三大战略

（一）供给侧改革的三大战略

（1）将过剩的产能消化

中央高度重视消化过剩产能这件大事，在中央财经小组的第 11 次会议上，习近平总书记提出要做到“一个化解，三个促进”，其中的“一个化解”就是将房地产不健康发展造成的大量库存消化掉，“三个促进”就是促进有效化解过剩的产能，促进产业进行优化和重组，促进房地产业持续健康地发展。中央之所以高度重视，是因为过剩的产能已经产生了一系列严重的问题，大量的社会资源被过剩的产能所占据，进而导致包括人力和物资的成本都处于高位，极大地增加了社会和人民的压力，经济转型被过剩产能严重拖累，深入泥潭，难以前行。

在这种严峻的现实情况下，中央将会加大化解产能的政策力度，届时解决问题的方法会集中体现在以下几个方面：

①让“僵尸”企业破产重组，这样有利于资源的整合，在资源最大化利用的情况下，各行各业的集中度会相应地提高。

②在出口方面发力，通过“一带一路”倡议，将国内过剩的产能输送到沿线的国家，将国内部分工厂进行海外迁移。这样不仅有利于化解过剩产能，还有利于提高出口，在需求端产生收益。

③要以三种手段化解房地产库存，首先是加快建立健全公租房或者是保障房的建设投入和使用；其次是使高昂的购房成本降低；最后是使农村人口向城市的迁移进程加快。

（2）加快发展服务业，促进服务业的优化升级

服务业被称为是“朝阳产业”，有着光明的发展前景，但服务业的发展不是喊几句口号就能够实现的，它需要大量的人力和技术的支持（比如外卖和快递行业），这就需要释放出那些被束缚已久的资源和要素，突破当前经济发展的困局。

需求不是限制我国服务业发展的最大因素，而是供给。这表明我国当前服务业的发展已经不能够和经济社会的发展同步，当前的服务供给难以满足人民群众的消费需求，于是近年来选择海外购物的国内消费者越来越多，国内产品和服务消费相应减少，这样就会使服务业的发展陷入恶性循环。

服务业在现代经济格局中的地位是不言而喻的，服务业不仅可以创造巨大的经济价值，促进国民经济的持续发展，还有利于大大增加就业岗位，减少失业带来的危机和风险，维持社会的稳定运行。

（3）经济结构性改革

这次改革会带来新的结构性机会，比如企业进行并购重组，国企进行所有制改革，相关行业实行减税让利，传统的房地产行业等进行转型升级，“互联网 +”产业迎来发展机会，资本市场实现多层次的发展，不良资产进行交易与转让，等等。

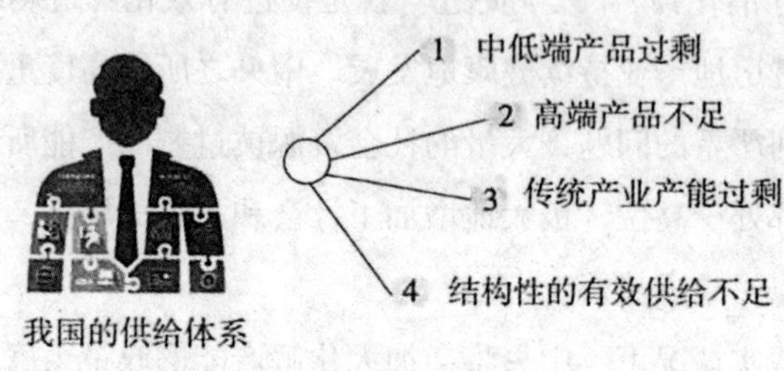

图1-12 供需矛盾带来的影响（资料来源：凤凰财经）

（二）供给侧改革的难点——政府主导与市场主导

在发展市场经济的 30 多年里，为了保持一定的经济增长速度，政府一贯是采取增加投资的方式来增加需求，即“需求管理”。如今从“需求管理”跃至“供给管理”，经济增长要更多地依靠生产要素的供给与利用。

就本质而言，这一变化反映出中国在发展经济与改革中的实际问题，也说明了政府不是万能的，经济的转型不能依靠政府调控，而是应该以市场的自我调节为主，政府权力必须逐渐地退出市场。

如果这次改革仍然是以政府为主导，市场处于随从角色的话，那么改革非但不会取得成效，反而有可能将经济管理变得更加僵化。因此，供给侧改革的难点就在于变政府主导为市场主导，由市场发挥自我调节的作用。

第四节 供给侧改革的理论研究

一、国外对于供给侧改革理论研究的现状

正如德国古典哲学是马克思主义哲学的理论基础，传统的供给经济学则是那些西方国家进行供给侧改革的理论根基，对于供给理论国外开始得很早，在 19 世纪初期就已经展开。法国作为老牌的资本主义国家，启蒙运动的发源地，在供给经济学的领域也不遑多让，在 1803 年，萨伊就撰写了《政治经济学概论》，在这本经济学巨著中，他提出了一个足以影响整个传统供给经济学的理论，即“萨伊定律”。

任何事物发展壮大都是有一个过程的，西方供给经济学当然也不例外，从 19 世纪初期“萨伊定律”的提出到供给经济学理论的逐渐完善，直至一个供给学派的诞生足足花了 170 余年。

实践是认识的目的和归宿，在实践中得来的供给经济学理论终归要进一步指导接下来的经济活动。在这一点上盎格鲁 - 撒克逊国家行动得最为迅速，供给学派的经济理论率先在英美两国得到运用，上文所述的“里根经济学”和撒切尔的“国企私有化”就是例子。

“问渠那得清如许，为有源头活水来。”供给侧改革的进行离不开供给经济学理论的支持，而供给经济学理论的来源又与供给学派脱不开干系。事物的性质是主要矛盾的主要方面决定的，处于整个供给学派经济学理论的主要矛盾就是市场机制对生产要素进行调整的能力，只有通过市场对生产要素进行充分的调整，才可以让它们最大化发挥作用。这就要求政府层面减少对市场的过度干预，把精力集中在生产的刺激上，进行供给侧的改革。

矛盾就是对立统一，站在供给学派对立面的就是凯恩斯主义。在 20 世纪 30 年代之前的一段时间，由于供给学派的兴盛，西方国家对供给经济学的信任，使生产要素得到了前所未有的信任，但水满则溢，月盈则亏，供给学派的发展不会一帆风顺的进行下去，随着 20 世纪 30 年代开始的大萧条时代的到来，以往过于注重生产要素导致的产能过剩开始出现。在这件事上，供给学派犯了难，这就给凯恩斯主义中的有效经济需求不足的理论提供了便利。但凯恩斯主义也不是万能灵药，在 20 世纪 70 年代，世界许多国家陷

入了滞胀危机，凯恩斯主义无法解决。这时，供给学派借机重新出山，占据了经济学的主流。由于供给经济学强调的是市场对生产要素的配置，凯恩斯主义强调的是政府层面对经济的宏观调控，而恰好政府对经济的宏观调控可以起到很好地控制经济周期性波动，这就为凯恩斯主义的再度应用奠定了基础。

从本质上来讲，在供给侧进行改革就是让政府层面减少对经济的干预，这在现实的经济活动中有着里根经济学和撒切尔主义两个十分典型的例子，这两个例子的共性之处就在于政府对经济活动，对生产的过度干预减少，促进市场对生产要素的配置。此外，还有一点特别重要就是降低税率。

基于上文，我们采用两个角度进行分析：一是政府对生产的干预情况；二是降低税率，减少税收的情况。在通过这两个角度对经济进行分析时，有一个十分便利的工具就是拉弗曲线。在拉弗曲线看来，一旦政府层面对生产活动进行了过度的干预，那么，轻则会导致经济活动的效益明显降低，重则会导致市场经济的正常运行被扭曲。同时，如果政府的税率过高，企业和个人的可支配收入减少，就会导致经济活动被抑制，进而使经济活动产生的效益降低。由此我们可以看出，为了保持市场经济的正常运行，防止市场经济出现问题，必须减少政府对经济的过度干预。

二、国内对于供给侧改革理论研究的现状

由于我国在2010年就成为世界第二大经济体。因此，我国的一举一动都受到了世界范围内的高度关注，在我国提出要进行供给侧改革之后，不仅是国内，国外的一些学者和经济相关人士也高度重视。其中有两个典型的人物就是约瑟夫·斯蒂格利茨和肯尼思·罗格夫，前者是哥伦比亚大学的教授，他认为无论是供给侧还是需求侧都是解决经济问题的一个途径，两者不是泾渭分明的状态，而是相互依靠的，比如供给侧的一些问题可以通过需求侧的刺激手段来实现，为了达到缩小贫富差距的目的，政府可以在医疗卫生和教育培训领域多进行投入，为了达到优化经济结构的目的，可以进行一些基础性的研究，为供给侧的改革提供理论支撑。后者是哈佛大学的教授，他认为中国在将来的经济发展过程中会遇到一个问题，就是难以保持生产效率的提高，为了解决这一问题，中国必须在调整经济结构的过程中做到尽善尽美。综上所述，由于我国的供给侧结构性改革是在最近几年才开始提出的，因此，除了国外经济领域的一些人关注外，并没有受到国外学术界较为广泛的关注。

供给侧结构性改革最早是在2015年1月提出的，随着这一概念的提出，关于供给侧结构性改革的相关研究就从未停止过。截止到目前，相关研究仍在继续，一些学者经过长期的钻研和整理，编汇成一部部经典的著作，大多是对领导人讲话内容的丰富阐释和分析，也有对供给侧结构性改革的路径与措施的研究。其中，对供给侧结构性改革的概念阐释和分析的有：

厉以宁、吴敬琏的《三去一降一补：深化供给侧结构性改革》，从各个方面深刻阐释“三去一降一补”对于稳定增长、改善结构性问题的重要意义。

蔡伟的《新常态，供给侧结构性改革》思考新常态和供给侧结构性改革等热点经济问题，对新常态的内涵，特征和具体表现做了深刻的解释和分析。如何通过供给侧结构性改革提出解决经济发展新阶段结构性问题的方法。

王先庆、文丹枫的《供给侧结构性改革：新常态下中国经济转型与变革》对如何理解供给侧改革，怎样具体落实供给侧改革，系统阐述了供给侧改革对我国经济的影响，从新常态经济、消费时代和“十三五”战略的角度解读了供给侧结构性改革，这与供给侧改革密切相关。

贾康的《供给方改革十讲》旨在将理论与实践、服务发展紧密联系起来。从宏观背景分析到微观改革路径，准确把握中国经济的脉搏，解决实际问题，是经济改革的指导思想。从关键问题和难点到具体突破入口，从多个角度阐述了供给侧结构改革的丰富内涵和现实意义。

叶连松的《推进供给侧结构性改革》提出振兴实体经济，立足于经济发展进入新常态的背景，聚焦当前改革的重点、热点、难点问题，以推进供给侧结构性改革为主线。以建设世界制造业强国为目标，着力加强供给侧结构性改革，跨越“中等收入陷阱”，打造先进制造业强国，深化国有企业改革，发展混合所有制经济，促进京津冀协同发展。对雄安新区建设规划建设重大战略、推进能源革命和生态文明建设、实施教育强国战略、人才强国战略等七大问题进行了深入分析、论证和阐述。指出了这些领域改革发展应遵循的原则、方向和重点，贯穿“创新、协调、绿色、开放、共享”五大发展理念，提出了更科学、更切合实际的对策和解决办法。

郭威、胡希宁的《供给侧结构性改革：理论与实践》从理论和实践两个角度，就供给侧结构性改革进行了较为全面地阐述和深入地分析，在如何理解供给侧结构性改革，怎样贯彻和落实供给侧结构性改革，供给侧结构性改革对中国经济的中长期影响等问题上形成更加全面的认识和了解，具有较强的理论借鉴和实践参考价值。

林毅夫的《供给侧结构改革》从宏观层面上看中国经济发展方向、转变需求、界定供给侧改革、成功经验等；从人民币汇率改革、财税体制、土地、互联网、农村等微观层面阐述了供给侧结构改革对中国经济的意义和巨大价值，并提出了相应的对策和措施。

除此之外，截止到现在，从中国知网的检索情况来看，题目中含有“供给侧结构性改革”和“供给”的期刊及报纸较多。主要围绕供给侧结构性改革的提出、供给侧结构性改革的概念界定以及如何推进供给侧结构性改革这三个方面进行了初步研究。其中，具有代表性的研究成果如下：吴敬琏的《供给侧改革不能简单理解为“调结构”》、胡鞍钢的《供给侧结构性改革——适应和引领中国经济新常态》、刘伟的《经济新常态与供给侧结构性改革》、沈坤荣的《供给侧结构性改革是经济治理思路的重大调整》、冯志峰的《供给侧结构性改革的理论逻辑与实践路径》等。

第二章 供给侧结构性改革的创新、理论模型与实施路径

第一节 供给侧改革的创新意义探索

一、供给侧改革是理论密切联系实际的创新

理论一定是要服务现实的，但理论自有其超越片段现实、局部现实的规律认知追求，以及高于一般经验、直觉的指导性品质，这才构成了理论服务现实的价值之所在。学理层面的“供给管理”与“需求管理”不可偏废，并应将制度经济学、发展经济学、转轨经济学[①]的启迪与影响，一并纳入新供给经济学理论体系，从而引出从供给侧发力应对现实挑战、破解瓶颈制约的一整套认识和建议。

（一）新供给绝非供给学派的简单模仿

2011年后组建的新供给经济学研究小组，发展成为2013年正式注册成立的中国民间智库——华夏新供给经济学研究院，形成了在“新供给”学术研究方向上积极的研究群体，已有《新供给经济学》等多部公开出版物和多份研究报告，反映这种努力下的研究成果。

萨伊的古典自由主义定律依旧是新供给学派的理论来源，这是有依据的，就是在新供给经济学中有一个观点就是，在整个经济学理论的基本框架之内，有一点是必须要高度重视的，那就是对供给侧的分析和认知要进行强化，这就源于古典自由定律。与此同时，新供给经济学的这一观点也被高度评价，这是因为在新时代的经济环境和市场环境下，它可以弥补以往过于注重需求侧改革造成的弊端。除此之外，新供给经济学还勇于直面经济发展的现实情况，在他们看来“完全竞争市场”这一假设对于理论模型的构建是有重要意义的。新供给经济学认为“完全竞争市场”这一假设虽然与现实环境差异十分巨大，但不能完全否定或者是抹杀，要取其精华，去其糟粕，并且对于其中的精华部

① 转轨经济学是以转轨经济为研究对象的经济学，是经济增长方式转变、经济发展模式转轨基础上的经济学范式转换的经济学。

分，要进行相应的升级。具体方法就是将“非完全竞争”这一资源配置过程中的真实场景进行还原，还原之后作为扬弃或者说是升级之后的认知基础，进一步使模型得到扩展，使现实得到洞悉。

供给和需求这一经济学的两个方面都不可偏废，其中需求是经济发展的原生动力，而供给则代表了生产方面，代表了生产力以及创新能力的发展进步，而生产力的发展，生产工具的进步会使人类进入一个全新的社会生产阶段，比如青铜器、铁器、蒸汽机、发电机和互联网等。上述的这些生产工具所代表的生产力的变化就是供给侧的巨大魅力的体现。农业革命、工业革命以及信息革命都是源于供给侧的生产工具的更新带来的生产力的变化。同时，生产工具的更新也会使人们的物质需求得到进一步的满足，这具体体现在铁农具的发展提高了粮食作物的生产量，满足了人们的基本和生活需求。两次工业革命之后，各种工业生产设备使物质的生产得到极大的丰富，进一步便利了人们的生活。

特别值得注意的是，新供给经济学所强调的时代进步与我们置身其中的后发经济的“追赶—赶超”密切相关。基于“后发优势”所认知和可强调的技术模仿、技术扩散带来的红利，发展中经济体可以实施经济高速发展的追赶，而随着技术差距的缩小，势必呈现出后发优势，红利收敛的趋势，这种收敛压力放在新供给经济学所强调的供给侧观察视角下，应当是在每一波供给侧创新完成之后的一个稳定时期中，追求以技术革命开启新的上升阶段和时代，对冲下行因素和凝聚质量、效益提高的升级效应，使这种追赶和将随之掀起的新发展浪潮最终对接“后来居上”的赶超。制度供给所带来的改革红利，除了能够降低经济增长和发展中的成本，还是新技术，发明创造的首因，是中国这样的后发经济体赶上乃至寻求最终超前于先发经济体的现代化进步的关键。

站在今日的视角，回顾整个经济学发展的脉络，我们会发现供给学派的源流也是否定之否定的波浪式的前进和螺旋式的上升的具体体现，这具体表现在萨伊最初提出了萨伊定律[①]，但经过了20世纪30年代大萧条的无情打击，主张政府进行适度干预的凯恩斯主义上台，这是第一次否定。时间线进入了20世纪70年代，随着经济出现滞胀危机，凯恩斯主义又被指责为政府过度对生产进行干预，供给学派再度兴起，但由于供给学派在某种程度上过于注重放任市场，放任生产要素，缺乏政府对生产互动的正常干预，使凯恩斯主义重回大众视野，这是第二次否定。在此之后，由于凯恩斯主义的固有弊端，

① 萨伊定律（Say's Law），也称作萨伊市场定律（Say's Law of Market），一种自19世纪初流行至今的经济思想。萨伊定律主要说明，经济一般不会发生任何生产过剩的危机，更不可能出现就业不足。

供给学派的经济理论再次登场。至此，否定之否定的过程完成。在2008年美国经济危机之后，美国采用了新的供给管理理论，这一理论也起到了一些作用，但新供给管理理论还处于发展的阶段，远未至成熟。从中可以看出，我国在近些年提出的供给侧改革与学术界对供给经济学的又一轮研究正好相贴合。但这不是“挂羊头卖狗肉”，不是简单的对以往的供给经济学进行改头换面，也不是全然否定需求侧的重要性，美国供给学派采取的降低税率模式也不能机械地照搬照抄，一切都要参照我国的基本国情，做到取其精华，去其糟粕。

（二）破除偏颇、破除脱节、破除滞后

将20世纪以来每次经济危机和40多年来中国改革开放的历程都进行深入地分析，我们会发现，所有的经济学理论都不是完美的，在经济学理论指导下的经济活动对整个经济社会的发展造成的影响都需要进行分析。在这一过程中，有一个共识就是，人们不断认为是挑战性的问题都是经济学理论未来发展的破局点，这个破局点具体体现在以下三个方面：

首先，从古典经济学以来，被人们称为主流的经济学理论的认知框架都是不对称的，因此产生了偏颇。这是因为无论是古典经济学还是新古典经济学，抑或是凯恩斯主义经济学，虽然它们站在不同的角度对经济学理论和社会经济的实践做出了贡献，但是对这些经济理论进行评价的时候，必须做到辩证，既要看到它们的贡献，又要看到它们的缺陷。上述经济理论所说的供给环境都是在经济学理论框架内假设出来的，并不是真实的供给环境，并且这些经济学理论强调的都是从需求侧入手，因此，经济政策的主张大多集中于需求侧，这就导致上述经济学理论有一个共性的弊端就是缺乏供给侧的考虑。下面将举一个典型的案例对这一问题进行详细说明。华盛顿共识在最近几十年有着巨大的影响,这体现在这一理论框架的假设条件,或者说是对经济学规律的认知是“完全竞争”,理论终归是要回到现实环境中指导实践的，但是华盛顿共识在理论联系实际的时候，并没有分析供给侧，这就导致在供给侧这一领域，华盛顿共识严重缺席。在供给侧领域的经济理论和经济政策也不是十全十美的，这体现在供给学派虽然为美国应对滞胀危机做出了应有的贡献，但在系统的理论层面，供给学派还有十分明显的不足，它栖身于华盛顿共识这棵大树的树荫下，供给学派可以激发供给侧的潜力和活力，但这只限于分散市场主体的层面，在结构分析、供给制度分析方面，供给学派还有很多“课程”需要弥补。

其次，理论与实践严重脱节，这具体体现在当前占据主流地位的经济学教科书与具有代表性的社会经济实践之间存在脱节现象，或者说是“言行不一”，美国应对近几次的经济危机时，采取的关键性策略基本上没有从占据主流地位的教科书中得出的，比如一些供给手段的策略方法，这些实践方法基本在教科书中找不到出处，却在实际的操作之中得到了非常好的运用，并取得了不错的效果。下面将举一个例子说明美国在经济理论和经济实践两方面上存在的脱节现象。美国政府对于注资调控这件事上对不同的企业区别对待，比如美国政府没有选择帮助雷曼兄弟公司，导致其垮台并造成了不良后果；帮助了花旗银行和通用公司，为其注入了大量的公共资金。这体现了政府对于不同企业进行了区别对待，同时这种行为会对整个经济社会的发展产生巨大的影响。这些实践或者成功，或者失败，都对经济学理论的发展和完善提供了重要的现实依据，但是美国的经济学界普遍没有对这一事件进行理论总结或者进一步的升华。

最后，在现阶段的经济学理论研究中，对于政府的产业政策方面的研究十分滞后，也异常薄弱。政府层面的财政政策、货币政策对于经济社会的发展会产生十分重要的影响，这是明眼人都能看出来的，但是作为经济学领域的专业人士，美国的经济学家们的经济学学术成果却很少出现这种关于政府产业政策方面的研究。但即使没有理论层面的插手，只考虑实践层面的话，无论是20世纪克林顿时期的信息高速公路，还是21世纪初奥巴马的油页岩革命，都取得了令人瞩目的成果，所有这一切都不是在教科书中找到的。同时，上述这些经济学的成功实践基本上都是从供给侧上发力的。正是由于上述的这些成功实践，我们可以这样说，本应该指导经济实践的经济理论已经与经济社会现实脱节，并且对于经济社会的实践，经济理论难以望其项背。

（三）树立框架、树立原理、树立融合、树立体系

不破不立，在破除之后还要进行树立的工作，创业之路很少不是筚路蓝缕的，树立的过程也注定不是前路平坦的。在这个过程中，我们要将中国的现实情况作为最大的参考依据，立足本国实际。同时，要将世界上一切有利于我们发展的经验和成果吸收过来，取其精华，去其糟粕，这样我们就可以立足本国的，放眼世界，在这种情况下，进行树立的工作。

首先要树立的是框架层面。在经济学的基本框架上，对于供给侧的分析和认知我们都要不断进行强化工作。在经济学的基本理论中，我们可以得知，人类社会在漫长的发展历程中，最重要的支撑因素就是不断进行创新的精神，在经过长期的考察之后，我们可以进一步认为有效供给不仅是对于需求的回应和引导，还会促进人类社会进入新的发

展阶段。比如青铜器和铁器的供给使人类进入了农业文明时代，蒸汽机的供给使人类进入了工业时代等。但这里如此强调供给，不意味着需求毫无作用，需求自带原生意义，是无论如何也不能被取代的，这里强调的是过去没有得到重视的，有效的供给对于经济发展的意义。上文我们提到的供给侧的发展会促进人类社会的发展这一理论无论在哪个国家都是可以得到印证的。因此，也可以说，这一理论也是人类各个社会发展都可以运用到的理论，在以中国为代表的广大第三世界的发展中国家都可以运用到这一理论指导本国经济结构的调整和经济社会发展的可持续性。

其次要树立的是经济学理论，在这一树立的过程中，要做到提高经济基础理论支点的有效性和针对性。以往，在经济学理论当中往往会假设出一种“完全竞争”的环境，虽然这种假设为经济学领域的发展做出了不少贡献，但是这种假设已经不能适用于当今经济社会的发展现状了。目前，在探讨经济问题，或者是对经济进行假设的时候，需要用到“非完全竞争”这个更为真实的环境，水至清则无鱼，在市场经济当中，是很难存在完全竞争环境的，各种各样的垄断问题就足以说明，非完全竞争环境才能更好地反映资源配置，乃至经济社会发展的现状。以往经济学在需求侧进行分析的时候，主要应对的是总量的问题，关于总量问题等指标总是单一可约的，但是现阶段对于供给侧进行分析，则是将目光聚集到结构问题上，指标也变得非单一，且不可进行通约。此外，从供给侧着手，更多涉及政府与市场两个主体之间的各种各样的关系，这就导致在扩展模型上会遇到前所未有的挑战，需要克服重重阻碍。但即使如此困难，也必须克服这个难关，因为这是经济学理论发展中不可绕过的。

再次要树立的是融合。在优化资源配置的过程中，政府、市场和非营利性组织这三方面应该在各自的“岗位”上发挥作用的同时，进行通力合作。在这一过程中，我们要始终把握住市场是资源配置主体这条主线，不能有丝毫动摇，但也要重视在资源配置过程中政府和第三方的非营利性组织的作用，讨论的重点是三者的分工与合作。经过分工、失灵到替代这三个步骤或者说是三个环节，之后由替代再次出发，进一步走到公私合作的伙伴关系，这是人类社会多样化的主体关系在经济发展的过程中必然经历的一种全新的趋势，或者具有的全新的特征。

最后要树立的是体系，这个体系也可以说成是认知体系，这个体系的形成过程是制度供给被充分地引入到供给分析形成的有机联系。中国要转变经济发展方式，实现经济高质量发展，不仅要还清历史欠债，还要朝着新的历史性目标前进，必须从供给侧入手、发力，并且这个过程不仅是漫长的，也是艰难的。在新供给经济学看来，应当立足高远，海纳百川，将人类文明发展以来的经济学理论和其他一切科学成果进行有效地吸收和整合，形成一个汇集百川的科学体系，将生产力要素供给分析与生产关系制度因素分析有机结合起来。在此基础上，认识世界并且亲身投入到改变世界的过程之中。

（四）基于理论密切联系实际的创新服务全局

简而言之，上述的这四个树立，其来源是对经济发展规律的深入研究，是集中了古今中外各个经济学理论和实践的成果，但最重要的，也是排在首位的应该是基于中国特色社会主义这个最大的现实，服务于中国现代化发展的道路。20 世纪末，改革开放的总设计师邓小平指出要进行“三步走”的战略，这个战略可以理解为一种实质性的超越行为。在改革开放以来的四十多年，我们在社会各领域上的追赶是这种战略的直观体现，我们之所以进行这种艰苦卓绝的求索，目的是在 21 世纪中叶实现中华民族的伟大复兴，洗刷百年国耻，并且为世界的和平与发展做出更大的贡献。我们的这个伟大复兴的目标，不是美国眼中的争夺世界霸权，也不是以邻为壑的极端民族主义，而是一个有着五千多年历史文化的古老民族在今天和未来对世界的和平与发展负责任的具体体现。习近平总书记提出的“人类命运共同体”理念也是中华民族这种朴素理想的体现之一，人民群众对美好生活的向往，不仅包括中国人民，潜在体现出世界人民的期盼，也是我们未来要争取达到的目标。

凡是有思想进行交流的地方，必然会有观点的激荡与冲突，无论是先秦时期的百家争鸣，还是古希腊先哲的辩论，都体现了这一点。在现阶段的讨论之中，我们经常会走入一个误区，那就是在观点的冲突中，简单地为对方贴上标签。这体现在一些研讨或者讨论之中，将某些大相径庭的观点都划归新自由主义旗下，某些观点被指责为政府过度干预市场，干预生产，这都是将观点极端化的攻讦手段，也是贴标签严重危害的具体体现。

无论是理论研究还是现实实践，我们都应该本着一条原则，那就是一切从实际出发，理论联系实际，这个实际既包括我国的历史，也包括我国的当下，是对历史经验的总结和当下国情的参考。同时，还要重视理论的研究是要回归到现实之中指导接下来的实践进行。在我们的认知中不是所有的现实需要都是我们确实需要的，一些现实需要被我们的固有认识迷惑了，这些需要往往是不合理的，也没有任何存在的价值，在这种情况下，我们需要进行大量的实践和深入分析，厘清这些所谓的现实需要的根源所在，再予以根除。具体的方法就是站在当下的中国，回顾历史，了解当下，展望未来，同时广泛地将世界上其他国家发展过程中遇到的经验和教训都总结起来，并有一个充分的认识。

二、供给侧改革是问题导向下引领新常态、激活要素潜力的动力体系再造创新

在今日中国的经济社会发展状况下，我们认为需要构建一种新的供给经济学，这种新的科学认为，过去将需求侧看得无比重要，并且投入大量的资金刺激需求就可以促进经济发展的做法是十分不完善的。这是因为，经济的发展决不能单独依靠需求一侧就可以办到的，而是需要需求侧和供给侧联合起来，形成一种结构性的动力机制构建，才能促进经济的良性可持续发展。

（一）需求侧的总量调控不是万能的

人们已经被所谓的“三驾马车”的经济增长理论迷惑了，结构化地将消费、投资和出口视作经济发展只能依靠的三者，无疑是错误的看法，错误地将经济发展的动力完全归于需求侧。这具体体现在凯恩斯主义中，在凯恩斯主义看来，“三驾马车”代表的三个需求的总的倾向是不足的，此时，为了经济增长，政府应该通过采取宏观调控等手段，去刺激总需求。并且，政府还要妥善地处理“三驾马车”之间的关系。这里我们可以看到凯恩斯主义的弊端，没有将供给侧的内容加入到经济增长的结构当中，传统经济学的假设环境是“完全竞争”但这是根本不存在的，在那些故步自封的经济学家眼中，对供给侧的研究根本无须进行。

我们则认为，“三驾马车”不能构成经济增长根本动力的原因，在于其并不能仅在需求侧继续实现其“动力”特征与功能。消费、投资和出口三大认识上所称的“动力”，其实已形成“需求”这一“元动力”层面不得不再做出其结构分析而派生出的结构化认识框架，一旦脱离了“元动力”层面而变为合力的部分，便已失去了“元动力”属性和定位，所以严格地做学理的推演，这三个力自然不可能归为“根本动力”，只是“动力”的不同传递区域在人们认识上的一种归类。从研究者针对实际生活应做的需求“元动力”的回应考察，或动力响应机制认知来说，不能不进一步沿需求侧的“结构化”认识，推进到供给侧响应机制的相关分析认识——意在反映和指导实际生活的经济学理论理应如此。如果仅局限于消费需求、投资需求和出口需求的层面，便走入了近年学界已普遍不再满意的局限性状态。

首先，如果撇开供给侧，只观察需求侧的消费，那么就会走入形而上学的误区，孤立、片面、静止地看待问题。这种静止与现实的市场经济有着巨大的差异，当下许多消费的产生并不是因为产生了多大的需求，而是供给侧的推陈出新，刺激了需求。

其次，如果只在需求侧看待投资，就会带有过于强烈的主观视角，只要刺激了投资需求，就能在经济体量上得到体现，这种想法是大错特错的，在现实的经济实践中，大量的中小企业的投资需求十分强烈，但是投资的供给很难跟上需求的步伐。同时，即使投资规模是完全相同的，但因为不同主体的投资机制和结构是不同的，就可能造成巨大的差异。在这种情况下，不顾现实情况，一味地在需求侧发力，只会造成经济结构的极端化发展，对于经济增长有诸多害处，却无一项益处。

最后，如果仅站在需求侧看待出口，就会导致走向完全比较理论和纯粹的汇率理论，在我们过去的认知与实践当中，一般认为，一个国家出口的产品在国际市场上的市场越大，对于本国经济增长的拉动力度就越大，两者之间呈正相关，这从经济学的理论上是行得通的，但在现实的国际经济交易中却难以得到证实，像中国一样的后发国家在经济上赶超发达国家的例子并不能在传统的经济学理论中得到印证。这也从侧面告诉我们盲目且偏信实际汇率的变化是没有必要的，那些发达国家，对于发展中国家的“高端选择性供给”在双边贸易体系格局中往往比实际汇率更能发挥出巨大的作用。

综上所述，我们之所以认为单独依靠需求侧的“三驾马车”无法对拉动经济增长起到什么实质性的作用，是因为回应和传导需求的“元动力”，不是需求侧能够决定的，要完整认识和把握经济发展中的动力体系，必须把“三驾马车”的结构性特征延伸，转移至供给侧，才有动力体系的“景图”和覆盖最关键部分的重要内容。

（二）结构性动力体系的作用空间需在“供给侧”构建

“三驾马车”所强调的消费、投资和出口需求三大方面的分别认知，只有连通至消费供给、投资供给和出口供给，才有可能对应地成为各自需求的满足状态，其中蕴含着由需求侧“元动力”引发的供给侧响应、适应机制，或称其所派生的要素配置和制度安排动力体系与机制。

如果将经济增长的动力描绘成为一张蓝图的话，我们第一步要做的就是将需求的原生意义肯定下来，人类是一种生物，也是一切社会关系的总和，因此人类不仅有物质需求还有精神需求，这些需求都可以刺激经济的增长。但这不意味着经济的增长完全是需求侧的功劳，人类的各种各样的需求会转移到供给一侧，在这种情况下，我们也可以称供给是需求的第一推动力，此时的需求就会成为经济增长的发动机。站在今天的视角，回顾人类文明的历程，从原始社会到现代社会，我们可以看到农业革命、工业革命、信息化革命对人类生产力带来的巨大影响，每一个时代的供给能力都是生活在上一个时代的人类难以想象的，这个过程将不断持续下去，今天的我们也无法想象未来几百年后，人类的供给能力会发生怎样翻天覆地的变化。

我们可以将消费需求看作是经济增长的动力源，但从长远来看，支撑经济增长的绝不是需求侧，而是供给侧，可以说是有效的供给对于需求侧的回应或者说是引导。但是从更高的层面上对经济停滞的原因进行分析，往往不能归因于需求侧的不足，而应该归因于供给侧的不足。在通常情况下，在经济层面的生产资料、劳动力和技术等要素的供给直接与数量庞大的无关主体相联系。而制度供给则与之有着实质上的差异，它是站在政治社会文化诸多层面上，相关联的主体是负责社会管理层面的主体。

不确定的科技创新在人类漫长的发展历程中有着举足轻重的意义，这体现在每次生产力获得实质性的发展都是借助着科技创新引发的技术革命。同时，这种变化又会促进社会制度发生变化，就如同农业革命推动了封建时代的到来，工业革命推动了资本主义的到来一般。社会上总的供给能力也会随着制度的优化和生产力的提高得到提升，进而促进了社会经济长期处于平稳运行的状态下，逐渐走向繁荣。从某种程度上来说，人类社会的发展水平是要受制于供给能力的，人类社会发展的不同历程也要根据供给能力进行划分，具体可以划分为采集渔猎时代、农业种植时代、工业生产时代和信息技术时代。物质基础决定上层建筑，人类社会的经济制度也随着供给能力的变化，有着从自然经济逐渐过渡到垄断市场经济以及混合经济等多种经济形式的演变。我国当前的中国特色社会主义市场经济也属于经济上层建筑的一种。

我们今日所处的市场环境是全球范围内的社会化大生产，这种生产的方式有一个显著的特点，就是供给侧占有重要的位置，如果在供给侧方面有了本质性的变化，市场上就会一石激起千层浪，就比如智能手机的诞生彻底改变了手机行业的需求现状，二维码移动支付的出现改变了人们的交易方式和货币的使用习惯等。

另外，在供给侧的投资有着几个特点，需要特别注意，这些特点包括供给侧投资的针对性、投资性和结构特征。之所以要强调供给侧投资的这些特点，是要与单纯作为拉动经济增长的“三驾马车”之一的需求侧的投资进行区分。从投资需求到投资供给的转变有着重要的意义，即这个过程是生产能力的形成与供给的过程，也是“三驾马车”另外“两驾”——消费和出口的重要前提。此外，供给侧投资的结构性问题也要处理好，这一项重要的任务不是以往的需求侧的投资能够处理好的。我们承认要让市场发挥在资源配置中的决定作用，但不可否认政府调控这只“看得见的手”的重要作用，这是因为在市场环境中，完全竞争的环境是不可能存在的，在某种特殊的环境下，政府调控这只“看得见的手”往往会发挥举足轻重的力量，比如20世纪30年代美国大萧条环境下的罗斯福新政。

解决好经济结构方面的问题不是只依靠对投资需求的刺激或者是抑制就能解决好的，无论是在政策还是机制的优化上都要做好相应的处理，只有做到这一点，以结构优化为基础的综合绩效和投资质量的提升的目的才有实现的可能，进而作为一种动力，推动经济的增长。比如我国当下进行的进入经济发展新常态，其中在经济增长上有一个关键的投资动力源，这个动力源包含很多内容，比如“聪明投资”，它可以实现诸多经济发展的目标。此外，以往只靠需求侧管理难以解决对外贸易的出口净值，当然，对外贸易出口净值也绝不是考虑的重点。有两点是促进经济增长必须要做到的：一是在全球化的进程中，使自身的经济结构得以优化；二是不断提升本国的综合国力。

供给侧的动力机制由三部分组成：一是投资的供给；二是消费的供给；三是出口的供给。正是由于这个原因，供给侧的动力机制的结构性特征十分明显。在产品和服务方面，需求侧的均质是可通约的，但是在供给侧的方面，均质不可通约。同时，在供给侧方面，制度供给必须进行特殊的、具体的设计，“供给创造自己的需求”会产生巨大的动力，这种动力由产品服务的升级换代推动产生。制度供给的优化会带来巨大的影响力，这种影响力具体体现在解放生产力和带来巨大的经济红利上。事物是普遍联系的，在生产方面的供给能力上存在着竞争，在制度供给上同样存在着竞争，比如制度供给的优化程度。转变经济发展方式，促进经济增长需要优化升级供给侧的结构性动力机制。

创新驱动经济增长从本质上来讲是一种对经济发展动力的描述和认知，这是理论研究者和实践分析者共同承认的，将创新驱动发展这个概念分别放在需求侧和供给侧进行研究，就可以发现创新驱动发展就是一个供给侧的问题。

人类的需求是永无止境的，即使是有效需求这个经济调控管理上的概念，强调的也只是需求是在货币支付能力之上的需求。换句话说，就是消费者有支付意愿能力的需求，这种需求要放到通约总量的状态下看待。这种有效需求不仅可以进行升级和细化，还可以存在个性化的方面，但是这种需求无法进行创新，也就是说，在需求侧无法进行创新。但是在供给侧方面，可以进行有实质性意义的创新活动，但是这种创新不是百分之百成功的，存在失败的可能性，为了尽可能减少失败的概率，提高创新的成功率，需要政府层面在制度上予以支持。在经济发展的过程中，任何经济主体都不能忽视供给侧的调控和管理，尤其是在后发的经济体当中，供给方面的管理更应该得到重视。

（三）要素层面要破解“供给约束”与“供给抑制”

对以往的经济学理论进行总结和分析，可以形成一个简化的理论模型，这个理论模型主要针对的就是供给侧要素的结构认知。在这个理论模型中，我们可以看出劳动力要素、自然资源要素、资本要素、科技要素、制度管理要素是支持经济进行长期发展必需的。在各个国家的经济实践中，我们可以发现这样一个规律，那就是劳动力要素、自然资源要素和资本要素在一个经济体进入中等收入阶段之前的那一段时期，会发挥重要的，而且是显而易见的作用。一旦某个经济体进入了中等收入阶段，科技创新要素和制度管理要素就会发挥出无可替代的作用。这具体体现在中国的经济发展当中，就是要做到加快城镇化效率，提高工业生产能力，面向国内国外两个市场加速信息化进程，此外还要全面推进法制化进程，这也是经济增长的混合动力体系。立足中国实际国情进行考虑，我们会发现制度约束和制度供给明显存在于前几个促进经济增长的要素当中，为了改变这种现状，突破抑制和约束，就必须进行全面的改革，这样不仅能够释放整个经济社会的潜力，还有利于提高经济增长的活力，以下要素被抑制的具体体现：

（1）随着我国的经济发展进入了新的阶段，劳动力的成本在不断攀升。同时，由于人口出生率的下降，人口红利逐渐走向消弭，以往的低廉劳动力成本已经一去不复返了。

（2）制度僵化落后，自然资源粗放、低效耗用。

（3）我国当前在金融领域存在着明显的压抑状况，这具体体现在对于实体经济的多样化融资和升级换代这两方面的支持都不足。

（4）教育体制扭曲、僵化，科技创新驱动力弱。

（5）政府职能与改革不到位，制度供给仍严重滞后。

总之，中国进入中等收入阶段和改革深水区后，供给侧大要素的供给抑制与供给约束均已表现得相当明显，要素组合中制度、科技两大“全要素生产率”主动力源的潜力发挥问题已成为关键。要始终牢记我国处于社会主义初级阶段这个最大的实际，认识到在世界范围内，我国依然是一个发展中国家，为了实现四个现代化，实现中华民族伟大复兴，就必须在政府层面高度重视需求管理和供给管理，并将两者结合起来。在制度供给方面应该予以高度重视，为了在供给侧解放生产力，提高国家的经济竞争实力，必须进行全面深化改革，这是转变经济发展方式的必经之路。在这种环境下，可以为微观经济的主体发展注入活力。对经济进行全面深化改革，可以有效地增长经济发展的动力，可以加快转变经济发展方式，实现经济高质量发展，可以为供给市场带来巨大的变化，进而刺激需求的发展。此外，这还是对经济结构进行调整的必由之路。

三、供给侧改革是通盘规划的系统工程式全局长远创新

以往中国的经济发展虽然也是两条腿走路，但是两条腿之间是不平衡的，这具体体现在经济发展的不平衡，以及经济结构的不平衡，为了解决这一问题，消弭持续造成的负面影响，就需要政府层面进行高标准的规划，这样方可实现全面协调可持续的发展。在供给管理和供给体系中，这种政府层面的统筹规划的重要性不言而喻，其不仅是在供给体系方面进行改革的重要内容，还是站在系统层面和全局视角的创新。

无论是生产力结构上，还是在社会生活结构上，都存在一个共性的问题，就是区别对待和通盘协调，为了解决这个问题，需要政府层面牵头，进行高水平的规划。这个过程从本质上来讲，就是在综合要素供给体系确立之前，政府层面进行的规划供给，供给管理的全过程也因此而产生。目前，中国必须在顶层设计中，坚定不移地走多规合一的道路，在具体的设计规划过程中，有四个方面的要素必须要考虑周到：一是框架方面，二是制度方面，三是分类融合方面，四是动态优化方面。

（一）框架：实现法治框架下的规划先行

政府在进行顶层设计或规划时，必须要做到高瞻远瞩，考虑周密，这样做起码可以保障不因政策的短视而造成供给短缺，最后不得不投入更多成本的问题，也可以做到收放自如，根据具体实施情况进行及时调整。“凡事预则立，不预则废”无论是在国土开发还是在城乡一体化发展中，必须做到“规划先行”，这是一种有效的手段，可以尽量避免遇到问题，再纠正问题造成的成本损失。在进行规划时，必须做到全盘考虑，尊重科学，合理安排。同时，在使用法律赋予的规划权时，必须广泛接受意见和建议，规划一旦制定，就不能随意改变。顶层规划有着重要的意义，一个后发的经济体能否实现赶超先发的经济体，关键就在于规划，这个规划的具体内容包罗万象，一个经济体内的方方面面都可能涉及规划，比如自然资源的利用和科教文卫等。

国际国内多年的开发经验证明，在政府辖区以国土开发的全景图为“一盘棋”，以各类项目建设为“摆棋子”式的配置形成相关不动产的过程中，是难以由基层、微观主体的“试错法”来形成合理结构的，必须由政府牵头形成尽可能高水平、经得起时间与历史检验的通盘顶层规划式的解决方案。一旦不动产配置失当，“生米做成熟饭”，若不纠正，经济与社会上的代价都太大，甚至是无法纠正的（试看北京市 20 世纪中叶城市

规划因否定“梁陈方案”而造成的令人扼腕的后果）。

（二）制度：打开制度结节，开展以多规合一为取向而先行、动态优化的多轮顶层规划

目前，在我国要达到“多规合一”的目的，就需要将行政审批制度放宽，做到简政放权，在多轮顶层规划进行之前，这是必须要做到的。全面深化改革进行到了今天，对于行政审批制度的改革明显已经进入了深水区，也就是触碰到了体制性的问题，此前的单纯减少行政审批的数量已经不够了，还需要把好行政审批的质量关。为了达到这个目标，就需要改革的接续进行，主要方向是“大部制”和“扁平化”。

简政放权，精简机构，使行政的法治化程度得以提高，这只是一些基础性的措施，还要做到的是在全部范围内扩充动态优化设计。在这些工作完成之后，要根据具体情况选择恰当的时间，实施大部制框架下的行政审批工作，并且这项工作要在国家标准下进行。之后，要开展相关的规划工作，达到“多规合一”的效果。我国以往采取分别负责的机制，国民经济发展规划和其他一系列具体的工作都交由相应的部门负责和处理，现在应该将这些工作都纳入“多规合一”的体系中来，同时，要建立起全国范围内的行政审批数据库和在线行政审批平台。这样，将所有工作都集中起来，就可以达到整体规划的目的，优化整个决策流程。

根据我国现阶段经济社会发展的情况来看，想要通过一项顶层规划，达到毕其功于一役的目的，将多年来发展中遇到的问题和矛盾全部解决是不现实的，只能稳扎稳打，步步为营，采用动态优化的方法处理好结构性的问题，并且要经过多轮顶层规划才能达到解决问题的目的。同时，在进行具体的每一轮的顶层设计中，重要的是做到立足实际，充分考虑当前的实际情况，并且要做到尊重科学，保证各个具体方面的规划都科学合理，拥有一定的调整空间，不至于规定得太死板，反而使规划失去了活力。这样做还有一个好处，就是可以尽量减少沉没成本，以便于经济增长质量的提高和整个经济社会的可持续性发展。

（三）分类融合：要素分类视角对“多规合一”的把握

在性质上对经济增长要素进行分类，可以将之分为两类：一是竞争性要素；二是非竞争性要素。在竞争性要素中，我们最熟悉的就是“土地”“劳动力”“资本”三个要素，后者我们比较熟悉的是制度管理和科技两个要素，但随着第三次工业革命，也可以说是信息革命到来之后，后者又添加了信息这个要素。无论是竞争性要素还是非竞争性要素，

它们的作用都是促进经济的增长，但是在任何经济体的发展过程中都不是一味地增长，有很多因素会对经济体的发展产生抑制，通常来说有以下几种制约：一是资源能源制约；二是社会矛盾制约；三是生态环境制约等。既然是顶层规划，就要将所有可能对经济增长产生影响的要素全都考虑到，无论是促进经济增长的要素还是制约经济发展的要素，在此基础上实现供给侧优化，方法是理性的供给管理，这是使经济发展的活力最大化的必经之路。此外，在上述这些促进经济增长的要素中，有一个是需要特别注意的，那就是“土地”这一要素对经济增长的贡献与交通运输脱不开干系，两者是呈正相关的，在经济学上可以量化为“级差地租”①。

站在整个社会全局的角度，并且具有长远的眼光来看，制度供给与科技创新这两者都是公共产品，该公共产品的效用不可分割，并且受益于竞争性。在经济日渐发展的过程中，有一点是值得注意的，那就是无论采取何种发展方式，结果都是体现在城市自身形态的升级，并且这一升级过程不是畅通无阻的，它需要环境承载能力、多元要素的流通能力和合意配置能力，三者的提升就是这一升级过程的要素支持。非竞争性要素主要由科学技术、制度管理和信息三者构成。同时，非竞争性要素的作用更多体现在决定经济质量实现的方面上。作为与经济增长要素相对的经济发展制约要素，它们的主要作用就是限制经济增长要素，换句话说，经济增长要素要在多大程度上发挥作用还是要看经济发展的制约要素。这就要求政府在进行顶层规划时，要在供给侧发力，通过科学合理地安排，使经济发展的制约要素发挥不了更大的作用。

上文提到的“多规合一”，在内容上包罗万象，不仅包括整体的国民经济和社会的发展规划，还包括城乡建设和土地利用，以及其他多种专业规划的有机融合。交通是一个城市的命脉，在城市的整体规划之中，要保证城市正常运转的效率，就需要保证交通规划的科学合理，在城市发展的某些阶段上，比如都市圈或者城市的群的建设阶段，交通规划也发挥着无可替代的作用；城市生态环境的规划有着重要的作用，其目的是实现人与自然的和谐共处，但是生态环境规划与工业化生产有着天然的矛盾，因此在工业化发展阶段，生态环境的规划会制约经济的增长。但过渡到了后工业化时期，就可以说是挺过了经济发展制约的阵痛，下一步就是向着更高的层次迈进了。

① 级差地租是等量资本投资于等面积的不同等级的土地上所产生的利润不相同，因而所支付地租也就不同，这样的差别地租就是级差地租。级差地租又可分为因土地肥力和位置不同而产生的级差地租Ⅰ和因投资的生产率不同而产生的级差地租Ⅱ。

（四）动态优化：锁定不同发展阶段每轮顶层规划的主要矛盾

矛盾无时不有，无处不在，矛盾贯穿于经济社会发展的始终，并且在发展的不同阶段有着不同的矛盾，也就是说，这些矛盾是有特殊性的，不同阶段不同矛盾的轻重缓急是不同的。因此，在“多规合一”的情况下每轮顶层设计都需要首先解决主要矛盾的主要方面。这一点在国外经济实践的经验当中就是在产业布局的基础上进行比较均衡的区域规划。

在顶层设计中，需要分三个方面考虑并进行具体的设计，在工业化初步发展，相对落后的地区实行培养增长极的方式，促进该地区工业化发展；在工业化中等程度的地区实行城市点扩大的方式，提高该地区的工业化能力；在工业化发展较为发达的地区，着重提高该地区的工业辐射能力，带动周边发展，通过转移支付的手段带动落后地区的发展。做到上述这三点，需要多个部门之间相互配合，才能实现合力，发挥出“1+1>2”的效果。以下是针对三者更为详细的分析。

首先是工业欠发达的地区。这些地区可能由于地理位置等区位因素的影响在工业发展上留下了历史欠债，对于这些地区的工业化发展，可以优先根据当地的自然资源进行考虑，在建设具体的工业基地时，进行差异化的设置。待完整的工业基地乃至工业体系建立后，必定会产生虹吸效果，吸引更多的人口。在进行顶层设计时，这一点必须足够重视，具体的设计方法是通过产业的发展规划，预估将来大致会吸引的人口，并以此作为依据，进行包括交通和科教文卫等各个专业的顶层设计和专项规划。

其次是在工业化程度上处于中等发达程度的地区，以城市作为基准，可以将邻近的几个处于中等工业化程度的城市作为一个个点，以点带面将这些城市连接起来成为一个工业化的区域，走一体化的发展道路。在这一层次的顶层规划中，具体规划的形式是几个中等发达的工业化城市形成的都市圈，这个都市圈形成的目的也是顶层规划的目的，就是实现城市之间的均衡发展。这可以在我国现实环境中找到对应的例子，比如京津冀协同发展和雄安新区的建设。以北京和天津这两个工业化能力较强的城市带动河北省的工业化发展，这样的做法有几个显而易见的好处，一是缓解北京的城市病，二是提高天津的发展潜力，三是促进河北省内的城市发展。此外，在这种顶层设计的过程中“网络”的建设是重点，比如交通网络。

在城市群的建设中，交通建设的重要性无可替代，交通运输网络就像人体的血管一样，为人体的各个身体组织输送氧气，交通运输网络不仅可以促进中心城市和卫星城之间的人流和物流，还将它们之间的空间距离无限拉近。在现实中，京津冀地区就是一个典型的例子。北京市的人口早已超过 2000 万，即使将市区内的环路再增加多少条也无济于事，只是重复性的无意义的劳动，此时就需要在顶层规划上发力，京津冀三地协同发展，疏解首都非核心功能，建立雄安新区，增加京津冀地区新的经济增长点。

最后是在对卫星城市或者副中心城市进行顶层规划时，要尽可能做到高标准，无论是在最基本的国土规划还是在公共服务规划上。在具体的建设过程中，不要规划得太过死板，因为城市的发展不是自建成之日起就固定不变了，城市始终要处于不断发展的过程中，因此，在顶层规划时，要为将来的发展留下充足的空间。

随着生产力的不断发展和聚集，现代化的城市由此诞生，对于人口流入的城市来说，自身的规模是逐渐增加的。在经济发达的地区，城市数量也逐渐增加，同时，在自然、经济、政治等多种因素的影响下，各个城市会逐渐成为一个相互依赖又相互制约的统一体。我国当前的这种统一体主要有以下几个：京津冀、长三角、珠三角和成渝。这四个区域的一体化基本形成，需要进一步在更高层次进行顶层规划。要对过往的顶层规划产生的经验教训进行及时总结，并且对区域内可能会产生关联的各项要素进行通盘考虑，在此基础上做出更进一步的顶层规划。

第二节　供给侧结构性改革的理论模型

一、影响经济长期增长的决定性因素是供给侧的五大要素

站在今天的视角回顾以往的经济学理论，将经济增长理论和新供给经济学两种理论作为接下来探讨的基础，我们对于需求侧的原生动力给予了充分肯定的同时，明确了需求侧的发展是生产力飞跃的重要标志和关键性的动力。在此基础上，我们站在供给侧的角度，将促进经济增长的诸多要素总结为五个主要方面，分别是劳动力要素、土地与自然资源要素、资本要素、科技要素和制度管理创新要素。这五个要素有一个共同点就是可以促进经济的增长，它们之间的区别就在于在经济社会发展的不同阶段，这五个要素发挥的作用大小是不同的。同时，这五个要素之间可以进行组合，这种组合会在很大程度上对经济发展的态势产生影响。这就意味着，在发展的不同阶段对每个要素和要素之间的组合采取不同的措施，顺应经济发展的规律进行创新。

五大要素形成经济增长的一组函数，其理论模型见公式 2-1：

$$G=f(L,R,C,T;I) \qquad (2\text{–}1)$$

其中，G代表经济增长，L代表劳动力，R代表土地与自然资源，C代表资本，T代表科技创新，I代表制度与管理（冯俏彬，2016；贾康，2016）。上述五个都是经济学意义上的要素，具体指的是在从事生产经营性的活动当中，所有的经济主体都不可避免地会涉及的主要投入。各个要素都会对经济增长产生影响，但在经济社会发展的不同时期和不同阶段，这种影响的大小是不同的，劳动力要素、土地要素和资本要素是经济增长早期发挥重要作用的因素。但在经济体进入了中等收入阶段之后，剩下的科技创新和制度管理就会发挥出无可替代的作用，这种作用可以在一定程度上抵消前三个因素衰退带来的负面影响。也可以说，科技创新要素和制度管理要素是全要素生产率中主要的贡献者（贾康，2015；彭鹏、贾康，2016）。放眼未来，从技术变革的角度看，五大要素中还可考虑加入“数据”或“信息”这个新兴要素。

以上五大要素还可以做两个层次的划分：一是流动性、竞争性较强的要素，主要包括劳动力、土地与自然资源（使用权、开发权层面）、资本、科技创新；二是非流动性、非竞争性要素，主要是指制度。制度安排以及由此生成的制度环境虽然也始终处于变迁之中，但总体而言属于慢变量，属于由生产力发展所决定的生产关系范畴，要经由诱致、压力等综合作用而不断发生演变、进化，最后才形成特定历史条件下正式或非正式的制度供给体系。简而言之，制度供给是对经济社会生活中已经存在的制度需求所做出的相对滞后、相对稳定但又具有显著能动性作用的响应[①]（贾康、冯俏彬，2004），其所提供的有利于或不利于竞争性要素充分流动、顺畅重组的环境与条件，也就总合成为有利于或不利于“解放生产力”的生产关系、社会形态。

二、要素始终处于循环往复、相互继起的运动过程中

将“经济人假设”作为出发点，可以将人类的经济活动概括为，已满足人类各项利益为目的的一种供需之间无限循环的过程，这个过程也就是社会再生产的过程。上述的五个要素不是固定不变的，而是时刻处于运动变化之中，方向就是效率的最大化。总的来说，就是驱动要素流动的动力主要是效率和收益这两项。

可以这么说，在市场竞争中，社会平均利润的形成过程就是促使要素进行流动的基本规律。具体来讲，就是要素会从那些回报比社会平均利润率低的行业或者企业流出，且要素流出的速度和低于社会平均利润率的程度呈正比。与之相反的，凡是回报高于社

① 贾康，冯俏彬．论制度供给的滞后性与能动性 [J]. 财贸经济，2004（02）：74–79+97.

会平均利润率的行业和企业，要素都会主动流入，并且要素流入的速度与高于社会平均利润率的程度呈正比。但是这种流动不是无止境的，对于某一个领域而言，在要素的流入和流出的动态平衡下，该领域的收益会逐渐向社会平均利润率靠拢，直到完全等同，在这种情况下，该领域的要素处于相对稳定的状态下。

站在整个社会的角度上，我们可以看到，无论何时这些促进经济增长的要素都在三种运动状态之中，这些运动状态虽然是不同的，但又是紧密联系的：

（1）对外进行释放。资本天生有着逐利的属性，在这种属性的驱动下，与资本相伴相生的竞争性要素也在利益的驱动下，在既定条件的范围内朝着达到收益最大化的方向流动。在这种情况下，那些低于社会平均利润率的行业或部门的要素就会自动流出。这虽然对该行业或部门不是好事，但这种要素自由流动的现象可以刺激整个社会的生产力潜力，经济运行的总绩效也会在要素的流动中得到有效地提升。

（2）对内进行吸引。从那些低于社会平均利润率的地方流出的要素总是以那些高于社会平均利润率的地方作为风向标，且要素的流动速率与收益高出社会平均利润率的程度成正比，也就是说，收益越高的部门对于要素的吸附能力就越强。要素的自由流动受这种吸附机制的影响很大，关键性的影响条件就是要素在何种程度上可以达到自由流动的程度。

（3）要素的重组。重组就是各种要素从低于社会平均利润率的地方流动到高于社会平均利润率的地方的这样一个流动的过程。面对那些高收益的行业或部门，要素会蜂拥而至，在这个过程中会产生一系列反应。各种要素不是孤立的，而是时刻处于互动之中，并在互动之中进行有机的结合，进而逐渐固定为一种特殊的结构，这种结构的特征最终会具象化，体现为某个产业部门的结构，或者说经济的结构。总的来说，就如同运动是物质的固有属性一样，重组也是要素的固有属性，要素重组的过程时而快速，时而缓慢，时而紧凑，时而松弛，在要素的重组过程中产生的经济结构也就时刻处于不断变化之中。此外，要素重组的效率和质量受两个方面的影响：一是要素释放的灵活程度；二是要素吸引运行的机制。

在这里要说明一点，就是上述的要素向内向外的流动和重组是前后相继的，并且这个流动的过程是一种理论层面的，被抽象化的。在一个具体的时间和地点的环境下进行分析，一个要素是一直处于上述的三个状态之中，概莫能外。在经济社会的发展中，总有一些行业或部门的社会平均利润率高于其他行业，也总有一些低于其他行业，也总有些人可以把握好机遇，乘势而上，其他人却做不到。造成这种现象的原因是在经济发展的过程中，整个经济体系本身具有异质性，并且“破坏性创新”发生的机制不是固定的、可预期的。综合多种因素，我们可以发现，在整个经济运行的过程中，竞争性要素是永远不会停下自己的脚步。竞争性要素在高收益行业或部门的吸引下，在供给侧回应需求侧。这样，经济增长的动力就会源源不断地产生。因此，可以列出这样一个等式，即经济增长的过程 = 竞争性要素不断追求高收益的过程。由此可以得知，要促使经济持续增长，就需要为要素的自由流动创造更为便捷的条件。

在供给侧的要素中除了竞争性的要素，还有非流动性和非竞争性的要素，就是制度供给。制度供给在要素的自由流动便捷程度和要素重组和结构的动态优化上可以起到决定性的作用。按照历史发展和现实情况来看，任何制度都不是一成不变的，也就是说，制度处于时刻变化之中，虽然是变化，但是与其他要素相比，制度的变化是缓慢的，制度属于生产关系的范畴，是由生产力发展的程度决定的。制度会受到经济社会中的各种因素影响，无论是正式的还是非正式的制度形成都要经过自然的演变和主动设计。尽管关于制度的情况如此复杂，但制度已经确立，就会在很长一段时间内处于平稳运行的状态，并且在这段时期内，制度会在激励机制和行为方式两个方面对经济主体产生影响。

第三节 供给侧结构性改革的实施路径

在现阶段，我国在供给侧实行结构性的改革，主要的切入点就是“三去一降一补”，实施的范围是全国范围内。在实施供给侧结构性改革的过程中，虽然利用“三去一降一补”可以有效开展工作，但是也给人造成了一种误解，那就是只要完成了“三去一降一补”这五个任务，供给侧结构性改革就万事大吉了。对于这种认识误区，我们必须将理论联系实际，深入地进行分析。

上文已述，竞争性的要素流动的主要步骤或者规律就是从释放到吸附再到重组。我国的供给侧结构性改革绝不是一蹴而就的，需要分三个步骤进行。第一步就是将低于社会平均利润率的、产能过剩的领域的要素释放出来，具体来说就是完成上述“三去一降一补”的过程。第二步是深化结构性改革，具体的方向是在制度要素的有效供给方面进行系统性的优化，使竞争性要素的自由流动更加便捷。第三步是紧紧把握住新技术革命带来的巨大机遇，在“互联网 +”战略的推动下，促进传统产业结构的优化升级，为新一轮的科技竞争和经济发展奠定深厚的基础。

一、从低效、过剩领域中释放要素：以五大重点任务为切入点

在2015年，中央曾召开经济工作会议，在会议上明确提出要做到“三去一降一补”，完成这五项任务。这五项任务的提出，最直接原因就是之前为促进经济增长，在需求侧进行了大量的刺激导致一系列弊病。为了解决这些弊病，推动市场出清，使整个供给体系的质量和效率提高，就必须完成这五项任务。

在实施一切供给侧改革具体工作之前，第一步就是要去过剩产能，使供给结构更加优化。现阶段，我国产能严重过剩的行业主要有五个：一是钢铁；二是煤炭；三是水泥；四是造船；五是电解铝。释放过剩产能的方法主要有三种：一是提高产品的各方面的标准；二是推动“僵尸”企业破产、倒闭或重组；三是淘汰落后的产能，将要素资源充分释放。

在现阶段进行供给侧改革的过程中，要特别注意的一点就是不要夸大行政作用在去产能过程中发挥的作用。这是因为行政手段只能解决小部分的问题，不能解决全部问题。在小部分成规模的大型企业上，一经认定该企业为落后产能的组成部分，并且没有回天之力，可以通过行政手段，责令其关停。但是我国实行社会主义市场经济以来，现有的市场主体的数量已经多达七八千万个，全靠政府逐个鉴别每个市场主体是否是落后产能的代表是不现实的。这就需要借助市场的力量对市场主体进行甄别。同时，我们一直提到的“过剩产能”没有一个固定明确的界限，因此，去过剩产能的更深层次的手段是形成一种正确的激励约束机制，通过市场竞争这种方法自然而然地淘汰落后的产能，而不是过度依赖行政手段。

第二步是去库存，这个库存就是房地产在供给侧的冗余。在现阶段，我国的三四线城市的房地产库存十分严重，这些库存的存在严重拖累了经济的发展。因此，在今后的一个时期内，必须同时使用经济杠杆和政策手段，将两者合理地组合在一起，双管齐下，化解三四线城市房地产的库存，这是房地产行业良性可持续发展的必由之路。

第三步是去杠杆，防范化解重大金融风险，保障经济平稳运行。我国的杠杆率在近几年来上升得非常快，这具体体现在两个方面：一是广义货币供应量指标偏高；二是非金融企业负债率指标偏高。为了去杠杆，化解风险，就必须设计出科学合理，现实可行的风险控制方案。

第四步是多措并举，降低成本。在现阶段，我国的行政性收费和各类隐形成本代表的制度性交易成本过高，这些都会增加企业的负担。为了减轻企业的负担，让企业轻装上阵，就必须从多个渠道（财税、金融、能源等）同时发力，建立起一套完整的，覆盖全面的改革措施。

第五步是补短板，使有效供给得以扩大。短板可以解释为在多年来的经济社会发展中产生的一些问题或者面临的一些困境。比如为广大中西部落后的农村地区实施精准扶贫，在教育资源匮乏的地区创办优质的教育，实行普惠医疗，将城乡的基础设施进行升级，优先发展“三农”等，补短板不仅是经济社会进一步发展的必要条件，更是我国特色社会主义制度的必然要求。

二、破解阻碍要素自由流动的壁垒和障碍：深化重大关键领域的改革

供给侧结构性改革，不仅要重视供给侧，还要重视改革，因为供给侧改革的本质属性就是改革。站在供给侧的角度可以明显看到我国要素在进行流动的方面有着诸多不当的约束和抑制，同时，还存在着许多制度壁垒和过度的垄断。为了走出困境，促进要素的自由流动，必须全面深化改革，消除种种壁垒。

（1）对国有企业进行改革。由于诸多原因，在现阶段进行的“三去一降一补”的工作重点，以及整个供给侧结构性改革的重点就是国有企业。在具体的改革措施上，主要是将行政和企业分开，明确产权，尊重市场在资源配置中的决定性作用，在制度方面建立起现代化的企业制度和治理体系，对于混合所有制经济体实行重组，这样做的好处就在于可以将国有企业的改革和民营企业的发展纳入同一条赛道，携手共进，互利共赢。

（2）对行政审批制度进行改革。过去一直强调的简政放权，就是管理好政府调控这只“看得见的手”，以达到规范政府的使用行政权力的方式的目的。这样做有以下两个好处：一是为政府卸下重担，使政府不再具体管理经济社会的事务；二是将政府的职能进一步转换到对经济发展的宏观调控，对市场进行监管和提供公共服务，进行社会管理等方面上去。同时，系统化地改造整个政府机构，以达到优化市场环境的目的，这样下来经济社会的活力自然而然地就会得到释放。

（3）对金融和投资制度进行改革。在现代经济体系当中，金融业已经成为核心，市场经济运行就如同人体生理活动一般,需要血液输送的氧气维持,这个“血液”就是资金。支持经济持续发展的一个重要因素就是投资，为了有效地防范化解重大金融风险，必须匹配好融资的杠杆力量。一些问题长期困扰着我国的金融体系，包括结构性失衡、金融产品类型过于单一、频繁发生金融风险等。为了解决这些问题，可以从以下几方面发力，在主体方面，积极引入多元金融和投资、融资主体；在市场方面，发展多层次的资本市场；在监管方面，侧重宏观上的审慎监管。

（4）在财税制度上的改革。物质基础决定上层建筑，在现代化国家治理上，财政是不可或缺的重要基础和支柱，是一种枢纽性的机制，负责连接中央与地方、政府与企业、公权体系与公民间财力的分配体系和基本经济关系。在财税制度改革上，要坚持一个方向和一个取向，方向就是分税制改革，取向就是扁平化。同时，构建起一个包括中央、省、市县在内的三级架构。中央和省两级要继续实施自上而下以转移支付为代表的现代分税分级财政制度，在中央和地方财政体制的设计过程中优化处理。在税收制度上，进行一个转变，即由间接税转变为直接税，使地方的收入体系更加合理。为经济社会利益分配和调剂机制的良性可持续发展奠定基础。

（5）推动科技制度的改革。在当下的国际环境中，创新是中国发展的第一要务，是中国实现伟大复兴的必由之路。教育是百年大计，在进行创新的过程中，一是要对教育进行改革，破解多年前的“钱学森之问”，培养出适应新时代发展的杰出人才。二是科技方面的改革，在改革的过程中，必须遵循科学的规律，在此基础上进行科技创新。同时，推动产业创新和科技创新协同发展。在关键领域要坚持自主创新，突破“卡脖子”的难题，为建设创新型国家助力。

（6）推动土地和不动产相关制度的改革。我国的基础性制度之一就是土地和不动产制度，这一制度之所以是基础性的，是因为它关系到了国计民生，涉及了重大的利益格局，牵一发而动全身。因此，对于土地和不动产制度的优化需要慎之又慎，要求政府立足长远，扎实推进。其中，在土地制度方面，改革的难点主要包括农村的集体经营性用地，农民承包地和宅基地的流转和城乡结合部的征地、拆迁和补偿等方面。在这一方面上，过去已有成功的经验可以借鉴，那就是重庆的“地票”和深圳对原住民土地与不动产等历史遗留问题的化解。在十八届三中全会中，中央曾明确提出加快推进房地产税改革，努力破解土地与不动产制度的改革，实现国家的长治久安。

（7）改革人口政策，优化劳动力市场。在经济增长的竞争性要素当中，劳动力要素是最根本那个。在本世纪初我国刚刚加入世界贸易组织，利用大量的劳动力资源取得了经济的迅速发展。但是，时至今日，我国的劳动力成本逐渐提升，加之老龄化社会的步步紧逼，人口红利已经在走下坡路了。这就要继续改变以往的计划生育政策，开放二孩政策，对我国的人口结构进行优化和调整，提高人口数量的同时着重提高人口的质量。

同时，在户籍制度方面要加紧改革，使其更能适应人口加速流动的现状，完善社会保障制度，为形成全国统一的劳动力市场添砖加瓦。

三、优化要素配置：大力促进实体经济升级和积极发展新经济

上文已述的将要素从那些低于社会平均利润率和产能过剩的领域中释放出来，并且进行结构性的改革，目的就是要促进要素的自由流动，进而实现要素在市场规律作用下，形成资源的优化配置。这样不仅有利于使供给侧经济体系的质量和效益得以提高，更有利于使生产力得到解放。要素的流动以资源的优化配置作为目标，必然会导致要素流向实体经济的转型升级和新经济的发展这两个方面上。换句话说，在经济增长进入新阶段的今天，对实体经济进行转型升级和发展新经济不仅可以帮助我国顺利跨过“中等收入陷阱”，还标志着我国在供给侧结构性改革上的成功与否。

振兴实体经济是供给侧改革的根本目标之一。在振兴实体经济的过程中，最重要的两个途径就是制度和科技，在把握好制度和科技的基础上，要聚焦全要素生产率，这是我国实体经济发展迈入新阶段、产业结构顺利转型升级的必由之路。站在今天的角度回顾历史，我国过去在长江三角洲和珠江三角洲，这些原本就发达的增长极区域实施的“腾笼换鸟”形式的经济结构调整，这一行为本身可以映照出在我国进入中等收入阶段之前，廉价的劳动力成本和土地开发的潜力为我国制造业的发展和经济总量的提升做出的贡献。但是随着我国逐渐迈入中等收入阶段，两者能够发挥的作用也就越来越小，此时必须进行产业的转型升级，突破僵局。下面将对“腾笼换鸟”这一调整方式进行详细阐释。

其一是“腾笼”，将需要进行“腾笼”的原地区的传统制造业的产能转移到国内中西部的欠发达地区，或者周边劳动力成本低廉的国家。这个转移过程我们并不陌生，在20世纪末，我国实行改革开放之初，欧美发达经济体就曾向我国转移产业。其二是“换鸟”，就是实现产业的优化升级，这种产业转型升级是有风险的，不是百分之百会成功的，一旦将传统产能转移出去，却没有完成产业的转型和升级，就会错失发展的机遇。

供给侧改革的根本目标之二是大力发展新经济。新经济主要是指以互联网为基础的经济创新发展成分，主要包括两个方面：一是以互联网为基础设施所产生的新产业、新业态和新商业模式；二是传统产业在“触网”（“互联网+”）后所打开的新空间、新领域，涉及全部第一、二、三产业，既有“三产”中的电子商务等新兴产业和业态，也包括“二产”中的智能制造、基于社会化大生产的新型定制化生产等，还涉及“一产”中有利于推进适度规模经营的“订单农业”“家庭农场”“产超直通”以及农业与第二、第三

产业的融合发展，等等。当前，我国已经成为互联网第一大国。根据《中国互联网络发展状况统计报告（2015）》，截至2015年12月，我国网民规模达6.88亿，比整个欧盟的人口数量还要多，互联网普及率为50.3%；手机网民规模达6.2亿，无线网络覆盖明显提升，网民Wi-Fi使用率达到91.8%。与之相适应，我国的互联网经济举世瞩目。目前世界上十大互联网企业中，我国占了四家。以阿里巴巴集团为例，其2015—2016年的总交易额达到3万亿元人民币，已超越沃尔玛成为全世界最大零售平台，被业界视为零售业务由线下全面转向线上的标志性事件。据国家统计局的数据，2015年全国网上零售额38773亿元，比上年增长33.3%。其中，实物商品网上零售额32424亿元，增长31.6%；非实物商品网上零售额6349亿元，增长42.4%。再以当下仍处于"成长的烦恼"阶段的分享经济为例，其发展势头更是令人啧啧称奇。根据《中国分享经济报告》的结论，2015年，我国分享经济市场规模已达到19560亿元，主要集中在金融、生活服务、交通出行、生产能力、知识技能、房屋短租六大领域。分享经济领域参与提供服务者达5000万人左右（其中平台型企业员工数约500万人），约占劳动人口总数的5.5%。保守估计，参与分享经济活动总人数已经超过5亿人。展望未来，预计未来五年分享经济年均增长速度在40%左右。

在发展潜力和发展空间上，新经济都令人瞩目，在世界经济整体面临下行趋势，新经济的产生为笼罩在世界经济上空的阴霾带来了一丝曙光。同时，我国正在进行的供给侧结构性改革和经济结构和发展方式的转型和升级也在新经济的指引下明确了大方向。在全球视野下，世界各国都处于第三次产业革命的起跑线上，错失了前两次产业革命的我国，如果能够成功抓住这次机会，夺得科技和经济双重的制高点，就会在世界范围内的竞争中取得巨大的优势，中华民族伟大复兴指日可待。

总而言之，我国近年来推行的供给侧结构性改革不仅在时代背景上具有鲜明的特色，在现实意义上也十分突出。对于供给侧结构性改革，我们可以先从理论出发，通过对理论模型的通盘考察，可以将提升供给侧诸要素质量与效益基本要领准确把握住。简而言之，就是我国的经济能否可持续性增长，关键就在于供给侧要素能否从低于社会平均利润率的领域自由流动到高于社会不平均利润率的领域。通盘考虑整个供给侧结构性改革，我们可以发现，改革过程一直处于"问题导向"的指引下，那些阻碍经济增长的要素都被准确地抓住。同时，有效制度供给作为供给侧改革的动力源，解决了在新的历史起点上，我国继续发展前进的问题。

第三章　供给侧改革的经济策略

第一节　供给侧改革中劳动力要素配置效率与策略

一、政府规定最低工资对经济效率的影响

政府规定最低工资标准，规定劳动者每小时工作的薪酬不得低于一定数额，这个标准随着通货膨胀率的上涨而做出适当的调整。政府规定最低工资标准实际上是要保护社会底层劳动者的权益，使他们的工作收入可以维持劳动者的基本生活，改善贫困人口的生活状况等。但是最低工资法的实施是否真正达到了政府最初设定的目标呢？我们下面对最低工资的实施效果进行深入分析。

（一）劳动力市场的均衡

在分析劳动力市场之前，首先需要明白供给需求理论在产品市场是如何发挥作用的。如图 3-1 所示，坐标横轴表示产品数量，坐标纵轴表示产品价格，产品的需求曲线为 D，产品的需求曲线是向右下方倾斜的，表示随着产品价格的上涨，消费者对于产品的需求数量是不断减少的。产品的供给曲线为 S，产品的供给曲线向右上方倾斜，表示随着产品价格的上涨，生产者对于产品的供给数量是不断增加的。

向右下方倾斜的需求曲线和向右上方倾斜的供给曲线存在交点，该交点称为市场出清，意味着在该点上，消费者对于产品的需求量与生产者对于产品的供给量正好相等，市场达到均衡状态，此时的价格为市场均衡价格 P_0，数量为市场均衡数量 Q_0。如果消费者对于产品的需求量超过生产者对于产品的供给量，如图 3-1 中 P_1 所示，此时市场没有达到均衡状态，存在供不应求的情况，在市场规律的作用下，产品的价格会上涨，达到 P_0 的水平，市场重新达到均衡状态。如果消费者对于产品的需求量小于生产者对于产品的供给量，如图 3-1 中 P_2 所示，此时市场没有达到均衡状态，存在供大于求的情况，在市场规律的作用下，产品的价格会下降，达到 P_0 的水平，市场重新达到均衡状态。

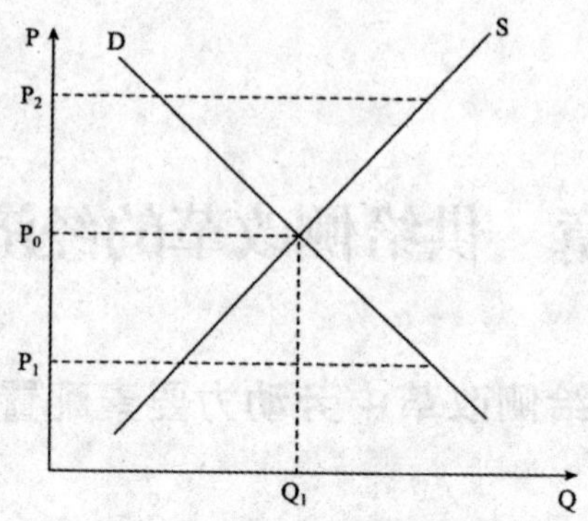

图3-1　供给需求基本图示

将产品的供给需求规律用于劳动力市场，分析劳动力市场的均衡状况。如图 3-2 所示，坐标横轴表示劳动力的数量，坐标纵轴表示劳动力的工资。现在考虑工资水平上涨，劳动力需求会发生什么样的变化？工资上涨会对劳动力的需求产生两个方面的影响。

第一，劳动力的工资上涨，企业将面对更高的生产成本，导致产品的价格上涨，消费者面对产品价格上涨做出的反应是减少购买商品的数量，消费者购买数量减少，将会导致企业缩减生产规模，降低产出水平，这就意味着企业将减少雇用劳动力的数量。企业在经营过程中，为了应对劳动力工资水平上涨，做出减少雇用劳动力的数量的决策，称为规模效应。

第二，劳动力的工资上涨，企业将采用更加依赖技术而非劳动力以降低成本，在生产过程中，使用技术替代劳动力，将企业的发展模式由劳动密集型转变为技术密集型，会导致劳动力需求数量下降，称为替代效应。由于规模效应和替代效应的共同作用，在其他条件保持不变的情况下，随着劳动力工资的上涨，劳动力的需求是下降的，所以劳动力需求曲线是向右下方倾斜的。

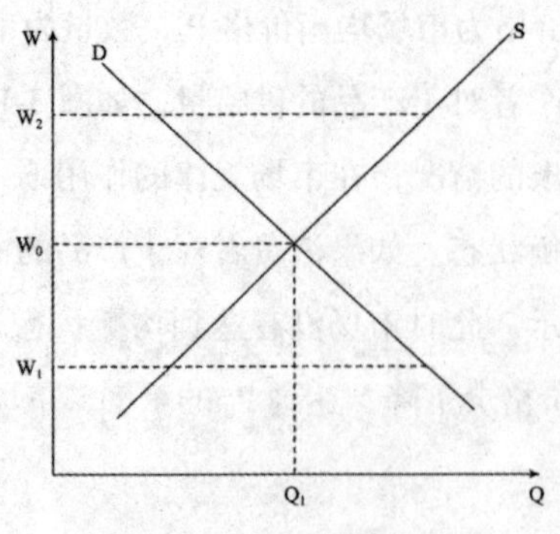

图3-2　劳动力市场均衡

现在分析劳动力供给曲线的变化情况，随着劳动力工资水平的上涨，在其他条件保持不变的情况下，劳动力供给的数量将会随着劳动力工资的上涨而上升，劳动力供给曲线向右上方倾斜。

向右下方倾斜的劳动力需求曲线和向右上方倾斜的劳动力供给曲线存在交点，该交点称为市场出清点，意味着在该点上，劳动力需求数量和劳动力供给数量正好相等，劳动力市场达到均衡状态，此时的工资为劳动力市场均衡工资 W_0，劳动力数量为市场均衡数量 Q_1。如果劳动力需求量超过劳动力供给量，如图 3-2 中 W_1 所示，此时劳动力市场没有达到均衡状态，存在供不应求的情况，在市场规律的作用下，劳动力工资会上涨，到达 W_0 的水平，劳动力市场重新达到均衡状态。如果劳动力的需求量小于劳动力的供给量，如图 3-2 中 W_2 所示，此时劳动力市场没有达到均衡状态，存在供大于求的情况，在市场规律的作用下，劳动力工资就会下降，达到 W_0 的水平，劳动力市场重新达到均衡状态。

（二）最低工资的本质是公平而不是效率

下面对实施最低工资的经济效率进行分析，最低工资是高于劳动力市场的均衡工资水平的，如图 3-3 所示，最低工资 W_1，高于劳动力市场均衡工资 W_0。对于劳动力供给者即工人来说，设置最低工资提高了他们的工资水平，将会获得更多的剩余，如图 3-3 中 A 所示的面积，但是工资水平上涨，将会导致一部分工人找不到工作，这部分工人的剩余将损失掉，如图 3-3 中 C 所示的面积，工人剩余的变化量为 A-C。

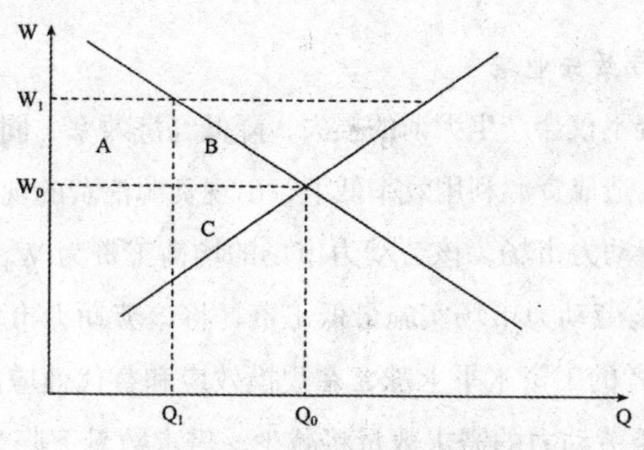

图3–3　最低工资与劳动力市场

对于劳动力需求者即雇主来说，设置最低工资提高了企业的生产成本，在规模效应和替代效应的作用下，将会导致企业雇用劳动力的人数降低，且面临更高的工资水平，所以雇主由于最低工资水平的设定，剩余的变化量为 A-B。

总剩余的变化量为工人剩余的变化量加上雇主剩余的变化量，所以实施最低工资法的总剩余变化量为B-C，即最低工资将导致无谓损失，其大小可以用图3-3所示的B和C的面积之和表示，实施最低工资法的效率分析与实施最高限价的效率分析存在相似之处。

政府规定最低工资的标准会导致经济效率受到损失，产生无谓损失，最低工资设定的本质是促进社会公平，而非提高经济运行效率。政府设定最低工资目的在于改善社会底层劳动者的生活状况，提高社会底层劳动者的生活质量。但是在实际运行过程中，政府促进公平的目标并没有实现，同时还损失了经济效率。

第一，最低工资法的最广泛受益人并不是社会底层的劳动者，而是做兼职工作的年轻人，年轻人利用空闲时间从事兼职工资，赚取更多的零花钱，这部分年轻人并不是家庭生活中主要的赚钱者，家庭生活质量并没有因此而得到提升。第二，社会底层劳动者的工资水平虽然很低，但是也超过了最低工资的设定标准，最低工资法的设定对他们的工资水平不会产生任何影响，或者社会最底层的劳动者根本没有参加工作，退出了劳动力的队伍。即使最低工资法的实施有助于他们改善自身的生活水平，提高生活质量，但是社会底层的劳动者并没有在劳动力队伍中，因而无法享受最低工资带来的好处。

经济政策的实施在于经济效率与公平之间的权衡，经济效率可以使资源得到充分利用，使经济总量得到增长。而公平意味着更加关注社会所有人的生活状况，目的在于缩小社会贫富差距，提高社会底层居民的生活状态。最低工资法的实施目的在于改善社会底层劳动者的经济收入水平，改善生活状况，而不是促进经济的增长，提高资源的利用效率。

（三）最低工资会导致失业增多

政府规定最低工资不仅会产生无谓的损失，降低经济效率，同时还会导致劳动力市场中失业人数的增加，造成资源利用效率低下，出现资源浪费的现象。

图3-4表明某一劳动力市场，该劳动力市场的均衡工资为W_0，劳动力均衡数量为Q_0，现在政府规定在该劳动力市场实施最低工资，将该劳动力市场的最低工资上涨为W_1。此时，由于劳动者的工资水平上涨，在规模效应和替代效应的共同作用下，劳动力需求者，即企业对于劳动力的需求数量将减少，需求数量下降为Q_1，而劳动力供给数量，即工人的劳动力供给数量将增加，供给数量增加为Q_2。但劳动力市场中，企业对劳动力需求的数量为Q_1，只有数量为Q_1的劳动者可以被雇用，Q_2-Q_1的劳动者愿意接受现行的工资水平，但是在该劳动力市场中无法找到工作，存在非自愿失业的情况。

非自愿失业是指劳动者愿意接受现行的工资水平，但是仍然找不到工作的情况。市场中一共有Q_3数量的劳动者，其中只有Q_2数量的劳动者在W_1的工资水平上积极地寻找工作，Q_3-Q_2数量的劳动者不愿意接受现行的工资水平，而选择不工作，这种现象称为自愿失业。自愿失业是指劳动者不愿意接受现行的工资水平，主动地退出劳动力市场的情况。

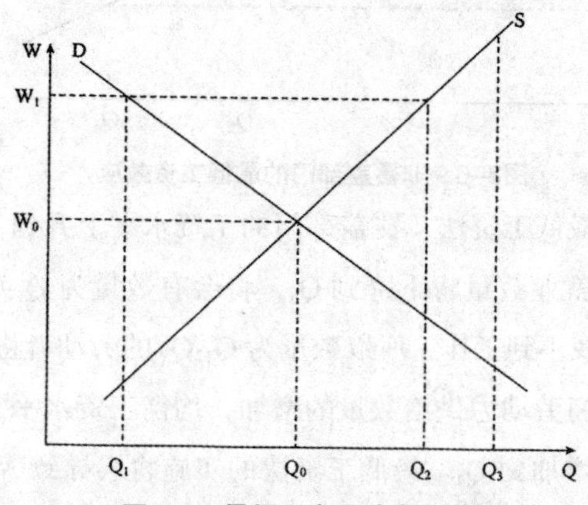

图3-4　最低工资导致失业增加

最低工资法并非覆盖所有的劳动力市场，下面将通过图 3-5 和图 3-6，分析最低工资法对覆盖部门和非覆盖部门的影响。假设劳动力市场不存在最低工资法，覆盖部门和非覆盖部门的工资水平是相同的，均为W_0，如图 3-5 和图 3-6 所示，覆盖部门的劳动力数量为Q_1，非覆盖部门的劳动力数量为Q_2，如果覆盖部门和非覆盖部门的工资水平存在差异，就会造成劳动力的人员流动，最终导致覆盖部门和非覆盖部门的工资水平趋于一致。

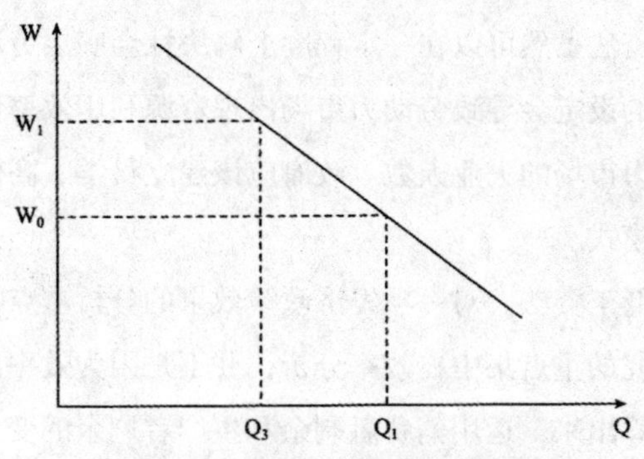

图3-5　覆盖部门的最低工资效应

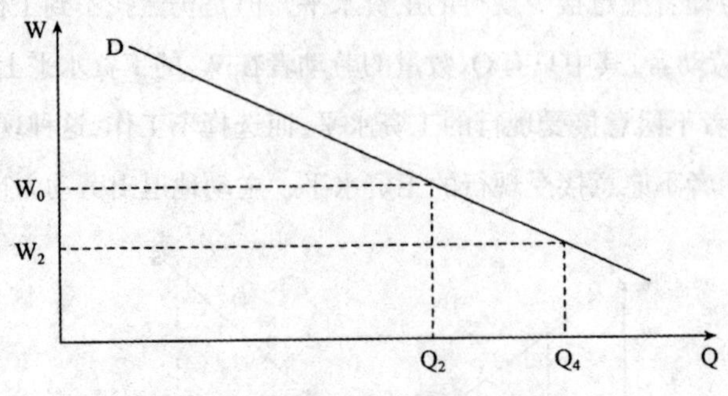

图3-6　非覆盖部门的最低工资效应

假设政府目前实施最低工资法，覆盖部门的工资水平上升到 W_1，由于工资水平上涨，覆盖部门的劳动力就业数量将下降到 Q_3，将会有数量为 Q_1-Q_3 的劳动者因为覆盖部门最低工资的上涨而找不到工作，所以数量为 Q_1-Q_3 的劳动者将转移到非覆盖部门寻找工作，导致非覆盖部门劳动力供给数量的增加，均衡工资水平下降到 W_2，此时非覆盖部门的就业人数将会增加到 Q_4。最低工资法的实施将会导致劳动力由覆盖部门转移到非覆盖部门，导致非覆盖部门的工资水平下降，而且由于非覆盖部门均衡工资水平下降，将会有一部分劳动者无法接受现行的工资水平选择自愿失业，退出劳动力市场。

最低工资法的实施会导致非自愿失业数量的增加，也会导致自愿失业数量的增加，并且由于最低工资法的覆盖范围有限，使得无法在覆盖部门找到工作的劳动力转移到非覆盖部门，增加非覆盖部门的劳动力供给情况，降低非覆盖部门的均衡工资水平，不受最低工资法覆盖的劳动者的利益反而受到了损失。

（四）薪酬体系的健全

政府规定的最低工资法虽然可以在一定程度上解决社会底层劳动者收入水平较低的问题，但是最低工资法的设定会导致劳动力市场出现资源利用效率低下的问题，导致损失经济效率，增加劳动力市场的失业人数。政府应该建立科学、高效的薪酬体系，完善和健全目前的工资支付模式。

第一，政府取消最低工资法。对一项经济政策效果的分析重点在于效率和公平之间的权衡，经济分析将研究的重点集中在效率分析，并不是因为效率比公平更加重要，而是因为经济效率可以计算出来，运用消费者剩余和生产者剩余的变化，可以计算出一项经济政策的实施可以导致总剩余如何变化。而公平相对于效率而言，是一个更加主观的概念，对于公平的界定存在模糊的部分，一项经济政策可能导致一部分消费者得到好处，同时导致另一部分消费者没有得到好处，甚至受到损失，这部分消费者便认为是不公平的，例如最低工资的实施对覆盖部门的劳动者工资和非覆盖部门的劳动者工资的影响。

政府取消劳动力市场的最低工资法，由劳动力市场的供给和劳动力市场的需求相互作用，决定均衡的劳动力工资水平。在均衡劳动力工资水平上，有一部分劳动者不愿意接受现行的工资水平，选择不工作，退出劳动力市场，造成自愿失业的现象，自愿失业是政府政策无法解决的问题，解决自愿失业问题的关键在于改变这一部分劳动者的观念，降低其保留工资，积极投入劳动力市场中，减少劳动力资源浪费的情况。

即使在市场力量的作用下，由于社会底层劳动者的人力资本投资有限，只能从事简单的体力劳动，其工资处于较低的水平，此时政府不应该强制性地提高最低工资，使底层劳动者的经济状况得到改善，这样会对劳动力市场产生诸多不良的影响。政府应该通过多项政策，完善转移支付体系，通过对底层劳动者的转移支付，增加劳动者的非工作收入报酬，同样也可以达到增加底层劳动者收入、改善社会所有成员生活条件的目标，提高社会所有居民的幸福指数。

第二，改变制定工资的模式，将劳动者的工资分成计时工资和计件工资。计时工资规定劳动者每天工作的小时数，雇主向员工支付固定数量的工资。计时工资是目前经济社会普遍采取的工资支付体系，计时工资的薪酬支付体系在执行过程中由于计时工资具有确定性，雇主向工人支付的工资大致上是确定的，假设工人是风险规避者，工人不愿意接受波动的工资水平，计时工资将减少工资支付过程中的不确定性，使工人和雇主之间维持稳定的雇佣关系。但是对于雇主而言，雇主采取计时工资的支付体系可能面临着工人生产效率低下的问题，工人可能仅仅是付出自己的时间，而不是自己的努力获得计时工资。

计件工资是指按照工人生产产品的数量作为支付工资的依据，单位时间内生产产品数量较多的工人可以获得较高的工资水平。但是计件工资在现实经济中的应用并不是十分广泛，原因在于，对于工人而言，自己付出的努力程度并不与产品的生产数量紧密相关，产品的生产数量受到许多外部因素的干扰而且一部分消费者是风险规避者，不能接受工资水平的大幅度波动，工人更加偏好相对固定的工资水平。但是雇主有强烈的动机倾向选择计件工资，因为计件工资是按照工人生产产品的数量作为支付工资的依据，计件工资的薪酬支付制度可以为雇主吸引到生产效率较高的劳动者，提高企业整体的产品生产效率。

在完善和健全薪酬支付体系的过程中，可以选择计时工资和计件工资相结合的薪酬支付体系，有些劳动者虽然人力资本投资水平有限，但是其产品的生产率较高，在实施计件工资的薪酬支付体系中，仍然可以获得较高的工资水平，改善其生活水平，计时工资和计件工资的结合运用，将会为劳动者提供更加丰富的选择，有利于劳动者根据自身条件，选择更加有利于自身发展的薪酬体系。

二、低收入国家无法高速增长的原因

经济学家曾经按照经济模型预测落后国家可能因为经济增长速度较快而实现对发达国家的赶超，比如 1960 年贫穷国家在之后的 45 年增长迅速实现赶超效应，但是实际上我们看到的事实并非如此，为什么那些低收入国家增长缓慢呢？下面我们将从以下四个方面进行考虑和探讨。

（一）缺乏健全的法制

个人财产权的含义包括三种：使用权、获得权和排他权。个人可以在不损在他人利益的前提下，获得并自由处置自己的现存财产，在未经过个人同意的情况下，个人财产不能被其他组合或个人使用。个人财产权对于维护个人尊严和保护独立人格有重要的作用，价值观念和道德信仰的形成也是在个人拥有尊严和独立人格的基础上才能建立起来的，因此，拥有个人财产权，才具有拥有自由、权利和道德的资格。

自 20 世纪 60 年代以来，许多国家没有真正建立健全的法制来保护企业财产和合同的履行。一种情况就是产权不明晰，责任不到位，没有人对公有财产流失真正负责，投资效率低下，合同违约带来的经济损失得不到应有的补偿，企业家不敢冒险建立企业，公平交易和商业运作很困难。

个人财产权意味着每个人处理财产的权利是平等的，如果没有个人财产权，经济社会的规则将由最具有权力的人定夺，市场经济由个人掌控，由权力决定财产和地位。没有个人财产权的人们在市场经济中只能依靠权力获取财产，任由权力控制经济市场，诚信、契约都将被人抛弃，必然形成市场经济的混乱。发达国家保持了市场经济秩序和强有力的法律对私有财产进行保护，合同违约将失去企业信誉。企业对产品数量、质量、价格、供货日期非常重视，企业就会获得更多订单，得到更好的发展。这些市场导向的经济运作方式在许多贫穷国家都没有实现。

（二）战争或政治动荡

除两次世界大战外，20 世纪 40 年代末迄今，战争对经济的负面影响不计其数。以中东为例，阿拉伯国家和以色列之间的冲突和战争绵延不息，其间大规模的战争就有 5

次。5次中东战争共造成10余名万阿拉伯人伤亡，劳动力严重缺失。阿拉伯国家不仅负债累累，城市的基础设施也因为战争被大量破坏，战后重建工作需要大量的资金，否则难以快速恢复到战前状态。第三次中东战争后，埃及的基础生产工厂因为战争的原因被迫停产或半停产，带来巨大经济损失，却又面临着军费开支急剧上升的情况。

自1980年起持续8年的两伊战争中双方死亡人数达60多万人，比5次中东战争伤亡人数的总和还要高。即使是战前原本有着大量经济储备的两个国家，在面对这场战争高达9000亿美元的直接经济损失时，也出现了经济危机的情况。两个国家的战争费用数额巨大，伊拉克平均每月6亿美元的战争支出占国民生产总值的60%，而伊朗平均每月5亿至10亿美元的战争支出占国民生产总值的164%，两个国家之间的战争不仅是军事力量的比拼，更是经济实力的对抗。在战争中，重要的经济设施是主要摧毁对象，油田、炼油厂等均是战争争夺和破坏的首要目标，经济设施的破坏对市场经济来说是巨大的损失，市场经济的稳定之需被破坏，带来的是更多的经济损失。伊拉克在战前拥有370亿美元的外汇储备，因为战争遭受了巨大的经济损失，不仅外汇储备被掏空，还留下了800亿美元的负债。两国的停战不是因为军事实力的比拼出现了结果，而是双方都没有继续战争的经济实力了。

（三）公共教育和公共医疗水平低

决定劳动生产率的重要因素之一是人力资本。贫穷国家公共教育体系普遍薄弱，普通劳动者受教育水平低，文盲在贫穷国家依然存在，甚至很多工人不能阅读或不能写作，这些工人不具备利用新技术的必备技能。

很多低收入国家居民遭受着高收入国家已经不存在或者很容易对付的疾病。例如发达国家很少有人遭受痢疾之苦，但是非洲国家每年有上百万人因此疾病而死亡；美国和欧洲对艾滋病的有效治疗已经明显减少了因这种疾病带来的死亡，但是低收入国家上百万人还在因为艾滋病而死亡。低收入国家往往因为缺少医疗资源，在疾病预防以及接种疫苗方面非常低效。这种情况会导致劳动力身体不健康，体力和精力有限，甚至智力发展也受到影响。生病的人会减少劳动时间和劳动强度，其生产率也必然低下。儿童时期的营养不良以及一些疾病隐患，或者治疗不及时、不彻底，都可能对人力资本造成负面影响，从而导致难以提升劳动力的生产率。

（四）储蓄和投资率低下

生产活动需要投入人力、物力和财力，仅具备劳动力和资源还不够，企业家投资建厂需要资金，在高收入国家，居民收入高，有充足收入就能把钱存进银行，或者直接购买企业股票以及债券等。企业家可以去银行贷款或者发行股票以及债券来融资，这样企业家得以开设工厂以及扩大生产规模，生产规模的扩大使得居民收入更高，这是一个良性循环。但是，在贫穷国家里，居民收入低，微薄的收入勉强维持生活，没有钱去储蓄或者储蓄的数量极少，那么企业家就难以筹集资金发展生产，不发展生产，居民收入还是低，这样就是一个恶性循环，因此使得穷国越来越穷，富国越来越富。

一些国家失业率还相对比较高，也可能是导致储蓄低和融资困难的原因。劳动人口中，那些有意愿工作却找不到合适的工作，或者被雇主解雇的工人以及公司员工还需要政府救济，更不用说储蓄了。从 2000 年到 2017 年的数据来看，南非的失业率相当高，还有西班牙、巴西、意大利、土耳其以及法国等国家，失业率都在 10% 左右或以上。失业必然导致人均生产效率下降。

三、促进经济增长的策略

促进经济增长应该制定什么样的政策呢？首先，稳定的政治环境和健全的法制是经济增长的基本保障。可以想象卷入战争、卷入权力之争的混乱国家，根本就不可能专注于发展经济。我们发现除非财产权能得到实施，否则市场体系就不能很好地运作。要是财产不安全，或者有可能被剥夺，企业家是不愿意用自已的资金冒险的，投资者也不愿意投资给企业。在很多发展中国家，法律被权力践踏，财产权被腐败破坏。因为腐败，政府官员可能在接受贿赂后履行义务，或者盗取政府财产和侵占公共资源。比如，一些国家建厂审批要经过几个环节，企业在不贿赂的情况下不可能建厂，甚至得贿赂好几个不同的官员才行。在一些国家，税收收入和外国援助也可能进入部分政府官员的口袋。有些国家的一些官员时常发生寻租行为，有着这样或那样的灰色收入。腐败蔓延的国家比起廉政的国家或地区增长要慢得多。

其次，重视国民健康、教育和科技研发会促进经济长期增长。人力资源、劳动者素质和技能是最关键的生产要素。健康的国民，受过良好的教育，具有创新精神的企业员工和公司职员，这些因素可以保证经济长期稳定增长。

最后，激励储蓄和投资是经济增长的源泉。企业从可贷资金市场获得融资来进行扩张和研发，增加储蓄和投资的激励政策会提高可贷资金均衡水平，可能带来生产率的提高，即提升人均 GDP 水平。比如税收减免政策可能增加储蓄和刺激投资，进而由此带来对经济增长的回报是递增的。

第二节　供给侧改革中资本要素配置效率及策略

一、民间借贷市场高利贷化的成因及解决对策

（一）资本市场的构成要素及其运行

1. 资本存量与资本增量

（1）资本存量

资本存量是指在一定时间点上所积存的实物资本，反映在一定时间点上人们所实际掌握的物质生产手段。在资本存量概念下，根据资本存在形态的不同又可以进一步地将资本存量分为物质资本存量、人力资本存量与企业组织资本存量。

①物质资本存量

物质资本存量又称为实物资本，或称为有形资本，它表现出较强的边际报酬[①]递减趋势，这一点与人力资本具有很大的不同。物质资本要获得较高的利润，可以通过发展规模经济来降低资本的单位成本。发展中国家由于实物资本存量少而处于稍有增长甚至不增长过程中，但物质资本却是以其他形式表现出来的，如环境资本存量受到自然生态环境中各种环境因素的影响，主要内容包括空气的清新度、物种的多样性和森林的覆盖率等多种因素。社会资本中的物质资本主要以场所、社会管理设备、文件等作为主要表现形式。

②人力资本存量

人力资本存量与物质资本不同，它具有较强的边际报酬递增趋势；也就是说，人力资本的根本价值，在于其边际报酬递增的生产力属性使经济增长快于物质资本存量的增长。人力资本存量的开发要受到既定的生产力和生产关系的制约，并且由于受到历史和社会条件的约束，人力资本作用的发挥和作用范围也会受到不同程度的限制。之前的人力资本载体无法完成现在的事情，当代的人力资本载体，也无法用其现有的资本存量全部做到过去人力资本载体做到的事情。人力资本投资具有长期性特点。

③企业组织资本存量

企业组织资本的形成需要对应的资金成本。组织资本是在成员的交流和不断学习中发展并形成的，这一过程需要学习的渠道和样本，需要长时间知识、经验和技能的积累，

① 边际报酬，是指既定技术水平下，在其他要素投入不变的情况下，增加一个单位某要素投入所带来的产量的增量。

这些都需要相应的成本费用。企业组织资本存量的整合成本对于企业的发展来说有巨大的限制作用，企业的成长速度受到各种资本因素的制约，与规模产出的速度与产量之间有重要的联系。

对于一个国家长期的经济增长过程来讲，在一国经济增长的初期，经济增长主要依靠以物质资本形式表现出来的基本建设投资，而资本存量会随着经济的增长而不断增加，越来越多的固定资本也随之产生，在长时间的经济增长的作用下，部分固定资本需要更新换代，提升资本的运转效率。在资本边际报酬递减规律的作用下，资本的利用效率不断降低，亟须通过企业组织资本与人力资本存量的增长来进一步促进经济的增长与发展。

（2）资本增量

企业在正常运转过程中，会有固定的资本存量，资本增量就是在这一基础上增加的资本投入量。资本增量代表着企业资产的增加，代表着企业的经济实力在提升。与此同时，企业的权益也受到资本增量的影响而逐渐增加。资本增量对于企业的经济增长能力有重要的促进作用，是企业资本管理的重要内容。

企业可以通过对资本增量的管理，扩大企业的规模，从而获得巨大的经济利益，还能够通过资本的增加实现相应技术和设备的更新与改造，在企业生产和管理过程中实现资本运转效率的增加，实现企业进步与发展的最终目的。资本增量的管理就是在企业生产技术和规模之间进行协调，实现技术、规模和最终经济效益之间的统一和稳定发展，具体内容如下：

①确定资本投入与企业经济规模的关系，在两者之间形成平衡，确保两者能够在有限的资本条件下实现发展效率的最大化。

②技术进步管理。技术对于企业的发展有着至关重要的作用，技术的进步需要与时俱进，提高生产力和生产效率。

③企业筹资管理。只有更多的资金成本才能给企业的发展带来更多的发展空间，扩大筹资渠道并改善筹资方式，降低筹资成本，将更多的资金放在企业发展方面。

④企业投资管理。在投资项目之前先对项目进行可行性研究，确保投资的安全性，企业投资收益率将直接影响企业资金的运转效率。

实现资本增量管理的目标是一个系统工程，需要依据科学的程序与方法来编制资本增量预算，然后通过合适的渠道筹措资本，并经过严格的资本增量经营过程，最后做好整个企业生产活动的重要资本存量投入工作。资本增量的预算以及资本增量经营是每一个市场微观主体都在进行的日常活动，而我们更加关心的则是资本增量管理如何进行才能够促进资本效率提高。这一问题与资本市场供求关系以及价格的确定密切相关。

2. 资本的供给与需求

从要素供给的角度来给资本下一个更一般的定义：资本是由经济制度本身生产出来并被用作投入要素，以便进一步生产更多的商品和劳务的物品。对于资本供给与需求及其价格的决定问题，其逻辑遵循劳动力要素供求决定的基本原理。我们需要区分两种价格：购买价格和租赁价格。资本的购买价格是一个人为了无限期地拥有资本要素而支付的价格，是与资本要素的所有权相联系的价格，购买者付出了购买价格即意味着他也就获得了资本的所有权；资本的租赁价格则是一个人为了在一个有限时期内使用哪些生产要素而支付的价格，租赁者付出了租赁价格只意味着他获得了资本的使用权，但并没有所有权，资本的所有权仍然归资本所有者所有。在现实生活中，资本的租赁价格通常称为利息率或利率。在明确资本购买价格与租赁价格以后，我们再来分析资本的供给与需求以及由供求所决定的价格问题。

（1）资本供给

资本供给决策是由资本所有者做出的，与劳动供给的形成过程类似，资本所有者会把资本在保留自用与投资使用之间进行权衡取舍，而权衡的标准则在于资本投资用途的机会成本的高低。众所周知，机会成本指的是一种东西用于某种用途后就必须要放弃的，在其他用途上所可能得到的最大收益。对于资本而言，用于投资就不能自用，投资所获收益（以下统称为利息）是资本保留自用的机会成本。资本供给曲线反映的是资本所有者如何根据机会成本的变动做出资本供给的决策，见图 3-7。

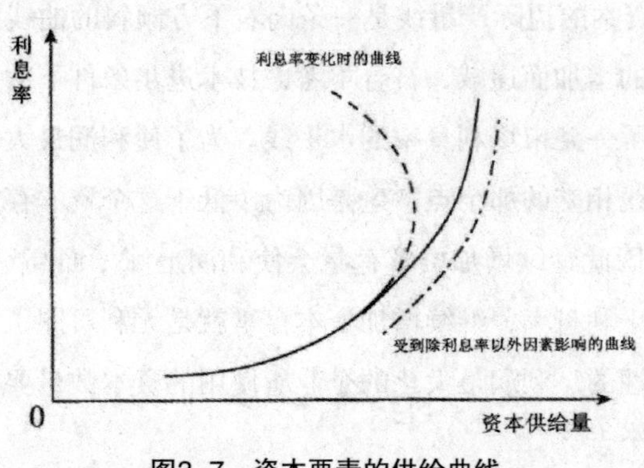

图3–7 资本要素的供给曲线

向右上方倾斜的资本供给曲线意味着，利息率上升使资本所有者增加他们供给的资本存量。由于资本是有限的，供给的资本量越多，意味着资本所有者用来保留自用的资本就越少。也就是说，资本所有者对于保留自用的机会成本增加的反应是减少资本保留自用的份额。

值得注意的是，与劳动供给曲线向后弯曲的道理一致，资本供给曲线也并不一定是向右上方倾斜的。假定利息率上升了，资本保留自用的机会成本就变大了，但是这也意味着资本所有者变得比以前更加富有了。有了这笔额外的财富，资本所有者可能会更多地选择保留自用，免得操那份投资管理的心。这就是说，在高利息率时，资本所有者可能会减少资本的供给。如果这种情况的确发生，那么资本的供给曲线也会像劳动供给曲线一样，向后弯曲。

然而，事实上，资本所有者将资本保留自用的情况是很少的，因为资本不能像劳动闲暇那样给人带来太大的愉悦感和满足感。所以，我们通常认为资本供给曲线往往表现为一条随着利息率的提高而不断上升的向右上方倾斜的曲线。

资本供给量也就是资本存量，会随着利息率的提高而不断增加，这一变化趋势表现的是资本供给曲线上点的移动。而资本供给量的变化还会受到其他因素的影响，从而使得资本供给量即使在利息率不变的情况下也会发生改变，此种情况表现出的便是资本供给整条曲线的移动。

（2）资本需求

资本要素需求与劳动力需求一样，也是一种派生需求，也就是说，资本的需求是由对使用该资本生产的产品的需求派生出来的。资本需求曲线与劳动需求曲线一样，也是通过边际产量值与价格相等的那个点推导出来的。

如图 3-8 所示，资本的边际产量线是一条向右下方倾斜的曲线，这是因为资本的边际产量随着资本存量的增加而递减，符合不考虑技术进步条件下的资本的边际报酬递减规律。在图中还包含了一条市场利息率的水平线。为了使利润最大化，企业使用的资本存量要达到这两条曲线相交的那个点。这是因为：低于这个资本存量水平，资本的边际产量值大于利息率，因此继续增加资本存量会使利润上涨；而高于这个资本存量水平，资本的边际产量值低于利息率，继续增加资本存量就是无利可图了。从利润最大化的角度来考虑，一个竞争性的、利润最大化的企业所使用的资本数量要达到使资本的边际产量值等于利息率的那个点。

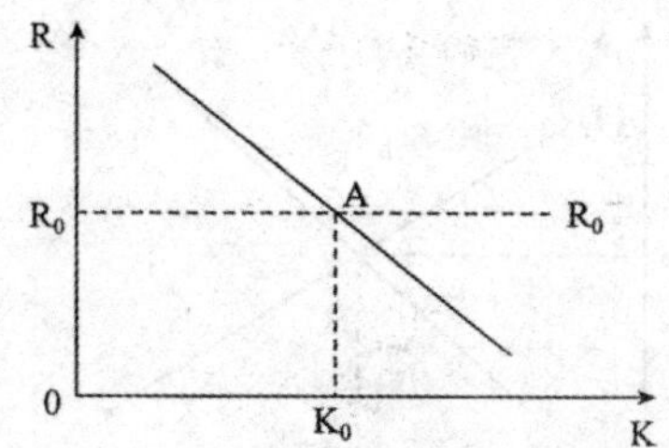

图3-8　完全竞争条件下的资本要素需求曲线[①]

上述推导的结果已经很明显了，资本要素的需求曲线与其边际产品曲线重合为一条线，虽然这两条线在不同场合含义是截然不同的，但必须看到这样的推导至少能够告诉我们资本要素的需求曲线是向右下方倾斜的。然而，不能忽略的是经济学上的每一个结论都是有其严格的假设条件的，一旦假设条件改变，其结论可能会发生逆转。同样，资本要素的需求曲线与其边际产品曲线重合这一结论也有其严格的假设条件，它是在考虑一个厂商在只有资本这一种要素投入的情况下才得出的结论，而当我们把需要考虑的对象拓展到多个厂商，并且将劳动、技术以及制度等要素考虑进来以后，资本的需求曲线也会发生相应的变化。

在考虑了其他投入要素的条件下，资本的需求曲线会发生相应的移动，这取决于资本与其他要素之间的关系状况。假设资本与其他要素是互补的关系，那么其他要素增加也会带来厂商对资本要素需求的提高，导致资本需求曲线向右上方移动，假设资本与其他要素是替代的关系，那么其他要素增加就会带来对资本要素的替代，这意味着厂商对资本要素需求的减少，表现在曲线上则为资本要素的需求曲线向左下方移动。

在考虑了市场上其他厂商的条件下，整个市场或整个行业对资本要素的需求是各个不同厂商对资本要素需求的加总，既然单个厂商的资本需求曲线是向右下方倾斜的，那么整个行业的资本要素需求曲线也将是向右下方倾斜的。

（二）资本市场的价格与效率提升

1. 资本市场价格决定机制

资本市场的价格决定问题也就是利息率的决定问题。见图 3-9，资本需求曲线 D 与资本的供给曲线 S 二者相交于一点，该点所决定的价格（即利息率 r_0）就是资本市场上的均衡价格，该点所对应的资本数量（即资本量 K_0）就是资本市场上的均衡资本量。当然，我们在这里对资本市场价格决定过程的考虑并没有加入时间变量的影响。

① 此处的“曲线”是指图上线条表示的意义，可以理解为一个专有词，并非形容线条曲直，其展示的形态可能是直线也可能是曲线。下图同。

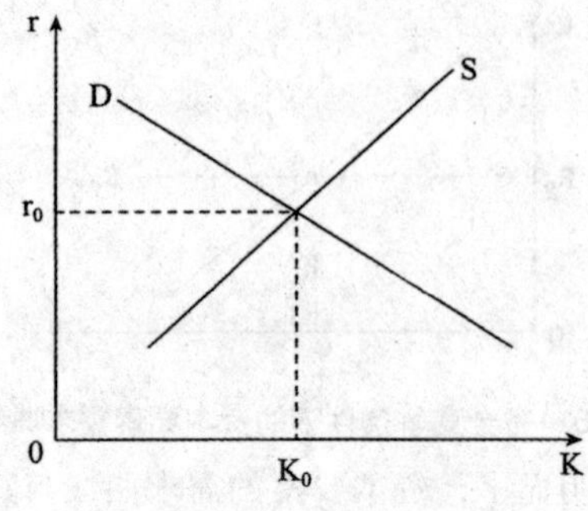

图3-9 资本市场价格的决定

对于资本市场的效率而言，理论上讲主要指的是由资本市场价格决定机制所推动的资本资源的优化配置。但在实际运行中，资本市场的主要功能为分散风险、储蓄转化为投资、优化资源配置、改进企业经营机制。这些功能按照作用效果可以分为内部功能和外部功能：内部功能是指公司治理功能；外部功能是指投资功能、定价功能、资源配置功能和风险管理功能。这些功能对于社会的形成和资源的合理配置有着重要的促进作用，资本市场的效率便是根据这几项功能的实现程度决定的。

最理想的资本市场是保持股票市场、债券市场等市场的平衡，形成一种市场总体的平衡，这种平衡对于资本市场自身的发展提供条件，还能在融资和资源配置方面提升经济市场的发展效率。资本市场的功能对整体市场经济起到调节和促进的作用，为市场经济各结构的发展提供保障，其功能的发挥程度随着结构要素的发展而不断扩大影响范围，最终实现对流通市场的高度控制和管理。资本市场的风险管理机制和价格机制能够为资本市场的正常运行提供安全保证，实现资本运转的高效率。

2. 资本市场效率实现

依据西方经济学中所给出的效率概念，资本市场效率是指将有限的金融资源分配到最需要其发挥作用的需求者手中，实现金融资源的优化与合理配置，或者以最低成本达到金融资源供给与需求的匹配。资本市场效率的实现需要两方面条件：一方面降低交易成本，这需要建立在资本市场的运行制度能够最大限度地降低搜寻成本、谈判成本与监督成本的基础上；另一方面，资本市场效率的实现还必须建立在资金需求者能够使用金融资源向社会提供有效产出的能力之上。也就是说，资金需求者要能够利用好资本，实现资本的价值，从而才能具备条件以合理的利息率来回报资本供给者。资本市场效率要建立在储蓄与投资有效转化的基础之上。

资本市场结构的不完善将会给资本市场的发展带来重大的弊端，严重影响市场发展的效率和最终的发展成果，其主要影响分为四个方面的内容：一是影响市场资源配置的效率；二是不利于金融风险的分散；三是弱化了其在促进经济结构调整中的作用；四是约束了储蓄向投资的转化。

3. 可贷资金利率决定

为了完善古典学派的储蓄投资理论和凯恩斯流动性偏好利率理论，剑桥学派的罗伯逊和瑞典学派[①]的俄林又提出了可贷资金利率决定理论。该理论中的利率是指借贷资金的价格，主要受到经济市场中资金供求关系的影响。

在没有政府干预的封闭经济体中，可借贷资金的来源主要包括两种：一种是个人、家庭、企业的储蓄资金，这部分资金的多少受到利率的影响，利率上升，则储蓄资金增多；另一种是实际货币供给量的增加量。在封闭经济体中，对于可借贷资金的需求主要包括以下两种：一种是购买实物资产而产生的资金需求，购买实物资产是为了投资，而投资需求将会随着利率的上升而下降；另一种是个人、家庭、企业对货币的需求量增加，实际货币的持有量与借款或存款共同构成资产，实际货币的持有量增加，必然会出现借款或减少存款的现象。

对于上述情况来说，关于储蓄和投资是交互作用的观点是正确的，但是存在着一定的弊端，那就是忽略了货币因素对于利率决定的影响。在凯恩斯的观点中，肯定了货币因素对于利率决定的影响，却忽略了实质性因素的影响，这种观点也存在着一定的片面性。可贷资金理论中，不仅重视储蓄和投资的交互作用，还重视货币因素对于利率决定的影响，试图通过更加全面的角度完善利率决定理论。

可贷资金理论对于实质因素和货币因素的综合考察，主要体现在可借贷资金的供给方式上，主要分为两部分内容：一是个人、家庭、企业愿意储蓄的资金，这部分资金属于具有实际价值的资金，主要受利率的影响，属于储蓄投资，代表着实质因素；二是当期实际货币供给量的增加部分，增加资金的多少由银行体系决定，主要目的是维持市场的稳定发展，是一种货币需求的结果，属于货币因素。

可贷资金理论中，储蓄与投资并不是影响利率决定的直接因素，真正的直接影响因素应该是借贷资金的供给与需求的均衡点。利率的增长与借贷资金的供给的增长呈正函数关系，与借贷资金的需求的增长呈正函数关系，利率是在借贷资金的供给和需求的过

① 瑞典学派亦称“斯德哥尔摩学派”或“斯堪的纳维亚学派”，是以北欧特别是以瑞典为中心发展起来的资产阶级经济学的一个重要流派。其创立时期可追溯到19世纪末到20世纪初，而真正的形成时期是20世纪20年代至30年代，50年代后有新的发展。其奠基人是约翰·古斯塔夫·威克塞尔和古斯塔夫·卡塞尔。主要代表人物还有甘纳尔·缪尔达尔、埃里克·林达尔、埃里克·伦德堡、贝蒂尔·俄林等。

程中出现的，且由两者共同决定。

（三）民间借贷市场呈现高利贷化特征

1. 民间借贷市场高利贷化盛行

近几年，随着经济的发展及人们消费观念的超前，银行提供的资金越来越不能满足贷款人士的需求。民间借贷凭借其流程简单、门槛低等优势应运而生，并愈演愈烈，但是由于市场缺乏有效的管理和监督，高利贷也就越来越多，因高利贷引发的社会问题屡见不鲜。高利贷，从古到今，从旧社会到现今中国都是社会的毒瘤，2015 年“易租宝”网络借贷平台非法集资终以崩盘而结束，成千上万的资金供给与需求者被卷入其中。2016 年的“山东辱母杀人案”引起全国关注，这个隐晦暴利的行业也逐渐被大家所认知。

通俗来讲，所谓高利贷指的是借贷利率远远高于借贷风险，借贷行为具有明显暴利与暴力倾向的高利润、非正常、非正规贷款。高利贷并不是民间借贷的本质，民间借贷市场本应是对银行、债券市场、股票市场等正规金融渠道的有益补充，发挥资金融通的作用。然而，民间借贷缺乏有效监管的宽松土壤却为高利贷提供了孕育与成长的温床，使之逐步演变为高利贷盛行的繁衍地。鉴于高利贷所具有的社会危害与伦理道德方面的负面影响，我国法律是坚决抵制高利贷行为的。尽管如此，高利贷现象仍然屡禁不止，并有愈演愈烈之势。民间金融市场的实际运行逐步偏离了经济学的供求均衡状态，越走越远，供求原理所决定的利息不复存在，民间金融不断演变为高利贷化盛行的金融形式。

2015 年，在人大、政协会上，民间借贷成为“两会”代表热议的话题，而民间借贷的毒瘤无不集中在高利贷所带来的危害性上。一时间，众多与民间金融市场高利贷盛行的新闻报道映入公众的眼帘。“娄底一老板自杀，引爆百亿借贷挤兑潮，73 家企业深陷其中”“南阳崩塌楼市背后的财富逻辑：以房地产之名集资”“地产商控制 P2P[①] 平台非法吸储崩盘，涉案金额超 9 亿”，每一个标题都触目惊心，同时显示着民间金融市场已经到了岌岌可危的地步。

2. 高利贷带来的社会影响

任何事物的存在都具有其合理性的一面，高利贷也不例外。高利贷并非从一开始就是恶性的，它在一定程度上能够缓解刚性的资金供需矛盾，通过高息机制弥补资金供给者必须承担的借贷风险，从而帮助资金需求者解决资金缺口问题，帮助其实现创业或度

① P2P 是英文 peer to peer lending（或 peer-to-peer）的缩写，意即个人对个人（伙伴对伙伴）。又称点对点网络借款，是一种将小额资金聚集起来借贷给有资金需求人群的一种民间小额借贷模式，属于互联网金融（ITFIN）产品的一种。属于民间小额借贷，借助互联网、移动互联网技术的网络信贷平台及相关理财行为、金融服务。

过生产与经营的困难时期，进而促进整个社会经济发展与进步。高利贷的利息高于银行利率是可以的，只要不是高得离谱，只要控制在资金使用者能够承担的范围之内，那么高利贷的合理性作用就是可以实现的。然而，一旦利息虚高，超过了资金使用者所能够获得的利润水平因而成为其难以负担的债务时，这种高利贷的借贷市场便难逃崩盘的命运，走向极端。因此高利贷不受控制的发展势必会给社会带来恶劣影响。

（1）信贷市场的资金配置效率低下

高利贷使信贷市场的资金配置功能扭曲。根据可贷资金利率决定理论，借贷资金市场上的最佳效率点应该是借贷资金供给与借贷资金需求相匹配，资金供给者通过贷出资金获得利息收入，资金需求者通过将借入的资金投入生产与经营活动取得利润，这部分利润除了能够支付借贷资金的利息外，还能够有所剩余。总体来说，资金贷出者获得利息收入，资金借入者获得扣除利息之后的利润所得，二者实现的是正和博弈，整个社会的财富得以增加。这正是资金借贷市场存在的价值所在，也是该市场资金配置效率的反映。

高利贷条件下，利息奇高，高于资金借入者用以进行生产活动的利润所得，虽然在表面上来看，高利息能够吸引大规模的资金供给，但实际上，当奇高的利息难以被满足，甚至本金也难以收回时，那些资金贷出者所拥有的获得可观收益的美好愿望只能是竹篮打水一场空。因而，高利贷带来的绝不是资金配置效率的提高，而只能是资金的错配，最终结果是资金配置效率低下。

（2）民间金融支持小微企业发展的作用受阻

民间金融高利贷化的最大特征在于，高利息占有了全部剩余价值，甚至侵蚀了产业资本，从而势必会阻碍社会资本扩大再生产过程的实现。民间金融的产生最初是源自小微企业、中小企业对于资金的需求难以通过正规渠道得到满足。然而，面对远远高于企业正常利润的利息，大多数中小企业或小微企业也只能是在面临资金链断裂困境时才会选择通过高利贷来解燃眉之急，企业用于生产与投资的资金需求仍然难以得到现实满足，奇高的利息成本是小微企业可望而不可即的，这使得民间金融的初衷并未实现，小微企业的发展仍然异常艰难。

（3）极大地破坏市场经济正常秩序

社会主义市场经济应该是信用经济，对于资本市场而言，不仅要有可靠的商业信用，而且应该建立在完善的银行信用基础之上。高利贷信用属于一种商业信用，但其本质却是扭曲与变质的商业信用，它是建立在高利润回报（有时甚至是违法行为报偿）基础上的，一旦这种高利润基础难以实现，高利贷市场就会崩盘，企业破产倒闭、个人跑路自杀等恶性事件便在所难免，整个市场的经济秩序便会陷入危险境地。

此外，高利贷这种金融形式在商业信用缺失、社会诚信不再的背景下，又极易成为某些别有用心之人借以牟取暴利、违法犯罪的手段，“易租宝”等 P2P 网络借贷平台的混乱便是有力的证明。P2P 网贷行业原本是通过互联网解决银行业务无法顾及个人、小微企业贷款理财的中介服务平台。然而，为了吸纳更多的社会闲散资金，网贷平台抛出了高息的幌子来吸引投资者。然而，按照企业正常利润率来计算，网贷平台上的高息根本没有实现的可能，这便使 P2P 模式的网络贷款演变成骗取人钱财的工具，非法集资由此产生，市场经济秩序被严重破坏。

（4）严重影响着社会稳定

高利贷之所以被我国法律所禁止，主要原因就在于其对社会所带来的破坏性影响。原本未来可期的公司和企业老板，因为高利贷的压力突然破产甚至被逼上绝路，员工因此失去工作，还有众多普普通通的老百姓，因为高利贷而损失了奋斗一生积攒的积蓄。高利贷给人们带来的危害轻则血本无归，重则家破人亡。我们虽然不能通过一个准确的统计数字去说明高利贷对于整个资本市场的影响，但却清晰地说明了高利贷对社会稳定造成的破坏。人们在高利贷的巨大压力下，一步步走上一条不归路，也一步一步使社会动荡不堪。

3. 高利贷产生的原因分析

（1）人们对高息的贪欲是高利贷产生的直接原因

谈到高利贷产生的原因，人们会直接想到人类的贪欲。确实，相对于数百年前，我们有了更为高级的知识，社会也在不断进步。但是，人类的贪婪与恐惧亘古不变。例如以“里外贷”“上咸 ANK”两家 P2P 网络贷款平台为例，可以看到人们的贪欲在高利贷中所扮演的角色。

来自江西的投资人“dan”被“里外贷”将近 40% 的年化收益率所吸引，如此高的年化利率意味着 10 万元的投资金额就能在一年内赚取近 4 万元的利息，面对这么高额的收益率，他将准备结婚的 14 万元积蓄全部投入，原本期待着好日子即将到来，最终却是个血本无归的下场。在如此高昂的利息引诱下，越来越多的人选择赌一把，他们幻想着或许这次可以凭借运气而一夜暴富。这是无数深陷高利贷泥潭的人们最初所拥有的幼稚想法。说是幼稚的想法一点儿也不为过，因为有一点商业知识与头脑的人都会知道，几乎没有一个正规行业能支撑 40% 年息的借贷成本。

（2）先天不足的商业信用是高利贷存在的历史原因

我国现在虽然已经步入社会主义市场经济时代，但与市场经济体制相配套的各种机制却并不健全，其中就包括信用机制。市场经济是信用经济，它要求商业信用与银行信用共同发挥作用，支撑生产者与消费者在市场中各种交换关系的顺利进行。然而，我国目前的商业信用还受到历史因素的极大影响，商业信用缺乏，市场的诚信氛围不足。信贷市场还受到计划经济体制的影响，使得商业信用在本就缺乏配套的法制建设、运行机构、数据平台支撑、评估机制等条件下处于步履维艰的境地。这无疑是给先天不足的商业信用增添了一道枷锁。商业信用缺失进一步带来了资金供给不足的问题，导致民间金融拥有了发展空间，但却给了高利贷滋生与蔓延的土壤。

（3）严格的银行信用是高利贷存在的间接原因

我国的社会主义市场经济从计划经济演化而来，导致在市场经济体制改革后出现的商业银行等正规金融机构仍然具有浓厚的政府管控色彩。长期以来，中国人民银行通过存款准备金率、再贴现、公开市场业务等货币政策形式以及其他的手段对资金的利息率水平、金融产品的价格进行严格的管理与控制。对于商业银行而言，政府严格管控的结果便是：一方面，吸收公众存款的利率水平要远远低于货币资金市场价格；另一方面，采取“一刀切”形式，以无差别利率向企业发放贷款。商业银行通过获得存贷款利率差额实现自身利润。这在无风险偏好的稳定资金借贷市场是具有合理性的，避免了货币资金市场的动荡与风险损失。然而，结合实体经济发展迅猛的现实，我们又不得不看到经济增长所催生出来的对于货币资金的大量需求仅仅通过银行等正规金融机构是远远不能得到满足的。而那些经济增长成果的获益者们手里拥有的资金也很难通过银行得到最大程度的保值增值。正规金融下僵化的利率机制挤出了很大一部分资金提供者，他们怀揣着获得更高利息的美好愿望将闲散的资金源源不断地投入到民间金融市场。而在严格的信用评级条件下被排挤出来的中小企业、小微企业为了获取生产性资金也积极投身于民间金融市场。民间金融市场在高度抑制的银行信用环境下得以形成、发展并蔓延，但是却缺乏与银行信用一致的政府监督与管理，从而引发了民间金融高利贷化的危机。

（四）破解高利贷困局之良方：双管齐下

高利贷对于经济增长与社会稳定来说具有破坏性影响，但这种结果并不是民间金融市场产生的必然结果，也不是民间金融市场存在的初衷，而是我国商业信用缺失、银行信用僵化以及政府管控不力等多方面诱因共同使然。要破解高利贷困局，不是要严格打击民间金融的发展，也不是要从法律角度限制利率的合理界限，而是要从完善社会信用体系与健全政府对民间金融的监管两个方面着手，双管齐下，帮助民间金融走上健康发展的轨道，真正发挥补充经济发展所需资金的作用。

1. 培育多层次的社会信用体系

优化资金资源配置需要一个健全的资本市场环境，更需要可靠的信用经济支撑。高利贷信用缺乏坚实的实体经济实现基础，只有建立一个包含商业信用、银行信用在内的多层次的社会信用体系，才能构建资金供给者与需求者之间顺畅沟通与交易的桥梁，才能除掉高利贷这一破坏民间金融市场的毒瘤。

为此，需要从完善法律制度、建立完善的失信惩罚机制、塑造信用文化与信用价值氛围、制定严格的商业信用等级评价标准、建立商业信用等级披露制度、营造公平公正的资金市场运营环境、构建健康的存贷款利率决定机制、破除国有银行垄断、放开资本市场准入制度、建立存款保险制度、化解金融风险等多方面不懈努力。

2. 构建全方位风险防控机制

首先，要在法律层面填补空白并完善民间融资法律体系。要尽快出台《民间金融机构管理办法》，引导民间资本有序流入正规金融机构，形成民间金融与正规金融合理竞争的法律环境。要针对投资主体、组织架构、融资规模等做出严格规定，以规范民间金融机构的准入条件。要强化对民间金融机构的银行托管和相关服务。

其次，要从地方政府监管角度落实对民间金融机构的有序规范。可以落实“属地化”原则，健全省、市、县三级地方监管系统，并据此建立地方监管登记程序，指导民间金融严格备案进入市场，有序竞争。

最后，要合理使用现代信息网络技术，通过信息平台的披露制度，强化民间金融信用管理。可以由人民银行主导，开发民间金融机构的征信系统，建立各类企业、社会组织与个人的信用数据库。接受工商、税务与房管等部门的征信记录与监督，有效控制借贷机构的金融风险。

二、国有资本效率低下的成因及其对策

国有资本在中国特色社会主义市场经济格局中仍然占据较大比重，国有资本运行效率问题关系到我国经济增长与发展的实现，供给侧结构性改革的五大历史任务中，很大一部分与国有资本有关。因此，我们必须要明确国有资本效率决定问题，同时给出针对性的建议。

（一）资本的合理配置

资本的合理配置主要是指将企业资本的来源和用途进行合理分配，以确保资本效率的最大化。在资本的来源方面，需要对资本的来源结构进行合理安排，确保资金来源的稳定性和可靠性；在资本的分配方面，需要选择合适的资本配置方向，实现资本的合理分配，确保资本分配产生的利益最大化。在企业的兼并与收购、破产与重组的过程中，需要对企业资本进行重新整理、规划和使用，这一过程就是资本的再配置。

对于企业来说，资本是一种稀缺性资源，在有限的资本条件下，企业需要实现利益的最大化，就需要对资本资源进行合理配置，将有限的资本资源应用到最需要资本且最能实现资本价值的地方。

企业资本配置方式主要分为两种：行政配置和市场配置。行政配置方式是通过行政权力、行政手段和行政机制实现对资本配置的控制，这种方式具有一定的强制性，能够保证资本配置的统一性和纵向性。一般情况下，行政配置方式的配置过程是：资本—计划—企业，这种方式将资本的流动方向进行明确划分和严格控制。在我国计划经济体制时期，就是采用在这种方式实现资本配置，这种配置方式的弊端主要体现在四个方面：一是经济利益只能在计划中产生，不能出现其他途径的经济利益，这种配置方式抑制了企业的积极性，限制了企业的发展；二是行政配置的内容是一次性的，资本的配置方向一旦被确定，就没有其他的可能性；三是行政配置方式阻断企业与市场的联系，市场环境瞬息万变，企业如果不能紧跟市场变化和时代发展的脚步，最终必然会被市场淘汰；四是资本配置的效率受到行政效率的影响，最终影响资本的转化率。

根据上述缺陷可以判断出，资本的合理配置需要根据市场调节机制做出改变，而最基本的原则应该是资本从利用效率低的部门转移到利用效率高的部门，使社会经济资本能够得到有效配置与合理利用。

从供给侧结构性改革的角度来看，促进资本要素的合理配置既要注重资本投入量上的增加，又要注重资本要素投入结构的优化，同时更要重视资本要素的升级，即资本质量的提高。供给侧结构性改革的主要任务在于去产能、去库存、去杠杆、降成本、补短板。资本配置方面则需要将资本从产能过剩的房地产和公共基础设施建设中转移出来，更多地用到“互联网+”产业、智能化产业、养老产业以及现代服务业等新兴业态上面，将资本的使用方向逐步转移到促进技术进步与人力资本提升的轨道上来。

（二）国有企业资本效率低下的成因

资本的合理配置是建立在自由竞争的市场条件之下的，国有企业在运行过程中，普遍面临着产权不明晰、激励不足、行政控制等多方面的阻碍，在资金运行上存在战略性投资缺乏、资金回收困难、内部运营模式过于传统、资金使用与流向不明确等方面的问题，导致其运行效率难以显著提高，资本配置的合理性较差。

1. 国有企业本身存在的问题

（1）产权不明晰

国有企业面临着产权不明晰的问题，这是一个历史遗留下的结构性问题。当代意义上的国企，主要是指央企和省属大型国有独资企业。基本上是沿用了计划经济体制的模式，尽管多年来有过多次改革，但这种改革都是换汤不换药的改革，并没有从根本上消除人浮于事的弊端。从产权角度上来看，国有企业没有强调产权的全民性，只是将产权定为国家所有的，而国家分为政府和人民两种含义，因此，这种定义方式并不明确。将国有企业的产权定为属于国家，到底是指政府，还是指人民？如果说产权是属于人民的，那么对于国有企业在并购、破产等重要时刻，做出重要决策的是政府官员，而不是经过人民代表大会表决通过的。这种情况即使是将产权定为属于人民的，也是有其名而无其实的。

在国有企业产权不明晰的影响下，国有企业只在表面上属于国家，属于国民，也就是所有权属于国家与人民的，但实际上的“占有权”和“使用权”却变成了内部人所享有的“专利”。不少国有企业的“内部人”借着“独立经营、自负盈亏”的名义，随意支配和使用国有企业的资产，这种做法无疑是将国有企业的资产当作个人资产，甚至为了满足自己的虚荣心、社会地位与成就感、奢侈消费欲等而把国有企业作为自己的牟利手段，或者故意削弱国有企业的实力，最终通过管理层收购（MBO）的方式将国有企业纳入自己的口袋。

（2）激励不足

国有企业的薪酬制度不具有激励性。不管公司效益如何，国企工作人员的工资都是有保障的，而且干好干坏一个样，几乎不存在绩效工资的空间。你做得再好，也许只是获得领导们口头上的一句赞许，而别人不干活也和你拿一样多的工资。长此以往，在国有企业中就形成了一种不成文的规矩：你要是能干，那活都让你干呗，反正不干活也是一样的工资。在这些企业中，干活多不多，干得好不好，并不是被提拔的依据，有没有关系才是最重要的。当然，这并不是说国有企业里的所有人都具有上述懒惰倾向，然而即使有一部分人造就了这样的环境，这样的环境就会影响所有的人，进而形成整个企业的懒惰风气。正是在这种思想的引导下，使员工存在一种工作惰性，也就导致国企效率迟迟提不上去。

（3）行政配置方式明显

国有企业在行政配置方式引导下，缺少与市场机制的配套与适应。岗位设置教条老化，政策性岗位漏洞太大，边界模糊，理直气壮的懒政现象随处可见。随之配套的用品特别是低值易耗品浪费严重。通过各种人际关系进入国企的寄生虫，爬满了国企这个巨人身上的每一个角落。企业的效率主要体现在收益和成本的关系上，国企效率差主要表现为行政配置方式所带来的高昂交易成本。

2. 国有企业资金使用上存在的问题

（1）国企缺乏战略性投资

国有企业现有的投资领域主要体现在单一的生产性投资上面，鲜有与市场机制相匹配的战略性新兴投资。之所以会出现这种情况，是因为国有企业的机制存在一定的弊端。在传统的国有企业机制中，面对股权投资或战略性投资这种风险性较高的工作内容，员工的工作积极性并不高，主要原因在于员工的工资和提拔并不受工作成果的影响，也不会有相应的业绩奖励制度。在员工的想法中，工作做得出色并不会给自己带来什么好处，而一旦出现问题，反而会对自己未来的发展造成影响，在这种环境下员工的工作自然是以按部就班为主，进行战略投资，是一件风险极大的事。这种内在驱动力缺乏的情况使国企投资结构趋向单一化，并且与市场化的投资运作规则格格不入，资金的配置效率自然不高。

（2）国企资金回收困难

国有企业的客户大多数是熟人与关系户，出于便利性的考虑，在市场竞争的压力下，国有企业往往会通过“赊销、赊供”等方式与客户建立交易关系，并且在这种交易关系成立以后，还没有积极采取相应严谨的收账措施。在近年来商业信用度不断走低的状况下，国有企业应收而未收的账款不断增多，国有企业的大量流动资金被占用，导致其在市场机会出现时，国企却因为没有闲余资金而白白错过很多投资机会，带来资金使用的低效率。除此之外，对于大规模生产性国有企业而言，由于其生产具有行政指令化色彩，有些国有企业所生产的产品并不是市场上所急需的，导致产品大量积压，形成库存，也会带来资金回收困难等问题，降低资金配置效率。

（3）国企资金运营模式传统且单一

近年来，虽然国企改革已经带来了国企资金运营管理的改善，但是国企内部所具有的不同部门间各自为政的状态依然存在，各个部门只关心本部门的任务与资金的投入和产出，却往往造成各部门间资金使用的浪费。例如，在生产部门，工人往往只关注产量规模是否达到组织要求，对于原材料的节约意识不强；在销售部门，推销人员往往只关注产品是否能够卖得出去，对于账款是否能够顺利回收则缺少足够的耐心；在财务部门，财务主管往往只对结算负责，却疏于对各项资金的使用与运行情况进行监督和控制。诸如此类的现象在国有企业大量存在，导致国企资金使用效率极其低下。

（三）国企改革所带来的效率提升

然而，近年来，随着国企改革的深入，国有企业的运营状态明显改变，绩效也随着工作效率的提升有着明显提高。对于这种现象产生的原因，主要包括以下几个方面。

1. 国有企业改革的不断深化

关于国有企业效率低下的原因，人们的分析结果主要分为两种：一种是国有企业的产权制度并没有建立在自然人的基础上，不明晰的产权必然会导致国有企业的管理工作不会得到有效的监督，公司的业绩与员工没有直接的利益关系，导致员工的工作积极性下降，效率必然降低；另一种是国有企业受到政府的保护，在出现亏损和破产的时候能够寻求政府的帮助，这种制度导致国有企业在做出重要决定时没有充分的竞争意识，自然形成企业管理效率低下的现象。上述观点虽然具有一定的价值，但是这些问题并不是国有企业独有的，私营企业也存在着类似的问题，因此，并不代表这是国有企业效率低下的真正原因。

国有企业即使是受到政府的保护，有大量的资源和资金，在管理制度出现弊端时，也会出现亏损和破产的情况。影响企业运营状态的原因有很多，包括管理水平、生产技术的先进性、体制机制的弊端和社会发展的宏观环境等，这些因素都能够影响企业的业绩和发展状态。国有企业工作效率提升的原因受到人们的广泛争议，但是国有企业改革的重要性是大家一致认同的，是国有企业效率提升的主要原因。

随着国企改革的不断深入，我国国有企业的产权制度得到明确，管理制度得到调整和改善，治理结构随着股份制改造的实行发生了根本性变化，国有企业的管理体制和企业制度为了适应市场经济的变化，采用更加科学的管理方式。国有资产的监管主体随着国有资产监督管理委员会的成立及国有资产分级管理体制的建立而逐渐明确，国家对于国有企业的财政补贴和其他变相补贴逐渐减少甚至消失，企业的独立性因此增强，竞争意识的产生让企业管理的灵活性增加。在国企改革中，国企的发展以抓大放小、有进有退为主，国有企业在国民经济命脉的重要行业和关键领域占据着重要的地位，对于行业的稳定性有重要的调节作用。上述这些国企改革的内容，对于国有企业效率的提升有着至关重要的促进作用，实现国有企业效益的明显提升。

2. 国有企业效率的提高不是由垄断带来的

部分人将国有企业优秀业绩的原因归结于企业的垄断地位，这种说法明显是不正确的，主要原因包括以下几点：

（1）并不是所有的国有企业都是垄断行业。我国国有企业在电网、石油石化、电信基础运营、铁路交通运输等行业有着垄断地位，但是在房地产、机械制造、金融业、社会服务行业等行业中均不处于垄断地位。

（2）国有企业垄断行业并不产生超额利润。成品油、天然气等产品虽然属于垄断行业，但是这些产品都是关系到国计民生的重要资源，国家对于这些产品都是统一定价的，不允许出现高昂的垄断价格，并没有超额利润可以获取。因此，国有企业并不能通过垄断行业实现效益的提高。反之，受到社会经济状况的影响，部分定价较低的行业中，国有企业还面临着亏损的情况。

（3）国有企业的综合实力较强。在国企改革前的国有企业虽然在管理制度和企业机制方面存在缺陷，却在生产规模、技术水平、安全指标等多方面远超非国有企业的水平，在国内企业中属于综合实力一流的企业，具有广阔的发展前景。

（4）国有企业承担更多的社会责任。国有企业为了保证国家和社会的稳定发展，担负着更多的社会负担和社会责任，这也是国有企业效率低下的主要原因之一。国有企业的福利待遇和工资体系比较健全，在发生危机时，不能随意解雇员工，这些都是国有企业应该承担的重任，在一定程度上限制了国有企业的快速发展。

（5）效率包含多重含义和维度。效率包括静态效率、动态效率、微观效率、宏观效率、技术效率等多项内容，企业效率的对比不能根据某一项内容进行简单类比，而需要根据企业的实际情况，综合分析企业效率的情况。

在竞争性行业发展的国有企业，具有优秀的综合实力，在生产效率、财务效率等方面有着明显的优势，国有企业业绩的飞速发展并不是垄断行业带来的，而是凭借着出色的实力脱颖而出。

3. 国有企业的发展促进社会整体效率的提升

针对国有企业的效率，需要通过多方面角度理解和评判，这种对于国有企业效率的认知，要从企业微观效率和社会整体效率两个方面入手，保证对国有企业效率评价的客观性和准确性。国有企业的发展促进社会整体效率的提升，主要体现在以下几个方面：

首先，我国国有企业广泛分布于涉及国计民生和国民经济的重要行业和关键领域，比如能源、通信、金融、基础设施建设等，国有企业在这些行业中起到关键的监督和调控作用，为国民的正常生活和国家的繁荣发展付出了巨大的贡献。国家可以通过国有企业对市场经济进行干预和调控，确保社会的稳定和高速发展。比如，我国“熨平经济周期”中，国有企业“逆周期”的投资为国家能源供应和物价的稳定提供了保障。

其次，国有企业是战略产业的领导者，在行业发展中起到引导的作用。国有企业享有国家调拨的资产和技术，常常是行业中掌握着最先进技术的企业，而且国有企业的发展目标并不是简单的企业效益最大化，而是在市场经济中实现整体效益最大化。国有企业能够将力量集中起来，对国家的资源和科学技术水平进行整体规划，做技术研发的先行者，技术水平的创新虽然能够带来巨大的经济利益，但是在研发时期需要投入的资本和精力是巨大的，这就意味着国有企业需要承担更大的风险。无论是经济效益还是技术研发方面，国有企业起到实施、推动、引导作用，为产业的进步与发展提供坚实的基础。

最后，国有企业为我国科学的自主发展提供保障。国有企业掌握国家先进的技术、丰富的资源和庞大的企业规模，这些优势需要充分地利用起来，实现社会全局和长远利益的最大化，国内的资本可以通过国有企业的调度和调控集中起来，对于有利于国计民生和国民经济的战略性资源进行集中开发和利用，这种力量的集中能够带来强大的实力，对于抵抗跨国资本和国际风险的冲击有着重要作用。

我国国有企业虽然在重要的行业和领域中有着重要的意义，现实发展中却不断退出，不仅没有充分发挥真正的作用，反而让跨国公司凭借自身实力优势占据国家的重要行业和领域，这将危害到国家的经济安全和稳定发展，严重影响以私营经济为代表的非公有制经济的健康发展。因此，国有企业不可一味地退出，而是应该在市场经济中凭借自身的优势发挥出最大的经济价值，促进国民经济的自主发展。

（四）国企改革的未来方向与策略选择

1. 国企改革要坚持“控制与放开相结合”

未来的国企改革要坚持“控制与放开相结合”，要在保证国有资产占据绝对优势的同时，适应市场竞争的需要，做到控、放有度，收缩国企周期过长、回收资金困难的投资项目，避免国有企业资金被套牢，增强国企参与市场竞争的灵活性。要实行控、放结合的策略，必须要做到以下几点：

第一，以资产为纽带，合理规划国企投资的领域与项目，提高国企参与市场竞争的灵活性与适应性；

第二，合理界定并明确国有资产能够进入或者国有资产必须要退出的领域与范畴，避免“一刀切”，避免盲从；

第三，继续推进国有企业的股份制改造，充分挖掘可能的多元化持股结构，建立股份制企业集团，并总结股份改造中遇到的难题与经验，完善具体改革方案。

2. 依靠三方合力，推动国有企业改革

这里的三方合力主要是指来自市场、政府以及国有企业自身的改革动力。20 世纪 90 年代初的国企改革主要借助于政府的力量，政府通过鼓励国有商业银行向国有企业输送资金、建立保护国企下岗职工的社会保障制度等方式，缓解国有企业改革给社会所带来的阵痛。近些年来，国企改革则主要由企业自身来推动，通过股份制改造，建立现代企业制度，明确国有企业自主经营、自负盈亏的经营目标。政府推动力明显减弱，或走向了政府协调力严重不足的另一个极端。国企改革的市场推动力一直处于滞后的状态，与国企改革相配套的借贷市场、融资市场、产权市场等均未得到健全地发展，导致国企改革缺乏市场动力机制。国有企业改革是牵动整个社会利益的大事，它既需要政府的引导与协调，又需要市场发挥基础性作用，同时离不开国企自身的努力，未来的国企改革必须三力并举。

3. 实现国企改革实践创新式发展策略

过去的国有企业改革大致方向是“抓大放小”“多种形式改制”等，改革效果并不理想，国有资产运行效率低下的问题仍然存在。未来国企改革必须要从根本体制入手，开拓出创新式实践渠道与方式，鼓励国企改革大胆创新与尝试，可以通过将国企创新式改革与国企领导干部的业绩相挂钩的办法，实现对改革路子的大胆探索。

第三节　供给侧改革中自然资源要素配置效率及策略

一、房价上升难以控制的原因及策略

花开花谢，燕去燕归，一年又一年。房子，依旧纠缠着人们的心。买，还是不买？房价困扰着成千上万的城镇居民。房价涨跌，横看成岭，侧看成峰。从房价上涨的情况，可以看出房地产的前途一片光明；而从房屋的空置率来看，房地产的发展前途一片黑暗，人们看待问题的角度不同，对于房地产未来发展方向也是众说纷纭。房地产未来的发展情况究竟如何，年轻人应该接受房贷压力还是选择租房生活呢？这一问题一直令人们争论不休。房价难以控制的原因与土地的稀缺性直接相关，与房屋需求也是密切相关的。

（一）土地资源的稀缺性

经济学研究稀缺资源如何分配。什么叫稀缺？就是资源有限，需求大于资源的数量，这样，这种资源就可以在市场上出售，越是稀有，价格越高，但是，高价的利益会激励替代品研发。土地资源就是一种稀缺性资源，这种资源看似数量庞大，却无法满足人们的需求，这种稀缺性属于相对稀缺；无论是在何种情况下，人们都在面临土地资源稀缺的问题，这种稀缺性属于绝对稀缺，稀缺性是土地资源的本质属性，因此，房地产成本是要升高的，房价也是要趋高的。当然，土地不是决定房产价格的唯一因素，而是重要的成本投入要素。

当土地资源变为土地资本的时候，会带来巨大的商业利润。土地资本与土地资源的差别主要体现在以下几个方面：

（1）生产要素。土地资本属于生产要素，但是并不是所有的土地资源都能成为生产要素。

（2）资本增值过程。土地资本能够产生资本增值，而土地资源只是一种成本。

（3）收益分割。土地资源的收益形成方式简单，收益的归属者也是土地所有者，而土地资本的收益分为地租和利润两种不同的情况。

（4）资源运动。土地资源受到空间的限制，不能移动，而土地资本不受空间的限制，可以自由运动，并在运动的过程中产生更多的经济价值。

（5）社会经济生活中的地位。人们依靠生产力将土地资源转化为人们需求的其他资

源，土地资源在生产力转化过程中属于一种被动资源；而土地资本可以在土地资源的开发和利用过程中发挥其能动性，具有引导和推动的作用。

同一块土地资源，根据用法的不同能够产生不同的经济价值，如农业、种植业中的土地价值要远远低于工业用地的价值，而商业和金融业能够实现土地价值的最大化，实现土地资本的快速增长。

（二）住房需求问题分析

房地产是长周期的行业，一旦人口下降，房地产需求减弱，价格则是要下降的。独立经济学家杜猛的“鬼城论”曾经引起全社会的广泛关注，人们开始意识到在繁华的城市发展背后还隐藏着“鬼城”这种看似繁华却内在空虚的城市，比如山东威海、乳山。这些城市的房子卖出去了，却没有人在里面居住，这样的一座城市，不仅浪费了大量的社会资源，还限制了国民经济的发展，还有一些城市连卖都卖不出去，比如鄂尔多斯，城市建设投入了大量的资本，却没有实现真正的价值。人流和资本都在不断向大城市输入，留下的中小型城市缺少人力、物力等各项资源，一个个“鬼城”的诞生，令人忍不住猜想未来的发展情况将会怎样？

同样的土地，在不同的经济发展背景下产生的经济价值有很大的差别，城市发展的两极分化越来越严重，经济发展将呈现出明显的区域性。人口和住房的问题紧密关联，随之而来将会出现的很多问题都是房地产问题的隐患，农民工进程、放开二胎等政策能否实现对房地产市场的有效调控？如何实现房屋需求和房屋库存之间的平衡？

通过农民工的资金来解决城市住房的经济问题是不切实际的，农民工如果有资金购买城市的住房早就在城市生活了，即便是政府的补贴也难以令积蓄不足的农民工购买城市住房。要想实现房地产的去库存，需要政府和开发商让利，双方都不让利反而让农民工舍弃自己的利益来填补房地产的空缺，这种做法明显是不可取的。全面放开二孩政策，但二孩不是每个家庭都想要的，这也解决不了现在商品房高库存的问题。但 20 年以后情况会发生很大变化，中国居民住房需求很可能大幅下降，到那时房子太多而人少了。

许多人认为有人买房不是为了消费，而是为了投机，真正想购房居住的人，不得不付出较高的房价。问题是投机与消费，真的能分清楚吗？没有人居住的房子，谁会来投机？无非仅仅是自己住还是他人住，现在住还是将来住的区别。经济学教科书早就告诉我们，毁掉一座城最简单的做法就是政府限制房租。如果出租房屋不赚钱就没人买房子，没人买房子就没有必要盖房子，房地产业萧条，就别提什么拉动其他产业。其实从本质上说，商人都是投机商，凭借自己的专业远见，预测未来需求，用自己积累的资本或融资的方式，签订购买合同囤积货物并销售，不能对商人实行限购。

从经济学观点来看，政府干涉或管制市场交易势必会降低经济效率。无论从生产还是消费角度看，政府都不应该限制人们住房需求与购房数量。政府要做的是服务市场，是降低交易障碍，扩大交易范围，规范房屋租赁市场，建立房屋质量监控体系，这样才能提高人们的生活水平。由此判断，政府调控的重点应该放在供应上面，改善土地流转制度，确定合理的土地流转价格，让土地供应能够灵活反映市场变化，最终达到增加房产供应，稳定降低房价的目标。

（三）土地资源节约的策略

我们面临的房地产高价的决定要素之一是土地稀缺带来的土地成本高，所以，节约用地是重要的解决办法。就是要集约化使用土地，主要包括以下三个方面的含义：

（1）节约用地。不同类型的土地具有不同的土地价值，各行各业在使用土地资源时，应尽量节约用地，避免占用耕地。

（2）集约用地。要想提高土地使用的集约化，需要提高建设用地的投入产出，增加土地资源能够带来的经济效益。

（3）整合置换和储备。将土地资源进行集中管理，合理分配，提升土地的利用效率，挖掘相关的经济潜力。

集约化使用土地才能在根本上缓解土地需求的压力，对缓解土地供需矛盾有着重要的促进作用。科学技术进步使得我们利用土地的效率不断提高。集约化使用土地的主要方式是通过增加土地存量、改善土地管理当时和使用情况的方式，实现土地效益的最大化，集约化使用土地的目标是实现土地使用的合理分配，优化土地资源的结构，最终实现可持续发展。土地集约不是单纯的“见缝插针”，这样不仅不能解决土地的使用问题，还不能在根本上实现资源的高效利用，虽然一时之间能够提高土地的利用率，但是伴随而来的是更大的社会问题和经济问题，会严重影响未来的经济发展和社会进步。

在推动经济发展和社会进步的过程中，土地资源是一种非常重要的战略资源，我国土地资源数量庞大，人均占有量却明显不足，在这种环境下，应该对土地资源进行统筹规划，使布局方式更加合理，通过科学的方式实现土地的规划和使用，因此，集约用地显得至关重要。

（四）房屋供给服务质量提升是必要的

本节分析了未来的房地产需求以及房地产去库存并非易事，房地产空置造成的“鬼城”现象令人深思，房屋供给提升质量亟待解决。

2017 年 7 月 6 日，国家统计局发布了《居民收入持续较快增长人民生活质量不断提高》的报告，报告披露了很多数据，2016 年全国居民人均住房建筑面积为 40.8 平方米，城镇居民人均住房建筑面积为 36.6 平方米，农村居民人均住房建筑面积为 45.8 平方米。在之前出版的《中国统计年鉴》中，截止于 2012 年的城镇和农村居民人均住房建筑面积，分别为 32.9 平方米和 37.1 平方米。简单计算，2016 年的城镇和农村居民人均住房建筑面积比 2012 年分别增长了 11.2% 和 23.5%。

人均住房建筑面积是通过抽样调查数据得出的，但是并没有将没有固定居住空间的流动人口计算在内。因此，在实际情况中，人均住房建筑面积应该少于调查结果。近几年，人们的生活质量随着恩格尔系数[①]的持续下降而不断提升，这种变化意味着人们对新建住房的需求也在逐渐提升，城镇人口每年的增量是 2000 万人左右，按照人均住房建筑面积来计算，意味着每年需要新增 7.32 亿平方米建筑面积才能满足城市居民对建筑面积的基本需求。

虽然恩格尔系数下降，但是人们对于居住空间的需求无疑会增加居住支出，人们的生活压力将会随着居住支出的增加而不断增加。2012 年和 2016 年，中国居民居住支出占人均消费支出的比重从 21.5%提高到 21.9%。在一二线城市，这个比重会更大。2015 年，北京市居民家庭人均消费支出中，居住占比为 30.6%，在人民生活统计中，并没有将购买房屋的费用算入居住支出中，居住支出包括租赁房屋的费用和水、电、燃气、物业管理等多方面费用，但是在实际生活中，购买房屋的费用压力在人们的生活压力中占据着较大的比重。

要想改善居住环境，提升生活质量，需要增加住房的供给量，解决人们的房屋购买问题，还需要保证房屋能够被居住和使用，避免出现房屋空置的状态。

为了缓解人们的居住压力，提升住宅供给质量，需要解决闲置房屋的问题。国家规定土地不能限制，如果出现闲置状态，需要面临两种处罚方式：一是罚款；二是没收。房屋的限制代表着两种闲置情况：一种是房产限制；另一种是土地闲置。房屋闲置是对资源的浪费，国家需要制定相应的惩罚和奖励制度，鼓励人们将闲置的住房租出去，增

① 恩格尔系数法是国际上常用的一种测定贫困线的方法，是指居民家庭中食物支出占消费总支出的比重，它随家庭收入的增加而下降，即恩格尔系数越大就越贫困。

加租赁市场的住房数量，这不仅能够缓解人们对租房的需求，还能在一定程度上缓解人们购房的需求。

我国对于房地产的调控主要针对房屋销售市场，房屋的面积、限价房、经适房等方面做出明确的规定和相关政策，但是在房屋的租赁市场上，调控的力度明显不足。租售并举的调控方式，能够满足人们租房和买房的需求，人们可以选择先租后买、半租半买等多种方式，满足人们的不同需求，还能缓解租房和买房的压力，这种调控方式更能为不同收入人群提供更加合适的选择。

二、开发和利用新能源的重大意义

（一）传统能源的稀缺性及其带来的环境问题

传统能源，也称常规能源，是一种具有明显经济价值，且能够大规模生产和利用的能源，根据能源性质的不同，可以分为可再生能源和不可再生能源。煤炭、石油、天然气等属于不可再生能源，而水电则属于可再生能源，只要江水不干涸，发电就不会停止。煤和石油、天然气则不然，它们在地壳中是经过千百万年形成的，这些能源短期内不可能再生。可见，传统能源更加具有稀缺性。

传统能源带来的环境问题不容忽视：

（1）温室效应。石油和煤炭等资源在燃烧时会产生二氧化碳，大气中的二氧化碳、甲烷等温室气体含量增加，这些温室气体属于吸热性较强的气体，通过吸收地面放射出的长波辐射形成了温室效应。

（2）酸雨。大气中酸性污染物质，如二氧化硫、二氧化碳、氢氧化物等，在降水过程中溶入雨水，使其成为酸雨。煤炭中含有较多的硫，燃烧时会产生二氧化硫等物质。

（3）光化学烟雾。阳光中富含强烈的紫外线，被阳光照射的氮氧化合物和碳氢化合物会生成二次污染物质——光化学烟雾，主要成分是臭氧。

另外，常规能源在燃烧过程中不仅会产生大量污染环境的气体，还会产生大量的浮尘，严重影响空气质量，危害人类的生命健康，严重时可改变大气的性质，使生态环境受到破坏。

（二）新能源特点及其国际合作开发

1. 新能源类别及特点

新能源，又称非常规能源，是指能够具有常规能源的使用价值的新型能源。一般情况下，这种能源含量丰富，具有可再生特性，能够促进经济和社会的可持续发展，比如，太阳能、风能、化工能（如醚基汽油[①]）、核能等。

相比于常规能源，新能源的能量密度低，虽然需要较高的开发和利用的成本，但是具有广阔的发展空间，新能源的含碳量较低，开发和使用过程中不会对环境造成太大的影响，有助于实现可持续发展。除此之外，新能源的使用还有很大的弊端，那就是间断式供应方式导致新能源的供给情况波动较大，不能保证平稳的供应状态，不适合持续供能的情况。

2. 中国与其他国家开发新能源的国际合作

（1）中英核能合作

英国核能发展居世界领先水平。中国核电企业与西方发达国家的合作与共同发展是在 2013 年开始的，这一年，中国广核集团和中国核工业集团公司在英国投资核电站的计划得到了英国政府的批准。中国和英国在民用核电发展历程中都占据着重要的地位，民用核电发展历史最悠久的国家是英国，而世界民用核电发展速度最快的国家是中国，中国和英国在民用核电方面的联手代表着最具有实力的两个国家的合作，强大的核电设备制造能力与大量资金资源的结合，将引领世界民用核电发展方向，是民用核电发展历史中最具有突破性意义的事件。

（2）中俄能源合作

俄罗斯疆域辽阔，拥有丰富的能源资源，中国与俄罗斯是邻国，两国之间在能源方面的合作能够利用地理优势，实现能源的可持续发展。两国的合作促进多种能源领域的合作，强强联合，是非常重要的战略合作伙伴。

中国与俄罗斯之间建成并投产的原油管道，从 2011 年开始，每年都能够对华运输 1500 万吨原油，中国将这些原油应用在生活的方方面面，极大地促进了我国产业的发展。按照这个原油运输速度，在原油管道建成后的 20 年里，俄罗斯源源不断地为我国输送原油多达数亿吨，双方在这个长期合作中实现了各自的目标，俄罗斯实现石油出口的多元化，而中国的原油供应更加稳定，对于经济和社会的稳定发展有着巨大的促进作用。

（3）中法核能合作

中国与法国在核电运营方面都具有强大的实力，世界最大的核电运营商是法国电力公司，而世界最大的核电发展计划的拥有者是中广核集团。中广核集团与法国阿海珐集

① 醚基汽油是醚基（汽油）燃料的简称，是利用天然气、煤炭、焦炉气、生物质植杆、沼气、瓦斯气、城市垃圾、工业废气等为原料生产的世界公认的“21 世纪超洁净替代能源”二甲醚经气液转换合成的一种新型替代能源——汽车用液体燃料。

团以及法国电力集团在2013年签署了长期合作联合声明，三方在反应堆研发、核燃料和相关经验的分享上达成统一，共同进步，这次核电技术的合作对于中法交流与合作有着重要的意义。

（三）发展新能源经济的意义

1. 发展新能源经济是当今世界的历史潮流和必然选择

传统能源虽然具有成本低，开发方式简单，但是随着科学技术的不断进步，人们对于能源的需求量越来越大，如今的传统能源储备量明显不够用，而且传统能源使用后会产生大量的二氧化碳，虽然能够在短时间内满足人们对能源的需求，但是从长久来看，传统能源的使用会导致全球变暖和环境污染，不适合可持续发展，因此，开发新能源是每个国家都需要面临的选择，也是人类可持续发展的客观需要。

2. 发展新能源经济可为经济可持续发展提供支撑

新能源的开发和使用能够实现能源来源的多元化，确保能源供应总量的稳定性，新能源的使用还能够减少传统能源的使用比例，在一定程度上能够缓解环境污染对经济发展造成的压力。除此之外，对于以重化工为主的产业结构来说，新能源经济的发展能够为其提供良好的发展环境，奠定坚实的经济基础，提高经济运行的抗风险能力，必将有力地推动经济可持续发展。

（四）加快发展新能源经济的几点建议

1. 市场引导与政策激励相结合

通过相应的政策和市场引导的举措，降低新能源市场的准入条件，给更多的投资商发展的机会，促进新能源产业链成为国际投资的热点，吸引更多的关注目光才会有更多的发展机会出现。在国家的引导和带领下，新能源投资的增长，能够在一定程度上扩大投资规模，活跃投资市场，还能提升市场经济应对经济危机的能力，在经济发展方面为新能源产业链的发展提供保障。

2. 有序开发和有效利用新能源

相对于传统能源来说，新能源的开发和投入成本较高，需要较高水平的科学技术作为基础，对于新能源的发展需求，各国对于新能源企业的帮助手段主要以“补贴”为主，主要包括税收减免和消费补贴等，企业在税收减免的激励下选择和使用新能源，民众在消费补贴的刺激下尝试使用并接受新能源产品带来的便利。政府不仅要有支持新能源开发利用的意向和规划，还需尽可能制定补贴机制并提出相应的建设规划，为新能源的发展奠定基础并提供相应的保障，促使新能源经济能够在未来的发展中走得更远，扩大发展的空间。

3. 培育新能源经济和构建新能源体系

培育新能源经济的规划要围绕太阳能、风能和生物质能的产业链发展，最终形成光伏产业多晶硅提纯、单晶硅拉制、多晶硅铸锭、晶硅切片、太阳能电池、组件封装、光伏技术系统应用的完整产业链，以及太阳能、风能互补，太阳能、生物质能互补的产业发展模式。

第四节　供给侧改革中企业家与科学技术要素效率分析及策略

一、企业家精神在经济增长中的重要地位

（一）企业家精神是经济增长的核心

根据亚当·斯密的理论可以推断，国民经济的增长依靠产品数量的提升，同一时期产品数量的提升意味着生产率的提升，人的生产力是有限的，生产率的提升主要依靠科学技术水平的进步与创新，社会分工和专业化对于科学技术水平的提升有着重要的促进作用，而市场规模正是影响社会分工和专业化的主要因素。反推回来，经济增长的基本逻辑便是：市场经济的繁荣和发展促进社会分工更加详细，市场的规模也会随之不断扩大，这一市场发展状态对科学技术的进步提供了良好的发展环境。科学技术水平的进步意味着人们可以提升生产效率，生产更多高质量、有价值的商品，扩大财富规模，对于促进市场经济的进一步发展有至关重要的促进作用。这些市场经济因素相互作用，共同促进，在这个良性循环系统中，起到核心驱动作用的力量是什么呢？要回答好这个问题，就必须回到推动经济增长的最初机制上来，也就是要从市场经济中寻找原因。市场由谁来驱动？正是那些具有创新创业与冒险精神的企业家。因此，我们说企业家精神是经济增长的核心。

（二）企业家的创造性破坏之风

经济学家熊彼特有一个著名的观点“创造性破坏”，这一观点的主要内容是资本主义市场在内部进行不断的创新，破除旧的、传统的、不先进的结构，选择通过创新的方

式将新的技术水平、组织结构等内容融入市场经济中。这里面的基本逻辑是：技术创新带来对市场经济结构的创造性发展，而这种发展势必会使生产系统中某些企业、部门、劳动者、生产线、技术等遭受打击，旧的技术必然会被市场经济淘汰，全球经济的破坏和创新便是不断循环这一过程，推陈出新，促进市场经济的不断进步。这一理论在刚被提出时令人震惊，但是在市场经济现象的不断印证过程中，人们开始意识到创造性破坏的力量对于市场经济发展的重要性。

古典经济学家所主张的均衡和资源的最佳配置状态只是经济系统不断运动所指向的目标，事实上，经济发展总是处于非均衡的状态，也就是说，动态失衡才是健康经济运行的“常态”。而企业家正是这一创新过程的组织者和创始者，在打破市场均衡的过程中找到新的商机，寻求新的赚取利润的机会。当然，商人与企业家行为的出发点由其自身利益因素驱使，但我们必须客观地看待企业家创新精神所带来的额外成果。企业家也是伟大的，他们如何伟大？答案就在于企业家能凭借丰富的经验、敏锐的洞察力和创新型精神，充分利用“创造性破坏”带来的巨大机遇，不断推动市场经济的发展。这一做法看似简单，却对企业家的综合素质有着巨大的挑战，真正能做到这一点的人屈指可数。电商时代的来临便是“创造性破坏”的典型案例，我们可以看到马云这位公众视野中的成功人物所带来的创造性破坏的成果。

马云在互联网行业获得的成功便是“创造性破坏”的成果，主要包括两个方面的内容：

（1）马云开创的淘宝改变了人们的生活方式。人们不需要出门购物，只需通过鼠标与键盘或者手机的几下点击与浏览就能搞定，节约了消费者多少时间和金钱？节约了多少买家卖家相互寻找的信息费用？其所带来的生活便利性与创造性价值是显而易见的。但同时带来了破坏性影响，越来越多的人开始享受足不出户就能购物的乐趣，而减少了去实体店消费的次数，这种消费方式的改变导致实体购物行业丧失了大量的用户，出现萎靡的状态。

（2）马云、软银和雅虎共同创建的支付宝，为网络交易提供了安全保障。在网络交易中，买家担心付了款卖家不发货或货不对版，卖家担心发了货买家不付款，支付宝居间给双方提供信用担保，买家下订单后划款到支付宝，收到商品后指示支付宝付款。这种在线支付加信用保障的金融创新在给商户和买家带来经济实惠便利的同时对传统银行业务造成了潜在的冲击。互联网因其自身的特殊性，是中国管制政策和手段最少的一个行业，也是最难管制的一个行业。正因如此，互联网的发展没有太多的限制，也在很大程度上改变了人们的生活方式，微博与微信让每个人都有了一个话筒，提升了个人的话语权；淘宝让我们的日常消费和生活变得异乎寻常的便利。

短短几年内，这些创新就永远改变了我们的生活方式，我们再也回不到过去，我们也不想回到过去。所有这些正是企业家创造性破坏之风所带来的必然结果。

在供给侧结构性改革中，要坚持鼓励企业家的创新与创造精神。企业家的本质是创新，创新是推动社会经济发展的巨大动力，创新的动力主要来源于企业家精神。"供给侧结构性改革"是要创造新的供给方式，创新是其精要所在。换而言之，"供给侧结构性改革"本质上就是培育好的企业及企业家主体，激发企业家精神。

（三）企业家的冒险精神和投资远见

在破坏经济呆板的恶性循环、防止经济走入低水平"稳态"与"均衡陷阱"的惯性轨道中，企业家正是凭借其冒险精神实现创新来推动经济的增长。企业家职能的发挥总是与推动创新和实现创新紧密联系在一起。"创新"的主要内容包括：采用一种新产品或一种产品的新特征；采用一种新的生产方法；构建一种新的生产工艺；通过一种新的渠道去获取生产所需的原材料或半制成品；形成一种全新的工业组织形式等。

技术的创新并不代表着市场经济的进步与发展，只有企业家充分发挥其职能，将技术的创新和企业的生产发展紧密结合在一起，才能实现推动经济增长的作用。以苹果和戴尔为例，电脑微处理器是英特尔的发明，图形用户界面是施乐公司的发明，这两项先进技术的发明者并没有依靠技术的创新实现其巨大的商业价值，创造出相应的市场。相反，这两家企业的企业家并不是先进生产制作技术的发明者，却能够利用先进技术的创新成果实现个人电脑市场的创造与开拓。这一成果的形成意味着，并不是技术的创新者就能够做到真正的市场经济的"创新"，而是高瞻远瞩、具有创新精神和对市场经济有着深刻理解的企业家才能通过发挥职能实现市场经济的开拓创新。在个人电脑诞生之前，人们还难以想象家家户户都有电脑是一种什么样的体验，而 IBM 董事长托马斯·沃森在此时就已经考虑到未来的发展趋势，曾扬言用 5 台主机满足整个世界市场的需求。苹果和戴尔的企业家正是通过对最新先进技术进行组合并合理利用，形成如今的个人电脑的雏形，并在后续的发展中不断完善和改进，最终创造出众多能够满足人们需求的个人电脑产品，在市场经济中实现了真正的创新，推动了市场经济的不断发展。

企业家需要具备基础的市场洞察力，但并不代表企业家对市场经济的发展了如指掌。

市场经济的发展受到多方面因素的影响，瞬息万变，企业家即使具有丰富的经验、专业的知识水平和敏锐的市场洞察力，也难以做到完全掌握市场的规律，用户对于产品需求的变化是无时无刻不在发生的，对于每个在市场经济中发展的人来说这一切都是未知的。企业家也是在这样的环境中不断摸索与前进，才能找到市场的最终结果，坚持到最后的人才是市场经济竞争中真正的赢家。

即使是具有资深资历的企业家，在面对新的创新内容时也处于承担风险的状态，所做的每个决定不仅需要对市场经济的规律有深刻的了解，还需要有相当的勇气和魄力，才能实现真正的创新。创新不仅是对企业的生产和运转的巨大挑战，也是对企业家冒险精神和创新精神的巨大挑战。创新便是在新技术与原有生产方式的碰撞中产生的，企业家的创新精神和勇于拼搏的勇气为创新的产生创造了条件，虽然企业家的创新可能是以个人利益为主要目标，但是创新的实现对于推动市场经济的进步有着重要的影响，不仅改变了企业的生产组织模式，还改变了市场经济的发展状态，更重要的是改变了人们的生活方式。市场经济创新的最终受益者其实是市场经济中的每一个人，人们的生活方式和生活水平都有着不同程度的提升，生活内容不断被丰富。

（四）企业家的组织和管理带来效率与收益的提高

企业家精神之所以能够带来经济增长的结果，原因在于企业家组织和管理生产或者说企业家管理一个企业是可以形成一种组织资源要素的，这种组织资源要素与其他生产要素一样，也可以带来企业效率与收益的提高。

第一，企业家可以通过塑造良好声誉与知名品牌来构建企业组织资源，这在一定程度上是难以模仿的。例如，根据2008年度《商业周刊》品牌排名调查，全球最具价值的品牌分别是可口可乐、IBM和微软。据估计，可口可乐的品牌价值为680亿美元。公司所拥有的品牌资产可以造就公司超越竞争的能力，无论是在售价还是在销量方面均是如此。迪士尼公司前任CEO迈克尔·艾斯纳曾经谈道："我们基本上是一家经营性公司，在全世界经营迪士尼的品牌，维护品牌，提升品牌，以及得体地宣传品牌。我们必须把时间花在保证迪士尼的品牌永不褪色上，花在品牌创造上，花在品牌培育上。我们的实践和经营都应该围绕品牌进行，使之永远不被削弱。一些人试图从内部或者外部改变这个原则，对此我们必须抵制，我们不是一种时尚，迪士尼的名字和产品应长盛不衰！"

第二，企业家可以通过构建强大的企业关系网来形成其他企业所难以模仿的组织资源，从而增强企业效率与收益。这种企业关系网主要是与利益相关者的特殊关系，例如，微软公司与一些大客户建立了正式或非正式的强大关系网。即使一家公司有可能研制出性能优于微软的产品，它也很难侵占微软已经建立的独特关系网。此类优势也常见于其他许多非常成功的网络公司，比如亚马逊。早期的进入者能够与其他数以千计的公司建立起重要联系，这使得新的竞争者极难立足。

第三，企业家可以通过优化企业内部结构来提高企业效率与收益水平。企业内部优化的结构会给企业带来竞争优势。现行的公司内部结构往往由从公司高级管理层到一线员工的垂直结构以及从运营到采购、从生产到销售、从人力资源再到财务等不同部门之间的横向结构所组成。与企业结构关系密切的是管理关系，企业家可以在企业管理中设立完美的管理系统、奖励制度和各层级之间的沟通机制，这些体系也会成为竞争优势的来源之一。完美的管理体系在所有智能领域均可构成企业优势，例如：企业可能拥有出色的财务体系、生产体系、市场营销体系、配送体系或应对竞争对手的智能体系。这些管理体系的建立以及彼此之间的紧密衔接，可以帮助企业降低运营成本，提高生产效率，进而获得可观的收益。

第四，企业家还可以通过塑造难以模仿的组织文化来构建占据优势的组织资源，从而增强员工士气，激发企业创新活力，进而提高生产经营效率与收益水平。组织文化能够反映出管理者的价值观和领导风格，而且在很大程度上是以往的招聘、培训、薪酬等人力资源管理实践的结果。例如，有的企业文化强调创造性、团队合作、出色的客户服务和平等；有的企业文化追求效率和严格的财务管理，这种组织文化能够支撑起公司财务上的低成本战略；还有的企业文化信奉“顾客就是上帝”的运营价值观建立了良好的客户关系。总之，企业家领导构建的良好组织文化可以通过不懈努力去实现高绩效企业成长。

二、创新与科学技术推广对经济增长的重要作用

供给侧改革既是一种思维方式，又是一种发展战略，因而它的框架中融合了方法论与实践论的双重内容，而作为一种方法论，供给侧结构性改革的理论依据必然离不开内生经济增长理论，二者在本质上是一致的，都是基于技术进步而追求更高效率的增长模式。所以，从供给侧结构性改革的框架上来看，创新驱动是决定经济增长的不竭动力，而科学与技术则是经济实现长期增长的关键。

（一）内生增长理论的基本思想

在经济增长问题上，内生增长理论的核心观点是经济的持续增长主要是依靠自身的力量实现的，而技术进步作为内生性因素在保证经济持续增长中发挥着决定性作用。这

一核心观点是通过以下几个方面的基本思想体现出来的。

1. 技术进步内生化

古典经济增长理论在分析经济增长时往往假设其他条件不变，而只考虑在资本、劳动等要素的价格或其他非技术因素发生变化的情况下，经济会如何实现增长。因此，技术被看成是由经济系统之外的因素所决定的外生变量。与此不同的是，内生增长理论将技术水平增长的主要内容归结为生产厂商对于利润最大化的追求。技术的突破和创新具有一定的随机性，但是从总体技术水平的创新和发展情况来看，技术水平的进步程度与投资的资源和资金数量呈正比关系。知识与科学技术不是传统意义上的私人物品，因为它们不像私人物品那样具有排他性与竞争性；同时，知识也不是普通的公共物品，虽然每个人都可以获取知识，但是对知识的掌握程度是根据个人情况确定的。

2. 规模收益递增

古典理论中，要素在整个生产过程中遵循的是规模收益的递减规律，然而这一规律的前提条件是技术水平保持不变。当我们将技术进步因素考虑在内时，情况就发生了变化，规模收益或报酬既可能不变，也可能会递增。规模收益递增理论就成了将技术进步内生化的内生增长理论的主要思想。罗默认为，由于知识具有非竞争性，也就意味着，一种知识被人运用了以后并不会减少也不会受损或消失，其他人也可以无障碍地使用这种知识，由此便产生了知识的外溢效应。知识能够形成生产力的递增，知识、资本、劳动等生产要素都将随着外溢效应的产生而出现递增收益，经济的增长没有约束性因素的存在，难以控制。

3. 国家经济增长受到知识积累、技术进步和人力资本水平的影响

古典经济增长理论中，由于不考虑技术与知识等因素的影响，生产要素边际收益呈现出递减的趋势，受这一规律制约，资本、土地、劳动等生产要素数量上的单纯增加只能带来越来越少的产出增长，经济增长在长期内会走向停滞。与此观点截然不同，内生增长理论则认为，知识或技术进步是存在并不断发生变化的，它决定着土地、资本、劳动等投入要素的组合方式也会发生变化，高水平的生产效率便是在这种组合方式的变化中不断摸索出来的。随着生产方式的不断复杂化，越来越多的投入要素出现，产生的组合方式开始成指数型增加。在组合方式不断探索中，寻找并发现最适合发展的组合方式。一个国家的经济增长水平受到知识积累、技术进步和人力资本水平等多种因素的影响，投资和收益率会随着知识积累量的增加而不断提升，经济的增长率便是在这种条件下逐

渐提升的。

4. 国际贸易的“知识溢出效应”促进经济增长

国际贸易中，每个国家都可以将本国具有突出优势的产品作为交换产品，用以交换其他国家的高质量产品，这种贸易方式不仅能够在世界范围内实现产品的流通，还能够促进先进生产技术的交流，加速专业生产知识的传递，人们可以通过知识的积累和运用实现技术水平的创新，最终以技术水平为中心实现内生增长，实现经济增长率的提升。在内生增长理论中，国际贸易并不是单纯的物品和资金的交换，也不是一方利益受损而另一方盈利的状态，国际贸易中的每个国家都处于平等的交易地位，交易双方都能通过本次交易获得相应的利益。罗默对于国际贸易的观点是，国际贸易对经济增长的影响并不等同于国内市场规模对经济增长率的影响。对于国内市场规模巨大的国家来说，国际市场依然会为本国的经济增长带来巨大的促进作用，国际贸易中的国家不仅可以实现商品和资金的交流与转换，还能在国际贸易市场中吸取更多的专业知识，为本国的人力资本和知识传播节省一部分费用，这一过程能够促进国内资本的积累。由此可见，国际贸易的“知识溢出效应”对于国家经济增长起着至关重要的促进作用。

5. 劳动分工和专业化促进经济增长

内生增长理论燃起了人们重新认识长期增长的决定性问题和收益递增规律。同时，还意识到分工和专业化对于促进经济增长的重要作用。在杨小凯的观念中，对于分工在经济增长中的促进作用予以充分的肯定，分工是内生增长理论中具有重要作用的研究内容。将杨小凯和博兰德的观点进行综合概括，可以理解为经济的增长受到分工状态的影响，分工方式合理能够促进经济的增长，反之，不合理的分工方式将会严重影响经济增长的状态，而分工的动态演进与经济中的“干中学”有着密不可分的联系。

“干中学”是指人们在具体的生产过程中能够获得相应的生产经验，在经验中实现知识的获取，这种学习方式与生产活动有着密不可分的联系，两者相互促进，互相影响。贝克尔和墨菲对于分工水平的理解主要是市场容量并不是影响分工情况的直接因素，而知识积累能够提升分工水平，进而达到提升产量的作用。同时，协调成本的降低能够促进分工不断完善，提升资本转化率，为经济的持续增长提供基础条件。

（二）科技创新与技术进步之间的关系

在创新概念被提出之前，人们注重的是科学规律和技术水平，试图在技术层面找到解决发展问题的关键。在 2016 年中共中央、国务院印发了《国家创新驱动发展战略纲要》

之后，人们才开始意识到创新对于经济发展的重要性。科学与技术在任何一个国家中都会存在，而决定哪个国家经济增长走在前列的因素则在于科技创新力量的发展。科学技术水平对于生产供应链的发展有着至关重要的作用，而创新能够在原本的发展状态的基础上实现质的飞跃。

1. 企业家不是发明家

创新在经济发展中的作用最早是由奥地利经济学家熊彼特提出的，在他的观点中，提出了“创新是经济发展根本动力”，创新是使用新的组合方式将生产要素结合在一起发挥更高的效率，而能够做这件事情的人一定是富有创新精神并在追求利润的道路上永远充满活力的企业家。创新是企业家的特质，这决定了企业家总是表现出勇敢、果断的一面，通过不断尝试、不断冒险，去发现可行的生产方式、生产工艺或新的要素组合方式。真正能够打破传统生产方式的是企业家对于利润的渴望，正是因为企业家对于利润最大化的追求，才让创新有了用武之地，才能打破传统观念和传统生产方式的束缚。传统的生产方式和管理规则在长时间的经验积累的情况下，不断接近平衡的状态，这种状态的打破必然会带来一定程度的代价，如果没有企业家勇于冒险和敢于担当的精神，没有创新理念和技术的融入，传统生产供应链只能被最终的市场经济淘汰，落入消亡的结局。“创造性破坏”虽然在创新前期会付出一定的代价，但是能够带来新的经济形态、新的技术水平和新的管理理念，生产供应链在创新的推动下能够不断适应市场经济千变万化的发展状态，在社会经济发展中寻得一席之地。

在这种创新理论与创新性的发展战略实践中，实际上还透露出一个重要的思想：企业家不是发明家。思想创新、技术创新和科学知识水平的创新都不代表着真正的技术进步，技术进步是一个循序渐进的过程，包括发明阶段、创新阶段以及技术扩散阶段，完整地完成这一过程才能实现真正意义上的技术进步。由此可见，技术的进步是以最终的消费市场决定的。即使产品在设计理念、生产技术水平、生产管理模式等方面完成了创新，如果产品在市场上没有能够接受它的消费群体，也不能实现真正的创新。产品的创新中，最重要的是掌握市场需求，这一点是企业家需要做到的，企业家需要富有创新精神，但新技术、新工艺、新产品与新服务或新系统等却未必是企业家所发明的，这些新东西的发明者往往是在实验室、研究室里完成他们的发现、发明与创造，但却并没有能力将这些发明转化为创新性产品，而企业家具有敏锐的市场洞察力和独到的眼光，能将实验室里的发明变成市场上、社会中人们所需要的创新产品。

2. 颠覆性创新与渐进创新对市场成功的作用

从创新成果来看，颠覆性创新是一种在技术水平的基础上实现的创造性成果。颠覆性创新是在一个前所未有的领域中，创造出新的产品甚至是一个新的行业，这种创新产品前所未有，产品的出现能够影响行业结构和消费者的行为习惯，甚至能够产生一种新的行为模式。这种创新的实现需要借助科学技术水平的发展与创新，属于科技前沿领域的新产品。这种创新的实现方式无人知晓，甚至存在着一定的随机性，无论是企业家，还是科技研究人员和产品研发人员，都不能准确判断出未来的行业发展前景，这种产品的创新虽然存在着偶然性和随机性，但是在一定程度上也存在着必然性。产品的最终目的是满足人们的需求，能够充分满足消费市场需求的创新产品必然能够实现其市场价值，促进颠覆性创新的实现。

为了实现颠覆性创新，政府需要增加研发投入，在一定领域和行业内，对产品的研发与生产进行长期规划，同时，需要创造良好的市场竞争环境，为科技工作人员等产生竞争意识，在竞争压力的促进下实现科技的创新。良好的市场竞争环境还能激励企业领导者了解消费市场的需求，掌握市场变化的规律，为企业的创新掌握准确的方向。不过，并不是所有颠覆性创新都是在科技创新的技术基础上实现的，比如 iPad 和 iPhone，这两种产品的市场价值并不是完全由先进的科学技术水平实现的，这其实是一种经营管理理念和生态理念的创新，史蒂夫·乔布斯敏锐的市场洞察力和先进的行业眼光决定着两种产品的发展前景。

在创新理念刚被提出时，人们关注的创新方式属于颠覆性创新，但是在后续的研究过程中发现，创新还有另外一种形式：渐进创新。如今，在市场上能够受到人们欢迎的产品大多数属于渐进创新的成果，比如汽车制造行业，早在第二次工业革命时期就已经出现内燃机动力汽车，现在的汽车动力系统的原理和当初的原理并没有实质性的改变，只是在细节处更加完善而已，然而现在的动力汽车的使用体验和当初的汽车体验已经不可同日而语了。人们对于同一种产品的需求在不断变化，产品的创新也是在需求的推动作用下逐渐完成的，在性能、外观等方面形成不同的风格，以适应不同客户的喜好，实现产品的真正价值。德国的制造业企业在了解客户需求方面的做法值得其他企业和行业借鉴，德国的制造业企业为了收集客户意见，非常重视对客户投诉的处理，通过设立用户反馈部的方式积极解决用户的需求。除此之外，这些企业还非常注重生产线的生产质量，不断完善生产流程，注重生产流程的创新。与其他行业相比，德国制造业企业的生产技术并不是最先进的水平，但是他们通过对消费者负责任和对产品质量严格把关的态度，赢得了消费者的叫好声，实现了制造业的持续发展。

3. 科技创新引领技术进步

科技创新与技术进步是两个不同范畴的概念，我们在谈经济增长与发展问题时从要素投入与贡献角度出发，所讲的技术要素主要指的是已经通过科技创新环节，适应了市场与社会需要而由企业家挖掘的要应用到生产与经营活动中的技术手段、技术工具、工艺、方法等的统称或集合。因此，技术要素在生产活动与经济增长中所发挥的作用以及效率问题往往与科技创新环节紧密联系在一起。

科技创新是一个与时俱进的概念，在信息与科技引领经济发展的新时代，科技创新是指利用现有的知识和物质，形成一种新的事物，并在消费市场中实现相应市场价值的方式，这种方式不仅限于产品的元素、制作方法、环境等，具有较大的发挥空间和发展前景。科技创新可以概括为两个方面的内容：一种是原创性科学研究，这种创新是指知识的创新，在理论上形成新的成果；另一种是技术创新，主要是指产品生产工艺和生产技术的创新，这种创新能够在生产线上实现产品生产质量和生产效率的提升，为消费者提供更好的使用体验。

科技创新不仅可以在理论上开辟新的研究领域，还可以帮助人们通过新的视角认识已经存在的事物。根据已经存在的科技创新成果，可以分为知识创新、技术创新和现代科技引领的管理创新三种类型。

科技创新的成果能够适应市场的变化，满足人们的需求，这种科技创新的成果在社会上具有广阔的应用范围，涉及政府、企业、科研院所等众多社会主体，目前大多数科技创新的成果都是知识创新、技术创新的融合成果。由此可见，知识创新和技术创新是相互促进，共同进步的。随着人们的知识系统不断丰富，人们对于产品生产的认知程度逐渐提升，产品质量在知识、技能的促进下不断提升，带来更好的使用体验，在市场经济中占据一席之地。随着科学技术的不断发展，越来越多的知识能够快速融合到一起，人们能够获取知识的方式更加便捷，也推动着产品的创新水平不断进步。科技创新涵盖的内容和涉及的领域较多，在多种元素的共同作用下，形成一个复杂的、开放性的全新系统，这种系统能够带领人们进一步拓宽视野，寻找新的发展方向。

技术创新的主要内容是科学知识的创新，技术的创新需要大量经验的积累，是专家的知识、技术人员的技能水平和广大人民群众的需求共同作用而产生的结果。技术创新是改善产品生产质量的直接原因，能够通过产品影响现代科学技术的发展水平和发展方向，对于管理创新提出了更高的要求。管理创新在微观层面和宏观层面能够形成两种不同的内容，分别是微观管理层面的创新和制度创新。

科技创新能够为技术进步指明发展方向，同时受到技术进步和应用创新的共同影响。技术进步和应用创新两者相互作用，形成一种“双螺旋结构”。技术进步为应用创新提供技术基础，应用创新所需要的技术水平不断提高，很快就达到技术发展的极限，推动着技术水平不断提升，两者互相推动着对方的进步，形成的“双螺旋结构”将两者紧密连接，两者的发展水平也一直保持在同一高度。与此同时，两者的共同促进也是实现面向未来、以人为本的创新 2.0 模式的必要条件。

（三）渐进式创新与突破式创新

创新是指在原有生产体系的基础上融入新的生产要素，这种新的生产要素可以是从外部引入的，也可以是自主研发并创新的，根据这种新的生产要素的产生方式的不同，可以将技术创新分为两种不同的类型，即要素创新和要素的组合方式创新。还可以根据创新程度分为渐进式创新与突破式创新。

渐进式创新是以现有技术为基础，进行改进和完善的一种新方式，这种创新方式通常处于连续的、渐进的状态，可以在同一种技术基础上持续创新。突破式创新也称重大创新或突破式创新，相对于渐进式创新而言，突破式创新是指一种技术方面的重大突破，开辟出一个前所未有的新的技术领域。一般情况下，渐进式创新会根据需求的变化不断产生变化，促进产品或工艺的不断完善与改进，而突破式创新代表着一种全新的产品或工艺的诞生，对于整体产业结构来说是一项重大的突破，将会引领行业的结构变化。比如护肤品行业，部分护肤产品在 SOD 蜜的基础上添加了更多的草本精华或其他营养元素，在一定程度上提升了产品的性能，这种创新属于渐进式创新，是在原有产品的基础上添加新的生产要素，虽然是一种产品的创新，但是在产品的生产技术等方面并没有实质性突破。再比如电视和计算机的诞生，两者在诞生之前并没有相似的物品出现，属于突破式创新，没有生产技术作为基础，是一种从无到有的过程，并在电视和计算机诞生之后改变了人们的生活方式，并对整体行业结构的变化起到决定性的推动作用。

渐进式创新和突破式创新的区别主要在于创新的本质，渐进式创新是一种对现有产品性能的改进，即使在技术层面进行大幅度的创新，只要最终的目标是提升产品的使用性能，满足消费者对于产品其他性能的需求，都属于一种渐进式创新。比如 Intel 的微处理器，其研发工作十分困难，创新的结果与原产品的性能产生了大幅度的改变，但是最终效果还是提升了处理器的运行速度，最终也只能属于渐进式创新。

突破式创新是一种从无到有的创新，相比于渐进式创新来说，突破式创新并不一定能够满足消费者对于产品的需求，甚至还没有相应的消费市场。不过，对于后续的行业结构的改变和发展趋势有重要的作用。虽然突破式创新是一种全新的创造，但是并不代表着需要在技术难度上有重大的创新。突破式创新的产品并不是满足大部分用户需求的主流产品，但是能够在某些方面满足部分客户的需求，形成一种小型用户群体，提供个性化服务。

为了更好地区分渐进式创新和突破式创新的区别，以胰岛素的研发与使用为案例，将两种情况进行对比分析。

第一种情况是胰岛素的研发，在 1922 年，4 名多伦多科学家为了糖尿病的治疗，在粉碎的动物内脏中提取胰岛素并对其进行提炼，将杂质浓度从原本的 5000ppm 降到 100ppm。这一技术被 Eli Lilly 公司取得并推广后，立刻形成具有良好发展前景的市场规模，不过在越来越多人使用这种胰岛素后产生了不良反应，Eli Lilly 公司仔细研究后发现，其主要原因在于胰岛素是从动物身上提取的，会产生不良反应。因此，Eli Lilly 公司开始进行人工合成胰岛素项目，耗费巨资，在长时间的研发之后取得了成功。这种人工合成的胰岛素纯度高，品质远高于从动物身上提取的胰岛素，具有良好的使用效果，但是由于其成本较高，定价也比动物胰岛素高出 5%。这种较高的定价没有满足人们的期望。因此，这种人工胰岛素在市场上并没有获得良好的反响。

第二种情况是，丹麦一家小型胰岛素制造工艺也在进行胰岛素的研究，不过其研究内容为胰岛素注射技术。这家丹麦公司的最终研究成果是一种注射笔，原本的胰岛素注射技术需要 1 到 2 分钟才能完成注射，而这家丹麦公司研究的注射笔仅需要 10 秒即可完成注射，如此快速的注射速度迅速获得了人们的认可，以相当快的速度抢占大部分市场份额。与此同时，这家丹麦公司严格控制成本，维持着每单位胰岛素 30% 的差价。

从创新的角度来看，Eli Lilly 公司斥巨资进行胰岛素的研究，但是其研究目标是提升胰岛素的纯度，这项研究需要高难度的技术水平，但是最终结果只是在已有胰岛素的基础上进行的性能改良，从创新的本质来讲属于一种渐进式创新。而丹麦的公司也进行了研究，虽然并不是如 Eli Lilly 公司那般斥巨资并进行了高难度技术水平的提升，但是其研究目标是改变胰岛素的注射方式，在注射的方便程度上进行了大幅度的创新，这种创新属于突破式创新。

陈劲教授等多名学者针对市场环境中渐进式创新和突破式创新的企业规模进行研究，发现突破式创新的企业规模较小，这种创新并不需要太大的资金规模和设备条件，但是生产出的创新型产品并不是满足主流用户需求的产品，往往在某些细节方面具有特色，能够满足少量用户的需求，形成一个范围较小的用户群体。这种企业往往是在市场经济的夹缝中求生存，通过不断的发展和壮大，逐渐形成一定的市场规模。而大型企业具有庞大的资金实力，优先选择最具有竞争实力和占据较大市场份额的产品进行渐进式创新。大型企业会遇到大量小型企业的各种类型的创新，但他们不会将这种创新放在自己的战略规划中，然而部分小型企业能够凭借创新的独特性慢慢占据市场，最后形成大型企业也难以抗衡的发展趋势。以电子商务为例，马云推动的经济变化在发展初期非常艰难，却能够以为消费者提供便利为主要方向，慢慢通过购物方式的方便性和价格的亲民性获得了消费者的认可，逐渐发展成大型电子商务市场，占据了大量的传统零售业的市场份额。

（四）产品创新与工艺创新

根据创新对象的不同，可以将创新分为两种：一种是产品创新，是指产品技术发生的变化；另一种是工艺创新，是指产品的生产技术的变化。产品创新一般是指企业开发的新产品，可以是一定程度上对原有产品的改进，比如宝洁公司推出的新产品，比如iPhone4s是在原有产品iPhone4的基础上实现功能的优化。除了传统的功能性创新外，服务创新也属于产品创新，比如旅游行业推出的新型服务项目，提升用户的服务体验。根据创新内容的不同，可以将工艺创新分为工艺创新、设备创新、管理和组织方式创新三种类型，这种创新主要体现在产品的制作和生产活动中。工艺创新和产品创新的主要区别在于前者是产品的创新，而后者是生产产品过程的创新，前者可以通过产品的形态、性能等方面体现，而后者主要体现在工艺流程中，体现在生产要素的各个方面。两者都可以通过创新实现社会经济效益的提升。

1. 产品创新

产品创新的模式主要分为以下两种：

（1）率先创新。率先创新是指企业通过技术的创新，在市场中率先想到并推出新产品的创新，这种创新在市场上是前所未有的，能够带来巨大的经济效益。率先创新的企业可以通过掌握新型技术实现市场份额的抢占，在市场竞争中快速抢占先机。

（2）模仿创新。模仿创新是指企业通过对市场中已出现产品的研究，吸取经验，并以此为基础进行的创新，或者是通过引进先进技术的方式，实现的产品创新。目前中国的创新产品的数量和种类都比较多，但是通过创新模式的划分可以发现，大部分产品都属于模仿创新，中国真正的率先创新的产品比例较小。

在激烈的市场竞争中，率先创新和模仿创新都具有不同的市场竞争力，率先创新可以通过新型产品或技术快速抢占市场份额，在市场竞争中抢得先机，而模仿创新可以通过经验的吸取和积累实现其经济价值，比如比亚迪 F3、F6 车型的发展，虽然会遭受大量的质疑，但是凭借产品的性能及各方面属性，可以在市场竞争中取得优秀的成绩，这种模仿战略在激烈的市场竞争中也能抢得一席之地。

模仿创新并不是照搬照抄别人的产品和经验，这种单纯的模仿将会侵犯别人的知识产权，而需要通过模仿的方式，学习别人的经验和成果，将自己的想法融合在产品中，才能实现真正的模仿创新。比亚迪的成功就是一个典型的例子，不仅学习国外先进的技术水平，还在此基础上实现二次创新，促使产品的性能更加符合人们的需求，这种创新才能够在市场竞争中实现真正的经济价值。

《新产品开发流程管理》一书中，罗伯特·库伯（Robert G.Cooper）对新产品的种类进行研究，根据产品特征的不同，将产品划分为以下 6 种类型：

（1）全新产品。全新产品是一种在市场上从未出现的新的产品类型，这种产品的出现能够快速打开新的市场，需要新的技术水平作为支撑。因此，全新产品的数量较少，只占新产品总数的 10%。

（2）新产品线。新产品线对于厂家来说是一种新的生产模式，但是新产品线生产出来的产品对于消费者来说并不是新的，只能是在原有产品的基础上实现生产线的创新。新产品线生产的产品数量占据市场新产品总数的 20%。

（3）已有产品品种的补充。厂家在生产产品时，会根据产品的特征生产一系列具有相似特征的产品，在这一系列中进行的产品补充在市场中属于一种新产品。这种产品在市场中种类和数量较多，占新产品总数的 26%。

（4）老产品的改进型。老产品已经不能完全满足人们的需求，厂家可以根据实际情况对老产品进行改良，这种改良能够提升产品的性能，带来更多的市场价值，占新产品总数的 26%。

（5）重新定位的产品。重新定位的产品在市场中已经出现，但是在应用的领域中是前所未有的，相当于将产品定位于一个新的市场环境中，这种产品的数量占新产品总数的 7%。

（6）降低成本的产品。随着科学技术水平的不断创新，部分产品的生产工艺可以被新的技术代替，虽然最终的产品性能不会发生变化，但是生产产品的成本大大降低，能够带来更多的经济利益。这种降低成本的创新产品占新产品总数的 11%。

2. 工艺创新

工艺创新是一种产品生产技术的创新，并不一定会在产品上有所体现，但是对于生产厂商和劳动者来说，是一种前所未有的创新。比如，将传统的生产管理方式改变微机控制，释放大量的人力，通过微机系统的融入提升生产效率和生产质量。

工艺创新在很多行业中均有体现，以海尔公司为例，随着人们对于“低碳”生活的追求，对家电的生产方式提出了更高的要求，海尔公司生产家电的主要方向是增加绿色创新的内容，实现绿色生产工艺。无论是空调、洗衣机还是热水器等家用电器，在制作工艺上都需要融入绿色工艺，海尔公司为此付出了大量的资金和精力，投资高达 34 亿元，调用 1133 人进行绿色工艺的研发。

对于家电行业来说，绿色工艺的引进为家电的生产制造工艺带来了巨大的变革，社会需求、经济环境、法律政策等多方面影响共同推动绿色工艺的创新。海尔洗衣机的变化正好能够体现绿色工艺带来的影响，不仅实现制作工艺的有序化发展，还能够根据市场需求不断调整产品的性能，实现节能减耗，为消费者提供更好的使用体验。

根据创新目标的不同，可以将工艺创新分为以下几种类型：

（1）产品质量的工艺创新。产品的质量主要体现在产品的质量等级品率上，通过工艺的创新或新工艺的引入，改善产品的生产管理情况，能够在一定程度上提升产品质量，比如生产线中高速摄像机的引用，可以将生产情况放慢，以便于检测产品的质量，工艺创新能够降低产品的次品率，提升产品整体质量水平。

（2）节约资源、降低成本、保护环境的工艺创新。为了丰富人们的生活内容，提高生活质量，产品的生产制造需要使用大量的材料，树木、水源等生产资料的使用会给环境带来极大的影响，利用绿色工艺进行生产制作不仅能够节约能源，降低生产成本，还能减少对环境的污染，实现保护环境的目标。

（3）减少质量损失率的工艺创新。质量损失率是指企业内部、外部产品形成的质量损失在同期工业中所占的比重，这一数值能够体现出产品生产的经济性。减少质量损失率的工艺创新能够降低成本，减少生产线中的残次品数量，比如循环使用技术。

（4）提高工业产品销售率的工艺创新。工业产品销售率是指产品的销售产值在同期总产品产值中所占的比例，这一数据能够体现出产品在市场中的合适程度，体现产品的性能能够满足人们需求的程度。提高工业产品销售率的工艺创新能够通过产品性能的提升吸引消费者，扩大市场份额。

第四章　供给侧结构性改革中的生产率增长

第一节　发达国家生产率下降的经验事实

戈登 2016 年写的《美国经济增长的兴与衰（1890—2014）》认为，1890—1920 年每小时劳动生产率年增长率为 1.5%，其中来自资本深化贡献近一半，TFP 贡献占 30%，而教育贡献占 20%，是典型的资本推动阶段；1920—1970 年劳动生产率增长率为 2.82%，为 1890—2014 年区间最高的阶段，其中 TFP 贡献占 60%，而资本深化贡献只占了 20% 多，人力资本贡献不到 20%，是典型的技术进步推动阶段；1970—2014 年劳动生产率增长率又回落到 1.62%，其中资本深化贡献占 41%，TFP 贡献占 44%，教育贡献占 15%，这一期间劳动生产率靠技术进步和资本深化“双推动”。纵观美国 1890—2014 年，劳动生产率和全要素生产率增长率最快的时代来自工业化而信息产业对美国的劳动生产率提高没有像工业化那样有着超预期的增长效果，信息化现在看仍主要靠增加了资本支出推动。

从 1970—2014 年分三个阶段看，依据《美国总统经济报告（2001）》计算 1973—1995 年劳动生产率增长率为 1.39%，1995—2000 年美国劳动生产率增长率为 3.01%，美国发展受益于新经济带动，到了 2001 年互联网泡沫后增速再次下降。而麦肯锡计算得出，1995—1999 年美国劳动生产率提高来自批发和零售包括餐饮，占 53.4%，证券经济占 25%，而半导体、计算机、信息与通信产业（ICT）占 27%，因此认为没有特殊新经济，主要是靠传统劳动密集型产业发展，当然 ICT 和相关证券投资也提升和带动了劳动生产率增长率，他们得出了“竞争的作用比 IT 投资更大”的结论。

根据美国大企业联合会的资料计算：1995—2002 年确实是一个劳动生产率增长期，2002 年互联网泡沫破灭，2002 年美国劳动生产率持续低迷，2006 年低于 1%，之后 2008 年金融危机，2010 年欧洲主权债务危机[①]，持续下滑，到 2017 年均值才恢复到 1%。OECD 发达国家也出现如此趋势，不过时间不一致而已，但可以看出引发欧洲主权债务

① 欧洲主权债务危机是以主权债务危机的形式出现——起源于国家信用，即政府的资产负债表出现问题。欧洲国家的主权债务危机有其历史、体制和自身的原因，但最根本的原因是这些国家的经济失去了“生产性”。

危机的欧洲五国劳动生产率是率先下降的，其中意大利在 1995 年就开始了持续下降。

是什么导致劳动生产率持续下降，从传统的劳动生产率框架计算看，劳动生产率主要来自三个方面：一是人力资本，二是资本深化，三是全要素生产率。戈登进行了三者的分解，依据美国大企业联合会的数据来看，全球劳动生产率放缓的直接原因是 TFP 增长速度放缓，2008 年后进入负增长，拖累了劳动生产率提高和经济增长的低迷。

在讨论该问题时，如果只使用简单归因法是远远不够的。为此，学者们提出了更加广泛的议题，下面将分别进行阐释。在第一个议题中，学者们主要讨论的是技术的创新和扩散之间的关系。在世界范围内，无论哪个经济体在技术创新方面是不可能一直持续的，并且技术创新的目的之一就是获取创新租金，这就意味着在技术创新获得垄断租金的期间，必定是小规模的，不可能对整个社会的生产率做出多大贡献，稳定提高社会生产率还要等到技术模仿和技术扩散的阶段。劳动生产率提高的过程就是技术从创新到扩散的过程。在第二个议题中，学者们探讨的是结构化的因素。经过大量实践证明，劳动生产率必然会随着结构的服务化而下降，这是有据可循的，因为工业的劳动生产率是服务业的劳动生产率永远也追不上的。但是今天的服务业中加入了互联网技术这个变量，服务业的劳动生产率能否得到提高还有待观望。在第三个议题中，学者们讨论的是劳动生产率与金融危机之间的关系。经过 IMF 的测算可以得出一个结论，那就是那些比较发达的经济体的全要素生产率的下降可以用金融危机后 40% 的产出损失来解释。这一点得到了美国布鲁金斯学会[①]的研究证实，在发达经济体中，即使控制住了周期性要素，全要素生产率的增速在金融危机后的下滑也是不可避免的，在第四个和第五个议题中，学者们探讨了分配问题和新经济的测量，在此不做过多赘述。

这些问题都从不同的角度对劳动生产率下降做出了探讨。第一个议题讨论了一项技术从被创新发明出来到扩散的过程的最大特征是不连续的，并且达到扩散的点也无法明确下来，这是不足为怪的，因为一项技术的进步本身就包含了不确定性和非连续性。比如，在 1995 年 ICT 的投资促使了经济出现短暂的繁荣。在 2008 年，移动互联网正式进入了大众的视野。2017 年，人工智能技术成为世界瞩目的焦点。由此观之，信息技术的发展和更新换代已经持续了 20 多年，下一次信息技术革命的爆发也许就在不远的将来。一旦 AI 等进入大规模应用，劳动生产率将成为一个不必要的衡量标准，因为劳动者的劳动转换物质效率变成能源转换物质效率的能效比了，因此具有革命性特征，但这一爆

① 布鲁金斯学会（Brookings Institution），美国著名智库之一，是华盛顿特区学界的主流思想库之一，其规模之大、历史之久远、研究之深入，被称为美国“最有影响力的思想库”并不为过。

发点或时间区间仍是不确定的。

技术的进步引发学者们热议，同时，对现有技术的测量也引发了热烈的讨论，这一议题与当年索罗的疑问不谋而合，即计算机的广泛应用并没有反映到实际的劳动效率中来。学者们认为，先进互联网技术的出现只是带动了消费者剩余的提高，在价格的反映中并没有得到多大体现。同时，交易方式以共享的姿态呈现，使存量资源得以优化，但是这一过程并没有产生更大的增加值。从统计的角度上看，可以进行价格平减的都是工业产品和一般服务品，而按照知识服务质量定价的知识密集型服务品不是标准品，因此也无法进行价格上的平减。这就导致在测量上会遇到很大的困难，以知识密集型服务品为代表的技术进步和现代服务概莫能外。

结构性特征是一个更加重要的命题，上文已述服务业无论是劳动生产率还是全要素生产率都比不上工业，这就导致现代化国家中，服务业占据了经济发展的主流之后，往往会出现经济发展减速的现象，也可以说是经济增长出现了“结构性减速”这一特征。这种结构性减速体现在具体的经济实践中，就是包括中国在内的后发经济体在经济结构转型升级过程中遇到的一道坎。我国的服务业占国民经济总量的比重持续上升，必然会出现效率放缓这一现象，并且这一现象在我国这个世界第二大经济体中表现的是十分明显的。正是由于服务业产品的规模效率无法与工业相比，因此，服务业也被称为不可贸易的产业，即使随着时代的发展和科技的进步，互联网信息技术作为一个变量引入了服务业，可能会提高服务业的可贸易程度。但单纯从贸易角度来说，当前服务业的可贸易程度还处于低层次，规模带来的效率提升依然是微乎其微的。

任何产业的发展都需要投资，在工业发展过程中的投资一般是物质投资，这种投资是清晰可见的，并且，工业方面的投资期限与产出高度密切相关，投资本身多数带有先进的设备，推动技术进步的主要方式是干中学。但是这一特征与服务业差别很大，服务业的投资多数依赖公共基础设施，从投入到回报是一个长期的过程，这就导致资本形成和物质折旧也处于一种低速的状态。服务业依赖的公共基础设施在折旧速率上与工业生产使用的生产设备是不可相提并论的，进而导致了服务业的资本深化效率低于工业，但在对资本深化的依赖程度上，服务业的程度却不低。由于服务业依赖的公共基础设施很少出现技术的进步，这就导致服务业中随着资本深化而产生的效率也无法与工业相比，可以忽略不计。可以这么说，全要素生产率的增速与人力资本的贡献大小呈反比。

在第三个议题中，有一个观点就是经济效率的停滞与金融危机有着莫大的关系，这是根据IMF的测算得出的一个结论。资产价格泡沫是国际金融危机爆发的一个重要原因，国际金融危机对于许多企业来说都是噩耗，它不仅让许多蓬勃发展的企业被迫中断，还使企业的技术进步陷入了停滞的状态。一般情况下，企业的资产负债表是薄弱的。同时，由于金融部门的资产负债表恶化导致信贷环境不如之前宽松。在投资方面，企业受到了很大的限制。此外，企业的技术进步与资本支出脱不开干系，一旦资本支出锐减，企业劳动生产率的提高也就得不到任何保障。

具体到某一行业的层面对处于金融危机期间的各个行业信贷约束与技术进步之间的关系，可以发现以下几点：首先，在那些信贷条件较差的行业，受到金融危机的影响，技术难以进步，就更谈不上生产率的提高；其次，处于金融危机的特殊环境下，无论经济本身还是相关的政策都有一种强大的不确定性，这就导致投资者持有一种求稳的心态，自动远离了那些高风险、高回报的投资项目，这就导致了相关领域的技术进步和全要素生产率更加难以提高；最后，金融危机期间，企业资本的长期投资降低，进而转为更多的资本操作，其目的是稳定财务，在技术创新方面缩减或放缓资本支出。

由于资本支出的降低导致技术进步的不确定性和结构特征进一步加剧，进而导致了全要素生产率的增速也处于一种低位的状态，为了使经济平稳运行，就离不开政府层面宏观政策的刺激。在金融危机阶段，政府层面的宏观政策平衡是相当重要的协调机制，但是仍需注意把握好尺度。因为过度的刺激会导致金融风险过度积累，为将来埋下更大的隐患，是一种饮鸩止渴的行为。但是宏观调控又是必须进行的，因为在一个不稳定的经济环境中，技术进步举步维艰。

在全要素生产率的增长这一方面上，后发经济体要明显高于发达国家，对改善全球生产效率，后发经济体会做出更大的贡献。工业化的过程也是生产效率提高的过程，后发经济体逐渐工业化促使生产效率提高。在1920年到2014年这个阶段，劳动生产率的增长率为2.26%，戈登在2016年预测到2015年到2040年的劳动生产率会下降到1.2%，人均产出增长与劳动生产率的走势趋同。由此可见，在将来很长一段时间内，劳动生产率仍将处于下行状态。即使出现了互联网技术和人工智能，为工业化以来的生产效率改进模式注入新的活力，但是这种技术的引入是否会改变劳动生产率下行的趋势仍有待观察。

第二节　劳动生产率下降背后的实体与非实体部门的均衡理解

从劳动生产率的一般核算看，按 GDP 生产函数展开，两边同除劳动 L，即取对数做偏导后，劳动生产率的增长等于全要素生产率（P）增长率与资本深化增长率之和。如果分解劳动力为一般劳动力与人力资本，则多分解出人力资本的作用。这里包括了劳动产出弹性，即劳动在要素分配中的份额，一般该值比较稳定。因此劳动生产率的增长就取决于人的素质提高、全要素生产率和资本深化。劳动生产率指标非常稳定，比全要素生产率更容易计算，而且直接与劳动报酬相比，是一个宏微观最为重要的观察指标。

即使在劳动生产率增长不快的情况下，只要保持了人口的快速增长，经济和 GDP 就会高速增长。以中国过去的经济实践为例，在我国的工业化进程中，工业部门的就业人口来源很大程度上是在农业方面非意愿失业人口的转移。这种转移有两个显而易见的好处：一是提高了劳动生产率，二是促使劳动参与率提高，随着劳动参与率的提升，经济也会逐渐增长。后发经济体的人口增长率多数不低，这就为经济增长提供了源源不断的动力，但对于出生率走低的发达经济体，无论是人口红利还是劳动参与率都不可避免地持续走低，这时要提高人均 GDP 的增速只能依靠劳动生产率的提高。

对于劳动生产率，从宏观的视角和微观的视角来看是完全不一样的，在宏观的方面劳动生产率会存在许多的变量，在不同的视角核算劳动生产率对发达经济体和后发经济体来说具有不同的意义，这具体体现在发达经济体的劳动生产率无论在宏观上还是在微观上都很接近。而后发经济体的劳动生产率和经济增长率会受到多方面因素的影响，比如，人口红利、劳动参与率、产业结构变动等。任何一个经济体在经济发展到成熟阶段，无论是在宏观还是微观方面的因素对于劳动生产率的影响都是微乎其微的，但在后发经济体中，不少因素都会对劳动生产率造成影响，这就要求后方经济体充分利用自身的人口红利优势，对市场配置资源的体制进行改革，扩大对外开放，引进先进的生产技术，这些举措都可以促进劳动生产率和 GDP 的提高。在后发经济体的发展初期，技术创新对于劳动生产率的影响没有市场竞争、对外开放那样大，但当后发经济体逐渐走向成熟时，技术创新就在劳动生产率的提高上发挥了至关重要的作用。

任何一个经济体在技术方面的进步都可以用全要素生产率作为衡量，但是全要素生产率有一个特点，就是不稳定性，尤其是国际贸易牵涉其中时，一个经济体的技术水平低于全球技术的平均水平。这时，该经济体采取的办法主要是引进先进的技术和设备，在实践中学习该技术，这一过程属于技术扩散的过程。当后发经济体的生产技术水平追上国际技术水平时，该经济体的自主创新水平一定是飞速上升的，但此时该经济体的技术进步就会出现不稳定的现象，在技术进步方面的风险就会逐渐加大。

与技术进步冲击对应的真实经济周期理论[①]（RBC）强调了技术进步（TFP）对经济体冲击引起的周期波动。然而金融危机不断，学者们将金融部门纳入均衡模型中，伯南克等（Bens.Bernanke，et al.，1999）将金融加速器理论纳入模型中，但金融加速器本质上是讲市场摩擦导致的金融自我强化（扩张和收缩）必然导致市场失去均衡。类似这样的问题在投资与储蓄的“刀锋效应”中也已经提及，即储蓄和投资并不能自动均衡，出现“刀锋效应”，导致储蓄和投资的冲突，这能很好地解释中国传统计划经济体系下的波动。在探讨金融周期新特征中，作者发现 1973 年后负债 /GDP 超过了广义货币，住房抵押贷款与住房价格上涨成为推动经济增长的引擎，而这一事实存在于所有发达国家，包括德国的资产价格快速上涨。货币扩张、资产价格上涨、抵押融资杠杆、信用扩张逐步成为发达国家的新周期特征，周期波动可能主要是房地产和信用周期波动的产物（Oscar Jorda，et al，2016）。如果结合戈登的研究可以看出美国和其他发达经济体的基于不动产和信用杠杆作为经济驱动的新周期来自 1970 年后，即工业化带来的、持续的技术进步增长下降，其间信息与通信技术进步有过几年的驱动时间，发达国家转向了双驱动的增长路径，即技术进步与信用扩张推动资产价格增长的双驱动路径。但 20 世纪 70 年代开始，新兴市场国家、后发经济体逐步享受到技术扩散的价值，全球经济增长进入繁荣期。

从经济系统的视角来看，内生性的不稳定的特征不仅存在于技术进步引起的实体周期，还存在于货币—房地产引起的金融周期。同时，实体周期和金融周期的组合是不连续的，也是不均衡的，并且在时间上也不一致，这种状态一旦发展到了极端，就必然会演变为金融危机。下面将进行详细的阐释。

（1）冲突的不连续性。技术进步和资本深化这两个要素共同促进了劳动生产率的提高，但是这两个要素当中的技术进步这个变量存在不连续性的特征，这就导致劳动生产

① 真实经济周期理论认为，市场机制本身是完善的，在长期或短期中都可以自发地使经济实现充分就业的均衡；经济周期源于经营体系之外的一些真实因素，如技术进步的冲击，而不是市场机制的不完善；真实经济周期理论否定了把经济分为长期与短期的说法，经营周期本身就是经济趋势或者潜在的或充分就业的国内生产总值的变动，并不存在与长期趋势不同的短期经济背离。

率会随着技术进步与否发生变化。此时，就必须依赖政策的刺激填补劳动生产率下降产生的漏洞。

（2）资源配置不均衡。由于资本的逐利性，资本在实体经济中的收益下降，就必然会流向那些收益较高的非实体经济部门，其中最为典型的就是金融和房地产，这也就是所谓的“脱实向虚”。当资本进入这些领域后，具体造成了以下结果，金融杠杆提高，不动产资格价格上涨，资本如此追捧金融和房产，无非就是在投资回报方面，这些非实体经济要远高于实体经济。这种现象体现在资源配置上，实体经济与非实体经济的失调，也是实体经济符号化的开端。

（3）时间上的不一致。在贴现时间上，技术进步是无法与金融地产相提并论的，在风险上，技术进步要远高于金融和地产，这两种因素的共同作用下，就导致了资本大量涌入到非实体经济部门中，高杠杆和高负债率就会随即出现。这就为金融危机的爆发埋下了隐患，当金融危机真正爆发时，实体经济的运行就会遭到重创，技术创新的过程也不得不因此中断。

为了保证经济的平稳运行，保持技术创新的不间断和实体经济的不断发展，各国政府都在努力维持实体经济和金融之间的平衡。目前，世界范围内公认的金融与实体之间平衡的条件主要有以下三点。

（1）M2/GDP 和负债 /GDP。在衡量货币与实体之间的关系时，这两对指标依然适用，GDP 的增长与劳动生产率有着莫大的关系，当两者都处于下降趋势时，政府需要及时刺激经济体，措施主要是提高杠杆。由此，依靠货币激励的经济周期启动运行，M2/GDP 的比例也随之逐渐提升，经济杠杆也随之逐渐抬升，在这个过程中，风险也逐渐开始累积。货币与实体经济之间的关系走向平衡，一个必要的条件就是 M2/GDP 和负债 /GDP 指数稳定下来，或者处于下降的趋势。

（2）在资本的回报率上。实体经济是无法与金融业和房地产业相提并论的，这就导致资本从实体部门流向金融和房地产业，这样造成一个恶果，就是房地产的价格逐渐抬升，传统的住房和金融部门在这种现实环境下，逐渐走向符号化，由于价格上涨导致的收入增加，金融和房地产继续吸收实体经济源源不断涌来的资金。同时，这种符号化无论对于实体经济还是技术创新，都是巨大的打击，其根本原因就在于资本在实体经济和技术创新上的投入逐渐降低。

（3）启动“金融加速器”机制。一旦出现实体经济的净资产回报率低于融资成本的状况，流动性的风险随即产生。之后，市场会逐渐意识到可能出现的负债风险，此时的融资就会出现溢价，进而导致资产负债表收缩，当市场的流动性出现危机时，金融危机的出现也只是时间问题。当然，这不是所有金融风险出现的必要条件，比如 2008 年的国际金融危机，它的产生原因主要来自美国的房地产贷款，美国的抵押贷款机制本身存在着系统性风险，一旦风险提高到了某种程度上，金融危机就会随即产生。

学者们在探讨金融与实体之间的均衡时，引入以下两种机制：一是在金融市场中的交易行为是否存在不断扩大的趋势，具体来讲就是金融杠杆是否快速升高，大量的金融机构在获取利益时是否采取了自己相互交易的方式；二是分配，在金融危机爆发后，时常会出现一种短板效应。这种短板效应实质就是穷人无法偿还贷款导致金融危机。金融危机对于实体经济来说是一种沉重的打击，国家层面必须及时出手，稳定资产价格或采取流动性的救助，防止微观主体出现逆向选择。此外，国家层面还要降低利率，这有利于微观主体对资产负债表进行修复。资本的支出会随着经济逐渐趋于稳定而增加，此时，技术进步对劳动生产率的提高作用提升，各经济体的负债利息水平逐渐被收益率超过，整体的经济状况开始好转，并逐渐回归危机前的复苏状态。

在现阶段，各个国家对经济的两个方面高度重视：一是技术进步对于产出效率的有效提升；二是杠杆率和信贷等金融方面，发现潜在的金融危机，尽早处理避免金融危机的发生威胁到实体经济，使经济产生动荡。其中，对于后发的国家来说，有一点是需要高度重视的，那就是资本在国际上的流动性，这是维持本国的资本流动和金融稳定的重要因素。金融危机有着多种不同的类型，这主要是金融配置模式不同导致的，并且每一种的金融危机的危害性是不同的，危害最严重的是债券危机。无论是 2007 年美国爆发的次贷危机[①]，还是 2010 年欧洲爆发的主权债务危机都属于债权危机。有一种金融危机比债券危机更加局部化和短期化，那就是股权金融危机，比如在 21 世纪初的美国互联网经济产生的泡沫。

从本质上来讲，股权危机是一种金融风险，这种危机的产生来自技术进步的不确定性和股权投机预期回报的极端化导致的股权起落出现了异常的状态，这种异常的状态波及到了实体经济，整个市场体系因此产生波动，进而导致了金融风险的出现。从辩证的角度来看，新经济产生的泡沫有着利弊两面，利的是技术进步在短期内就实现了迭代，弊的是这种泡沫会对实体经济产生打击。从某种程度上来讲，金融对于技术的迭代升级

① 次贷危机是指由美国次级房屋信贷行业违约剧增、信用紧缩问题而于 2007 年夏季开始引发的国际金融市场上的震荡、恐慌和危机。

有着积极意义，而技术的创新又会推动经济的稳步向前。因此，债务危机才是所有金融风险中最应该关注到的。

第三节　中国生产率的分析

经过大量的实践得出的经验和对逻辑的分析都可以清楚地表明，在整个实体经济中，一个重要的开关变量就是劳动生产率的放缓。技术进步中的“干中学”[①]效应会随着一个国家的技术水平的发展与国际水平的接近程度而产生变化，当水平越相近时，效应消失的程度越大。在这种情况下，在技术进步扩散的帮助下产生的社会效率稳定提高的阶段就消失在了我们的视线中。紧接着出现的是机构服务化的转变和不稳定的自主创新，这两方面都会导致生产效率的放缓。为此，各国都要在以下两个方面下足功夫，一方面是将竞争意识进行强化，积极开拓，努力进取，争取早日实现技术的进步，技术的进步会推动实体经济的生产率的增长。另一方面是尽最大努力促使经济的平稳运行，一旦经济发生较大的波动，技术创新的步伐也会被拖累。但是要做到这两点，无论对于哪个经济体来说都是十分困难的。

现阶段，中国的生产率随着技术的突飞猛进和经济结构的服务化逐渐降低，在实体经济中，非实体化的倾向已经十分明显，这就为金融风险的积累埋下了隐患，为了积极化解金融风险，必须顶住劳动生产率和全要素生产率下行的巨大压力，努力推动它们的上升。

一、中国“结构服务化”放缓了劳动生产率增长

今日，我们可以很明显地看出，世界范围内的发达经济体无不因经济结构的服务化而导致劳动生产率的放缓。中国作为后发的经济体，也难以置身事外。早在2012年，中国的经济结构中，制造业就被服务业超越，而在3年后，在国民生产总值中，服务业已经占据了很大的份额，在这些实打实的数据面前，可以明显看出中国经济的整体结构已经不可避免地走向了服务化的道路。上文已述，除了经济体自身的经济结构服务化，还有一个因素是造成劳动生产率下降的“罪魁祸首”，那就是国际范围内金融危机的冲击。至于结构服务化对于劳动生产率放缓有何影响，我们可以从两个方面进行分析：一是产

① 所谓干中学，是指人们在生产产品与提供服务的同时也在积累经验，从经验中获得知识，从而有助于提高生产效率和知识总量的增加。知识总量的增加可使所有厂商生产效率提高，体现了知识积累的外部性。

业间生产率的提升，二是产业内生产率的提升。

在产业间进行生产效率的对比，在图 4-1 中，我国的第二、第三产业劳动生产率可以清晰地展示在我们面前。同时，从这张图中我们可以明显看出，虽然我国第三产业的劳动生产率上升的速度很快，但是与第二产业相比，仍然相形见绌，与制造业相比更是如此。无论是站在名义劳动生产率的角度，还是实际劳动生产率的角度来看，皆是如此。

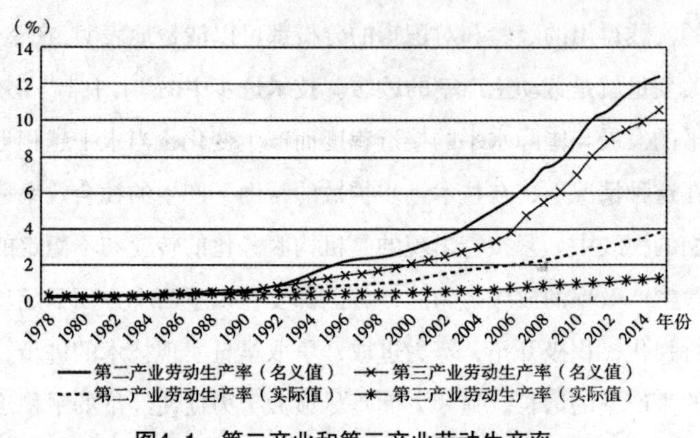

图4-1　第二产业和第三产业劳动生产率
（资料来源：各年《中国统计年鉴》及国家统计局网站）

其次，在第二产业的内部看生产效率的差异。

①在整个第二产业中，有一个行业的劳动生产率基本上已经停滞了，那就是建筑业。

②在整个第二产业中，有一个行业的劳动生产率是处于上升趋势的，那就是制造业。

③第二产业劳动生产率的提升受到了阻碍，原因就是建筑业和制造业在第二产业比重的变化，前者的增加，后者的减少导致整个第二产业发展受阻。

目前的中国正处于工业化的进程之中，劳动生产率的提升皆来自工业，尤其是工业中制造业的突飞猛进，但是好景不长，国际上的金融危机导致了需求的下降，需求的下降抑制了出口，直接导致了我国制造业的增长受到阻碍。在这种情况下，国家只能在宏观上进行调控，发布一系列稳定经济的政策，这些政策虽然在一定程度上达到了稳定经济的目的，但是意外引发了金融业和房地产业的快速发展，恰巧这两个行业的劳动生产率都是十分缓慢的。在 2016 年的国内生产总值核算时，金融业的占比是 8.3%，这在整个二十国集团中都是最高的。同时，我国的房地产增加值的上升可以用“神速”来形容，房地产占国民生产总值的比重略低于金融业，为 6.0%。房地产增加值的提升主要来自价格上涨，房地产非实体经济部门、金融部门的劳动生产率提高只是镜中花，水中月，服务质量不会随着劳动生产率的提高而得到相应地提升。这就意味着，如果金融业在我国的国内生产总值中的比重继续提高，就会导致巨大的金融风险。由于劳动生产率的放缓，国家层面通过宏观调控发布经济政策进行激励，却导致了经济结构扭曲的现象出现，这不仅不利于劳动生产率的回升，还为金融危机的爆发埋下了隐患。

二、实体与非实体经济均衡条件逐步被破坏

2008 年的那场由美国引发的金融危机对世界产生了巨大的影响，我国也难以置身事外，受到了波及，具体体现在劳动生产率和全要素生产率的逐步放缓以及 M2/GDP 的攀升上。在经济增长上，原来主要依靠劳动生产率的提高，现在只能依靠宏观经济政策的激励，才得以勉强维持。劳动生产率和货币政策的激励之间的关系在图 4-2 中可以看出，在 20 世纪 90 年代，我国的市场经济加速发展，此时的货币化进程与劳动生产率大体上一致；进入了 21 世纪，尤其是我国加入了世界贸易组织之后，发达国家向我国转移产业连带技术，这些促使了我国的劳动生产率飞速提高，同期的 M2/GDP 的比重处于稳定的状态，且占比有一定的下降；在 2009 年，由于美国的次贷危机引发的金融海啸席卷了全球，我国只能启动 4 万亿的货币激励政策，M2/GDP 飞速上升，而劳动生产率的增长趋势逐渐放缓，这种依靠宏观经济政策激励的做法一直持续到 2017 年，那一年中国的经济增速有了恢复的迹象，同时，依靠货币激励的政策也有所放缓，但要完全提升劳动生产率也是相当不易的，需要供给侧结构性改革的及时跟进。

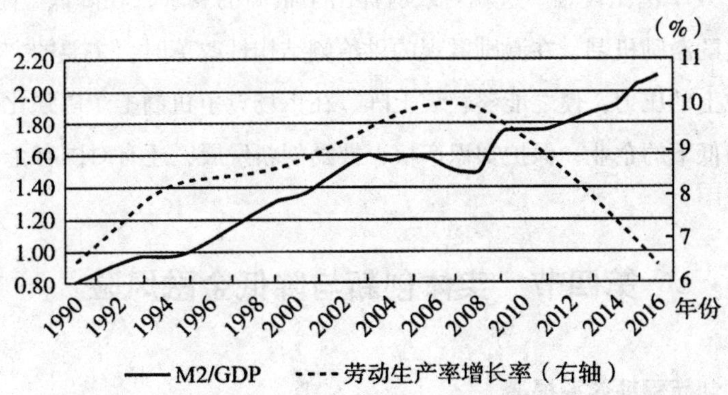

图4-2　中国劳动生产率增长率与M2/GDP的关系

注：中国劳动力生产率增长率通过 H—P 滤波法得到。

从微观角度上来看，实体经济与金融之间的平衡关系正在被打破，以下是具体的体现：

（1）在 2011 年，所有的金融业上市公司的净利润为 1 万亿元，这个数字占所有上

市公司的比重可以高达52.6%，已经超过了半数。这一比重还处于逐渐上升的态势，在2015年和2016年两年中，金融业的上市公司的净利润已经超出了所有上市公司的2/3，这一极端的比重同样也体现在房地产业上。因此，可以说在2015年和2016年两年，上市公司的主要盈利来源就是金融和房地产，这一趋势并没有得到遏制，在2017年中国经济结构的转向更加偏向于金融业和房地产业。

（2）无论是ROE还是ROA都处于持续下降的趋势，在2015年和2016年两年，资金成本高于ROE，维持负债的主要方法还是负债，这就陷入了一个恶性的循环。同时，在中国外部，融资的成本逐渐升高，融资的可获得性也逐渐走向下坡路。由于大洋彼岸的美国不断进行加息，导致我国的十年国债到期的收益率不断攀升，这种情况导致我国M2增长出现了内生性的收缩。实体经济的负债表已经被高速发展的金融破坏了，尤其是民营经济首当其冲，民营经济的负债率上升直接导致了银行出现大量的坏账。此外，金融市场的监管也在加大金融的不稳定性。按照一般的经济学理论，我们可以预测到金融杠杆的提高，经济发展脱实向虚的速度加快，都会为金融危机的爆发埋下隐患。

在这种严峻的情况下，在经济政策上必须进行调整，努力促进微观经济主体的创新发展并提高劳动生产率。如果还按照以往的做法，通过货币政策刺激需求，就会导致金融风险的持续积累。但这不意味着金融是有原罪的，在一个十分不稳定的金融环境下，实体经济提升效率也比较难。这就对政府提出了很高的要求，在降低金融风险的同时，还要存在一定的激励机制。在激励微观的供给侧结构性改革时，主要的方法包括为中小企业减轻赋税上的压力，使之能够轻装上阵，在市场竞争机制上予以强化，利用市场淘汰那些竞争力低下的企业，保护知识产权，鼓励创新发展，还有对国有企业进行改革。

第四节　实体创新与降低金融风险

一、实体创新驱动效率提高

在世界范围的各国之间进行比较，可以明显看出，我国目前仍处于大力发展实体经济的阶段，尤其是制造业，占我国经济结构的比重依旧很大，这是十分重要的。一些发达经济体的经济结构中，服务业早已坐在了第一把交椅上，即使是以高端制造业闻名于世的德国和日本，其国内经济结构中，服务业的比重也已经高达70%。韩国的经济发展水平在东亚范围内、在不考虑经济总量的前提下，仅次于日本，其国内的服务业占比只有60%，要低于日本和德国。中国至今仍处于社会主义初级阶段，经济上离进入高收入国家还早，因此不必刻意追求服务业的高速发展，也不必仰仗金融业和房地产业提高服务业的占比，当下中国的金融业和房地产业的占比居于全球最高的现状，已经完全与我国的经济社会发展阶段相悖。

增加制造业在全球竞争的优势，并提升我国的创新发展能力，这两项是保持制造业比重的重中之重，在国际范围内保持竞争力优势的前提是制造业的转型升级成功。同时，制造业的转型升级也是提高中国劳动生产率的不二法门。服务业在这个的经济结构中占据越来越重要的位置，为了提高服务业的发展质量，需要对我国当前的服务业进行改革，这是接下来必须要做的。

二、使实体经济和非实体经济的均衡条件得以恢复

（1）保持杠杆的稳定，使M2/GDP的比率始终处于一种稳定的状态，保持企业、政府和居民的负债率处于一个稳定的状态，在金融杠杆方面进行适度地调低，使之更趋于合理化。

（2）金融和房地产这两个收益过高的行业要压缩它们的收益率，使社会的总体成本在这两项领域内得到降低。

（3）降税减负，努力建立健全合理的税收体制，降低企业的税负压力，改革当前基于城市化的税收体制。降低企业的税负和营商成本，使企业能够轻装上阵。同时，加快推进全方位的供给侧结构性改革，为实体经济的发展壮大提供优良的土壤，让实体经济有序良性发展保驾护航，坚决禁止一切将实体经济符号化的行为。

（4）改革货币的供给模式，让市场的流动性得以保持。国内的利率不能跟随美国的生息周期共舞，那样会造成一个严重的问题，就是外部融资、上升速度飞快。这就要求我们做到以下两点：一是对汇率和货币的供给模式进行科学合理的改革，使市场的流动性得以增加；二是对债券市场进行改革，对于实体经济和地方政府债权融资的可续性提供支持，要树立防患于未然的思想，防止外部的金融危机对我国整体经济的影响，防范化解重大金融风险。

（5）坚持“房住不炒”的原则，打压炒房行为，稳定房价。

（6）对金融的监管应纳入法制的轨道，避免以往竞争性监管对于金融发展的阻碍，在金融政策上尽量保持稳定。

第五章　经济增长跨越与迈向高质量发展新阶段

第一节　增长阶段特征和增长跨越的国际比较

一、增长阶段界定

这一部分我们按世界银行2015年给出的依据，人均国民总收入（GN）（按图集法衡量）对国家发展阶段的划分标准，对选定的样本国家增长阶段进行划定。中国2016年人均国民总收入为8260美元，据此标准衡量，中国正处于中等偏高收入阶段。由于本文重点讨论中国在当前阶段能否实现增长跨越和迈向高质量发展阶段，因此我们主要关注经历过中国当前发展阶段的经济体的增长特征，对不同收入阶段的增长特征进行刻画，以期对中国解决当前面临的增长跨越问题有所启示。我们选取的样本国家和地区包括：典型发达经济体（美国、英国、德国、法国、加拿大、澳大利亚、新西兰、瑞典、挪威、丹麦、芬兰、卢森堡、荷兰、比利时、奥地利）、东亚新晋发达经济体（日本、韩国、新加坡）、拉美经济体（智利、乌拉圭、巴西、阿根廷、墨西哥、哥伦比亚、秘鲁），以及东南亚追赶经济体（马来西亚、泰国）。

二、增长阶段的跨国比较

当前中国正处于中等收入阶段，且刚迈过中等偏低门槛进入中等偏高阶段，为使分析更有针对性，我们重点关注样本国家和地区处于中等收入阶段的增长特征。我们将样本分为两大类，即欧美发达经济体及东亚新晋发达经济体、拉美经济体及东南亚追赶经济体，以便通过对比分析找出可资借鉴的增长经验，吸取教训。由于篇幅有限，我们选取具有代表性的经济体，分析结果整理如下。

首先，我们考察了各个经济体进入中等偏低收入阶段的增长情况，发现：①欧洲经济体多集中于20世纪60代初进入中等收入阶段，前后经过约11年跨过中等偏高收入门槛，增长经历极为相似，如比利时、荷兰、卢森堡、芬兰、挪威、奥地利等均于

1973年前后迈入中等偏高收入阶段。②成功实现追赶的东亚新晋发达经济体，日本、新加坡和韩国分别于1967年、1971年和1978年进入中等收入阶段，这三个经济体用了不超过10年的时间就都进入了中等偏高收入阶段。③拉美经济体则在中等偏低收入阶段停滞时间较长。除阿根廷于20世纪60年代初进入中等收入阶段外，其他拉美经济体均在70年代初相继进入中等收入阶段；除墨西哥外，其他经济体在中等偏低收入阶段停留时间都在20年以上，阿根廷甚至在这一阶段停留了28年。④东南亚追赶经济体增长表现也较为类似，停滞时间为20年左右。相较而言，中国在中等偏低收入阶段的增长表现较好。⑤中国在2002年进入中等偏低收入阶段后，连续8年增速超过9%，并于2010年顺利进入中等收入阶段，见表5-1。

表5-1　样本国家在中等偏低收入阶段停留时间（数据来源：世界银行WDI数据库）

<table>
<tr><td rowspan="8">中国和欧美发达经济体及东亚新晋发达经济体</td><td>国家</td><td>时间段（年数）</td><td rowspan="8">拉美经济体及东南亚追赶经济体</td><td>国家</td><td>时间段（年数）</td></tr>
<tr><td>中国</td><td>2002–2010（8年）</td><td>智利</td><td>1971–1995（24年）</td></tr>
<tr><td>美国</td><td>—</td><td>乌拉圭</td><td>1973–1993（20年）</td></tr>
<tr><td>英国</td><td>—</td><td>巴西</td><td>1975–1996（21年）</td></tr>
<tr><td>法国</td><td>1962–1973（11年）</td><td>阿根廷</td><td>1964–1992（28年）</td></tr>
<tr><td>日本</td><td>1967–1974（7年）</td><td>墨西哥</td><td>1974–1993（19年）</td></tr>
<tr><td>新加坡</td><td>1971–1980（9年）</td><td>马来西亚</td><td>1978–1996（18年）</td></tr>
<tr><td>韩国</td><td>1978–1988（10年）</td><td>泰国</td><td>1988–2009（21年）</td></tr>
</table>

考察样本国家进入中等偏高收入阶段的增长表现后，我们发现：①欧洲经济体在中等偏高收入阶段乃至整个中等收入阶段的增长表现均较为一致。基于对可得数据欧洲样本国家的观察，大多数国家于1962年迈过了中等收入门槛，在经历11年左右的增长之后，又于1973年前后迈入中等偏高收入阶段。其中，瑞典、挪威、丹麦、卢森堡、荷兰、比利时、法国、德国等国家在中等偏高收入阶段经过约8年的增长后，集中于1980年成功跨进高收入国家行列，芬兰、奥地利、英国则历时稍长，于1987年前后迈过高收入门槛。②拉美经济体的增长分化在中等偏高收入阶段更为明显。拉美经济体在中等偏低收入阶段停滞时间较长，基本都在20年以上，阿根廷和哥伦比亚在中等偏低收入阶段停留了长达28年，秘鲁在1975年进入中等收入阶段，直至2010年才跨出中等偏低收入阶段，历时35年。而在进入中等偏高收入阶段之后，表现较好的智利、乌拉圭等国在经过近20年的增长后，成功迈入高收入国家行列，而其他国家距离跨越中等收入

陷阱还有较长距离。③亚洲经济体也表现出明显的增长分化。有些亚洲国家虽然迈入中等收入门槛的时间点相同，却表现出不同的增长路径。如韩国和马来西亚都于 1978 年迈入中等收入阶段，韩国经过两个阶段（1978—1988 年和 1988—1996 年）的快速增长，跻身发达经济体行列，而马来西亚则陷入中等收入阶段的增长泥沼中，在中等偏低收入阶段停留 18 年在 1996 年迈出后，至今仍在中等收入阶段徘徊（见表 5-2）。

表5-2 样本国家在中等偏高收入阶段停留时间（数据来源：世界银行WDI数据库）

	国家	时间段（年数）		国家	时间段（年数）
欧美发达经济体及东亚新晋发达经济体	美国	1966–1980（14年）	拉美经济体及东南亚追赶经济体	智利	1995–2012（17年）
	英国	1974–1988（14年）		乌拉圭	1993–2012（19年）
	法国	1973–1980（7年）		巴西	1996–2013（>17年）
	德国	1973–1980（7年）		阿根廷	1992–2013（>21年）
	日本	1974–1986（12年）		墨西哥	1993至今（>24年）
	新加坡	1980–1991（11年）		马来西亚	1996–2016（>20年）
	韩国	1988–1996（8年）		泰国	2009年至今

三、样本国家和地区的增长路径与增长形态特征

这一部分我们以 4000 美元为起点，通过对比成功实现增长跨越的东亚新晋发达经济体以及在中等收入阶段停滞较长时间的拉美经济体和东南亚追赶经济体的增长路径和增长形态特征，考察各样本国家和地区的增长差异，由此寻找一些有益于中国的增长经验。

各样本国家和地区人均收入的增长表现如图 5-1 所示，据此我们发现：①拉美经济体较早就实现并达到了人均收入 4000 美元的阶段，但之后却经历了明显的增长减缓或衰退时期。拉美经济体人均收入超过 4000 美元之后的增长路径较长，表明跨过门槛的时间点较早，但之后收入增长较为平缓，有些国家甚至表现为负增长。比如，秘鲁在达到人均收入 4000 美元之后出现了增长衰退，人均收入一度低于 4000 美元。巴西和墨西哥也表现出某种增长停滞迹象，人均收入增速明显低于其他样本国家。②东亚新晋发达经济体通过人均收入的平稳快速增长成功实现了向高收入阶段的迈进。韩国虽然人均收入达到 4000 美元的时间较晚，但收入增长速度较快，而且持续保持着收入高速增长趋势。③东南亚追赶经济体的增长表现则介于东亚新晋发达经济体和拉美经济体之间。不论是绝对增长水平还是相对增长水平，马来西亚和泰国的增长表现均稍优于拉美经济体，印

度尼西亚早期增长路径与秘鲁近似，近期则有所好转。④中国人均收入超过 4000 美元的增长阶段仅有 15 年，但从目前的增长表现看，中国经济的增长路径明显优于东亚成功实现追赶的发达经济体对应阶段的增长表现。从各个经济体人均 GDP 对数增长情况看，多数拉美经济体在中等收入阶段收入达到一定程度后，出现了明显的增长停滞和放缓，从而表现出与其他经济体增长路径产生分化的结果（见图 5-2）。

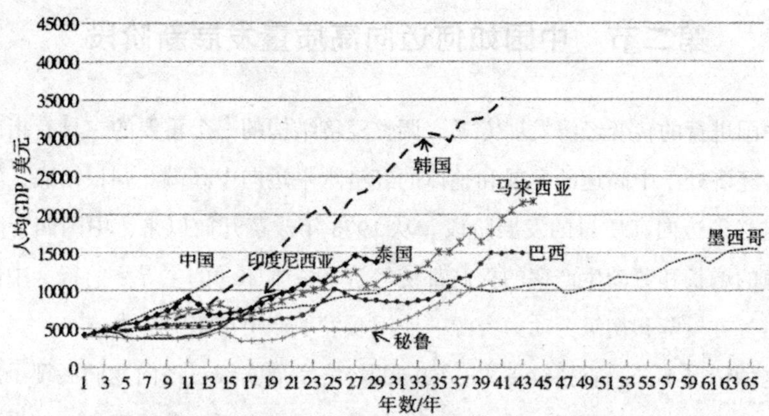

图5-1　增长路径国际比较

资料来源：联合国 PWT9.0 数据库。其中人均 GDP 是用经过购买力平价调整后以 2011 年不变美元来衡量的数据；选取各个国家人均收入达到 4000 美元之后的收入序列，横轴为人均收入达到 4000 美元之后各个国家经济增长的年数。

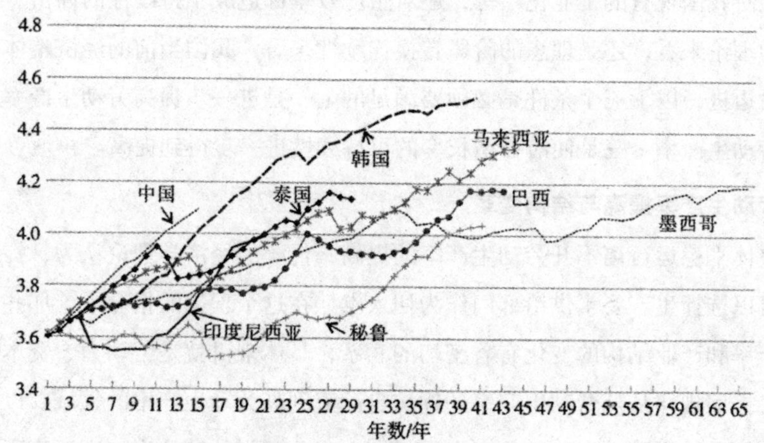

图5-2　增长路径进一步比较

资料来源：联合国 PWT9.0 数据库。纵轴为人均收入的对数值，横轴为人均收入达到 4000 美元之后经济体增长的年数。

由此可见，中国要实现向高收入阶段迈进，必须保持收入的平稳快速增长，在增长的过程中，一旦出现增长停滞或衰退，则会增加经济体停留在中等收入阶段的时间，加大落入中等收入陷阱的风险。而保持经济增速和人均收入平稳较快增长的根本，就是提升经济增长效率。因此，我们进一步基于效率提升和可持续发展层面，重点对中国迈向高质量发展阶段的增长实施路径进行考察。

第二节　中国如何迈向高质量发展新阶段

当前中国进行的转变经济发展方式，调整经济结构的一个重要的，具有指向性的目标就是保持经济处于中高速的发展和整体的经济水平迈向中高端。归根结底，实现总体的宏观稳定必须迈向高质量的发展阶段。从 1978 年改革开放以来，中国四十多年的国内生产总值的增长和劳动生产率的提高都使经济在资本驱动的主导下前行，中国在工业化进程中对各方投资和初级劳动力资源的使用激发了产出扩张的活力。

但是这种情况不会一直持续下去，中国的经济发展实践已经向我们展现了出来，我国当前的人口出生率逐年下滑。同时，国内外的市场需求逐渐趋于饱和，如果还按照以往的那种以生产为中心，对生产要素粗放使用的工业化模式，必然会导致一错再错，尤其是当前边际收益的递减约束了粗放型的物质资本积累，在生产的领域，投资被持续排挤，这不仅对我国现有的工业化结构，还对生产效率都造成了持续性的冲击。无论是从线性发展的理论来看，还是理想的阶段转换连续性来看，我国当前的经济整体要向高质量发展阶段迈进，以下三个条件是必须要满足的：一是进一步提高劳动生产率；二是进一步提高劳动生产率；三是使潜在增长率的可持续性进一步得到提高。

一、劳动生产率提高与结构变革

经济整体平稳运行离不开劳动生产率的提高，传统的经济学理论认为，提高经济增长的潜力可以选择生产要素供给部门作为切入点。在这个理论的指导下，那些后发国家的劳动生产率和产业结构的变化有着密切的联系，具体来讲就是劳动力、资本这些竞争性的要素会按照规律从低劳动生产率的领域自动流到高劳动生产率的领域。以农业和工业的发展为例进行说明，在工业化大发展时期，工业部门的劳动生产率远高于农业，因此，原来大量从事农业生产的劳动者都进入了工业部门，这无论是在资本主义国家发展的历程中，还是我国改革开放以来的经济实践中都有充足的证据，当劳动力要素完成了这项流动之后，整个经济社会的劳动生产率会有一个显著地提升。此外，居民的可支配收入也会随着劳动生产率的提高而增加，两者之间呈正比。当教育回报率[①]和工业部门的效率产生共鸣时，会实现人力资本的积累和深化，整个社会的人力资本存量也会得到相应地增加，进而促进整体劳动生产率的提高。但随着经济结构的服务化，劳动生产率逐渐下降，如果任其发展，那么就会出现劳动生产率停滞的后果。

（一）产业间的效率对比

中国第二产业和第三产业劳动生产率的估算结果（见图 5-3）表明：①服务业劳动生产率上升较快，但低于第二产业劳动生产率。不管从名义劳动生产率，还是实际劳动生产率来看，服务业劳动生产率均低于第二产业的水平。②服务业逐渐成为中国劳动力转移新的“蓄水池”。1994 年之后服务业就业人数不断超过第二产业，2016 年服务业与第二产业就业人数比值为 1∶54。③服务业增长逐渐赶超第二产业，将成为拉动增长的主要动力。从名义增加值看，2012 年服务业增加值首次超过第二产业增加值，其后加速增长；2016 年，服务业增加值是第二产业的 1.30 倍。

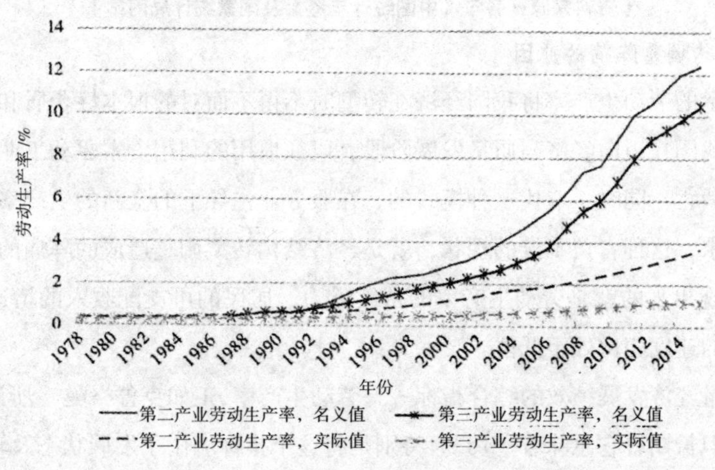

图5-3　第二产业和第三产业劳动生产率

（二）第二产业内部效率差异

①建筑业劳动生产率几乎处于停滞状态，工业劳动生产率高于建筑业的水平。工业劳动生产率水平持续提高但近年来增长速度减缓，建筑业劳动生产率水平在 2010 年之后逐渐下降，至 2013 年稍有回升（见图 5-4）。②工业就业人数逐渐下降，建筑业就业

① 教育的投资回报率，简称教育回报率，是指每增加一年或者一个阶段的教育带来收入提高的百分比。

人数逐渐上升。2010 年之后，工业就业人数逐年下降，而建筑业就业人数自 2003 年以来一直处于快速上升趋势。③工业增加值增长远高于建筑业。2016 年工业名义增加值是建筑业的 5.01 倍，工业实际增加值是建筑业的 13.72 倍。

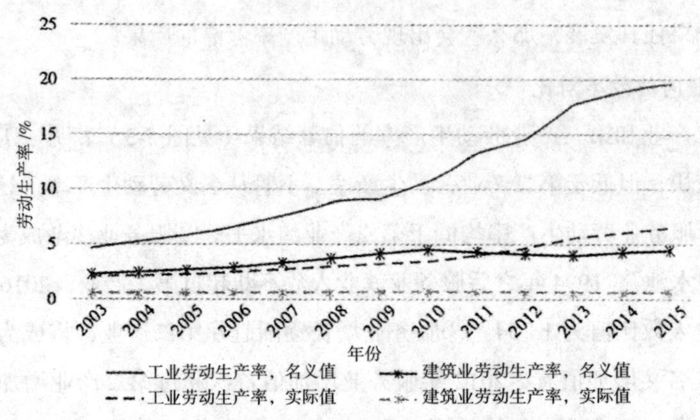

图5–4　工业和建筑业劳动生产率
（资料来源：各年《中国统计年鉴》及国家统计局网站）

（三）结构调整阵痛的原因

上图显示的劳动生产率将我国经济在转型时不得不面对的根本性矛盾和问题彻底暴露出来，即我国在迈向经济高质量发展阶段，以往惯用的利用资本驱动工业化的规模效率逐渐走向消亡。同时，取代这种模式的，在服务业主导下的全新的生产率促进模式还没有建立起来，这种青黄不接的现状，就是经济结构转型调整造成的阵痛的源头。这种阵痛直接表现出来的就是劳动生产率的持续乏力，居民的可支配收入的增速不断下跌，跟经济增长的速度相比处于低位。

作为衡量经济发展绩效的综合指标——劳动生产率，正如克鲁格曼[①]所说的，它“不属于一切，但长期看它意味着一切”。特别是将这个指标应用于发展状态及转型分析时，也即将结构性因素作为劳动生产率变化的根本出发点时，有关问题会立刻变得现实而且复杂。按照标准增长核算框架，劳动生产率的变化可表示为人均资本和全要素生产率变化的加权值。考虑发展阶段的条件和因素动态，我们需要重视人均资本或资本积累对于劳动生产率提升的权重。其含义是丰富的：第一，中国大规模工业化阶段，较大的权重赋予了资本，从而带来中国工业化进程的加速并促使经济迈向中等收入水平；第二，向

① 保罗·克鲁格曼（Paul R. Krugman），犹太人，毕业于耶鲁大学经济学专业，美国经济学家。保罗·克鲁格曼是自由经济学派的新生代，理论研究领域是贸易模式和区域经济活动。目前是普林斯顿大学经济系教授。

经济结构服务化转型时期，发展规律将矫正以往资本驱动模式，把更大的增长权重赋予人力资本积累及相应的全要素生产率，实现有质量的增长和人的发展。这涉及结构调整系列变动之下的效率模式重塑，包含服务业主导的城市化阶段如何实现效率补偿的理论问题，也是对工业化阶段强调投资补偿传统理论的根本突破。

二、全要素生产率及其贡献

中国持续30多年劳动生产率的快速提高，主要得益于资本驱动这种增长模式导致对全要素生产率贡献的长期低估，以及技术进步潜力的长期压抑。2008年以来的短期刺激政策，更是加剧了这种局面，对结构优化造成阻碍。1978—2007年是中国经济增长的高峰时期，该阶段全要素生产率增长对总产出的贡献份额为23.33%，其中，1993—2007年有过35%的较高水平。但2008年之后，伴随中国经济增长速度放缓，全要素生产率的贡献份额下降较大。

中国全要素生产率提升所面临的困境之一：就是资本驱动的工业化发展模式，它不具有全要素生产率持续改进的内生机制。在1978年至今几十年的增长中，资本要素对增长的贡献份额一直维持在65% ~ 90%的水平，进一步扣除劳动投入对增长的贡献，全要素生产率对增长的贡献份额大约为20%。显然，这种较低的全要素生产率贡献，是中国资本驱动增长模式的典型现象：①资本存量持续加速增长。资本存量在1978—2007年经济持续超高速增长期间，平均增速达到11%，与发展阶段相似的其他任何国家相比，资本积累的平均速度都是较高的。而2008年之后，尽管中国经济增速出现连续减缓，但资本存量增速仍然维持在较高水平。②资本边际收益水平持续递减。资本边际报酬递减主要是中国经济长期的投资依赖所致，同时，资本收益递减和低增长的不良循环越来越明显，中国资本驱动模式的路径依赖造成的低效率问题越来越明显。

中国全要素生产率提升所面临的困境之二：与工业化阶段对技术进步内生机制的忽视相关联，重视物质资本积累而忽视人力资本积累，也阻碍了效率持续改进。具体表现为：①主要依赖大量低素质劳动力的人口红利[①]效应，而与此对应的全要素生产率改进的方式是“干中学”和“投中学”实现的外生技术进步。1978年以来（尤其是1978—2007年经历高速增长阶段），中国劳动力供给的年均增长率为3.26%，与各个国家在相似工业化阶段的增速相比并不低，但新增劳动力中多是以初级和中级教育水平劳动者为

① 人口红利（Demographic Dividend），所谓“人口红利”指的是在一个时期内生育率迅速下降，少儿与老年抚养负担均相对较轻，总人口中劳动适龄人口比重上升，从而在老年人口比例达到较高水平之前，形成一个劳动力资源相对比较丰富，对经济发展十分有利的黄金时期。

主。这些劳动力较适用于规模化、标准化的工业大生产。②熟练技术工人的培育，是工匠精神的源泉，但是，中国现阶段准备不足，全要素生产率贡献偏低的局面必须在相对较短时期予以扭转，不然经济将面临长期调整的风险。

中国全要素生产率提升所面临的困境之三：政府主导的生产性开发适合“干中学”效率改进,但干预方式与全要素生产率外生相容,不利于全要素生产率提升。工业化阶段，政府干预经济的增长模式实现了持续高速增长，但当经济发展到城市化阶段，服务业特别是现代服务业本身具有的非标性、知识溢出性等特征，往往导致政府干预失灵，政府的过度干预会造成生产效率低下。

三、增长可持续与迈向高质量发展阶段

实现经济的高质量发展和重塑效率模式之间几乎可以画等号，这主要是经济发展的条件产生变化，以及经济增长的可持续性要求共同决定的。对于这种趋势，我们有以下的观点：

首先，工业化的增长模式与服务业的增长模式是截然不同的。

其次，从已有的发达国家的经济实践中可以获得的经验就是，在制造业之后，服务业是另一个高端的产业，服务业有着知识生产配置的功能，这使它有了持续改进生产效率的能力。

最后，服务业升级的重要程度不亚于工业结构的优化工作，这是任何一个经济体在重化工业化向深加工度化升级的过程中都必须要面对的。一个经济体进入了高质量的发展阶段，这就意味着该经济体的经济增长具有可持续性的特征，在经济增长的速度上却没有过高的要求，这种高质量的发展也是权衡人的发展和物质资本积累的过程。

（一）服务业的高端化是实现效率补偿的基础

在第二次世界大战后，知识密集型服务业出现在了欧美等发达国家中，并得到了迅速的发展，服务业在这些国家中发挥出了配置知识和人力资本的重要作用。由此，可以得出一个结论，就是在整个产业结构的变化发展过程中，服务业是制造业之后的另一个高端。在国内生产总值的占比上，服务业的占比超出了制造业已经足以说明这件事。根据上文所述，经济结构的服务化会导致劳动生产率的下降，但是高端的服务业会合理地配置人力资源和知识，进而推动经济的高质量发展，并为经济增长的可持续性保驾护航。这一优势的重要性会在未来的经济发展中逐渐体现出来。也就是说，服务业高质量的良性发展有利于抵消经济增长中的不可持续性的风险。同为后发经济体的拉丁美洲国家，

因为没有认识到这个问题的重要性，在经济发展的过程中缺少了这一重要步骤，导致服务业的发展严重挤占了制造业发展的空间外，还走入了服务业全面取代制造业的歧途，在这种情况下，经济的震荡也就不可避免了。

（二）服务业通过人力资本培育和知识外溢性促进制造业升级

现代服务业的主要支撑是科研、教育、文化、卫生以及金融和信息这几方面，无一不体现出知识的密集性，同时，服务业自身具备相当高的效率，还带动了制造业改进效率。不只是发达国家，一些发展中国家的服务业也在整体的经济结构中占据了主要的位置，比如拉丁美洲国家，它们服务业大多数属于成本型的传统服务业部门，而非效率促进型的，这一点与欧美发达经济体相比有本质上的区别。因此，依托资本和现代人力资本的现代服务业不仅是工业结构优化的必要条件，还是工业向深加工度化转型的基础。

（三）消费结构升级是迈向高质量发展阶段的关键环节

在经济向高质量发展时，有一个环节往往会被众多发展中国家忽视，这个环节不仅联系着服务业整体结构的升级，还可以协同制造业和服务业的发展，并且促进经济的可持续性增长，这个重要的环节就是消费结构的升级。城市化这个笼统的概念主要有以下三种功能：一是提高城市居民的生活质量；二是促进人的全面发展；三是对消费结构进行优化升级，增加广义人力资本增加的消费项目，发展相关行业满足居民的消费需求。在城市化新型效率发展到发达阶段的高效率模式这个过程中，必不可少的环节就是高等教育和熟练技术工人教育相关的知识积累。

第三节 实现经济增长与高质量发展的政策建议

在我国发展高质量的经济，供给侧结构性改革是必不可少的，以下是具体展开的几个方面。

（1）尽量减少政府使用行政干预的频率和范围，各个部门之间要积极配合协调，不要搞“小圈子”，彼此孤立，对于政府的功能要进行重新定位，确立服务型政府。这里不是说政府的行政干预有百害而无一利，准确地说是在不同阶段，政府的行政干预会产生截然不同的效果。在工业化规模增长的阶段，即使行政干预会导致局部资源配置出现问题，但是瑕不掩瑜，该阶段的政府行政干预可以有效地提高经济增长的效率，为在工业化时期的经济增长留下了宝贵的经验。但是时过境迁，当社会进入后工业化时代，如果还按照以往的做法，政府进行过度的行政干预，那么，不仅会面临经济增长效率的下降，还会导致经济增长的不可持续。

在这种情况下，改革应该将重点放在以下三个方面：

①积极推动政府职能的转变，将政府和企业分离开来，政府的权力应当放在对国有经济的改革上面。

②从制度方面入手，将阻碍高层次人力资本流动的制度樊篱拆除，同时，解决要素市场割裂的问题。

③在知识产权方面下足功夫，保护知识创新，为实施创新驱动发展提供保障。

（2）使物质资本的利用效率得到有效提升，使人力资本的要素得到有效积累，同时，推动人力资源配置效率的稳步提升。在上述这几个具体的工作中，最重要的就是破解资本使用效率低下的难题。在现阶段，资本配置的结构性障碍主要来自资本的管制和融资渠道的受限，这两点共同导致各个部门之间的资本不能自由地流通。与此同时，一些国有部门掌握了大量的物质资本，这是我国资本市场要素回报率低以及私人生产部门融资成本高的根源。化解上述两个难题的根本性方法就是将政府主导的投资和融资体系重塑，让资本要素能够自由地流通。还要加大对高层次人力资本的培育力度，打造的人力资本梯度要与中国当下的发展实际相贴合，比如制定出主要针对 R&D①，即研究与开发的人才吸引政策、建立健全技能型的劳动者的职位晋升体系等。此外，还要将人力资本的再配置高度重视起来，将人力资本的扭曲配置进行矫正。在某些可以放开的公共部门应当放开管制，推动市场化程度的进一步加深，这样有利于现代服务部门能够吸纳足够的社会资本，进一步发展。

（3）革新城市化发展模式，复兴高效率的增长模式。在我国的城市化进程中，有一个主导力量就是政府，在城市的扩张或者新建的过程中，往往由政府通过行政命令进行指导，这种指导有时会忽视社会的实际情况，人的全面发展和生活质量的提升更难以被考虑到。同时，一切工作都由政府负责，这极大地增加了政府的运营成本。按照当前的城市化进程进行估算，在不远的 2025 年，中国的城市化率会达到 65%，如果还按照这个模式推进城市化，那么当城市的建设周期过了以后，政府将不得不面对巨大的城市运营成本。此时，如何维持城市的发展将成为摆在社会各方面前的一道难题。这道难题只

① 科学研究与试验发展（Research and Development，R&D），指在科学技术领域，为增加知识总量（包括人类文化和社会知识的总量），以及运用这些知识去创造新的应用进行的、系统的、创造性的活动，包括基础研究、应用研究、试验发展三类活动。

有一种解决方案，那就是转变政府职能，建设服务型政府，这种政府才是适应城市化阶段发展需求的政府。因此，在城市化的进程中，对地方政府的改革至关重要，政府职能能否顺利的转变，关乎城市化进程能否顺利进行。

第六章 多维视角下深化供给侧结构性改革的思考

第一节 供给侧结构性改革的宏观动力维度

习近平总书记在主持中共中央政治局第九次集体学习时指出，从全球范围看，科学技术越来越成为推动经济社会发展的主要力量，创新驱动是大势所趋。当前，我国经济正在从要素驱动向创新驱动转变。研究经济增长的经济学家已经发现，无论是穷国还是富国，经济增长的发动机必须安装在供给侧的三个轮子上，即经济增长有“三大动力”：劳动、资本、全要素生产率。我国要实现创新驱动型经济增长，必须对“三大动力”的结构进行调整，即从过去依赖要素投入为主向依赖全要素生产率为主的方向转变。世界主要发达国家的经济发展实践表明，全要素生产率已经成为经济增长的第一动力。

一、全要素生产率“几乎就是一切”

长期以来，我国经济增长主要依靠低成本要素驱动，甚至我国工业化进程被描述为低成本的快速工业化。近年来，这种低成本的要素驱动型增长动力越来越难以持续下去。从劳动要素来看，劳动年龄人口新供给的数量在不断下降。我国 15 ~ 64 岁劳动年龄人口数量的峰值出现在2013年（见图 6-1），规模为 100582 万人；2014 年出现“劳动力拐点”，劳动年龄人口为 100469 万人，之后逐年减少，到 2018 年劳动年龄人口为 99357 万人。其中，2017 年和 2018 年这两年各减少劳动年龄人口 431 万人和 472 万人。有研究认为，2011—2020 年新成长劳动力每年将以 1% 左右的速度递减。我国工资增长超过劳动生产率的增长，制造业单位劳动力成本（工资与劳动生产率的比率）提高的速度明显高于主要制造业大国。我国制造业单位劳动力成本相对于美国、日本、德国、韩国等国的比例在 2004—2013 年提高了 10% ~ 15% 左右。从长期来看，未来劳动年龄人口随着经济发展会继续减少（见图 6-2）。根据世界银行 1961—2018 年的数据显示，收入越高的国家，15 ~ 64 岁人口增长率越低，反之越高。按照不同收入组划分，劳动年龄人口增长率从高到低依次为重债穷国、低收入国家、中低等收入国家、中等收入国家、中高等收入国家、高收入国家。从资本要素来看，资本回报率不断下降，资本要素供给的数量、驱动力量日趋减弱。据估算，2011 年以来，中国资本回报率呈大幅下滑的趋势，2011—2013 年资本回报率分别为 21.1%、16.6% 和 14.7%。针对工业资本回报率的估算表明，2002 年工业边际资本产出率为 0.61，2012 年该值已下降至 0.28。因此，面对劳动和资本要素收益递减的趋势，未来经济增长的动力源泉愈来愈依赖于提高全要素生产率。

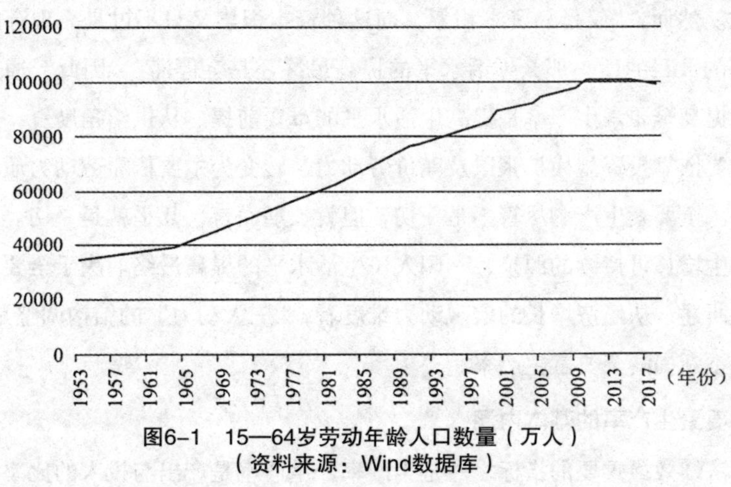

图6-1　15—64岁劳动年龄人口数量（万人）
（资料来源：Wind数据库）

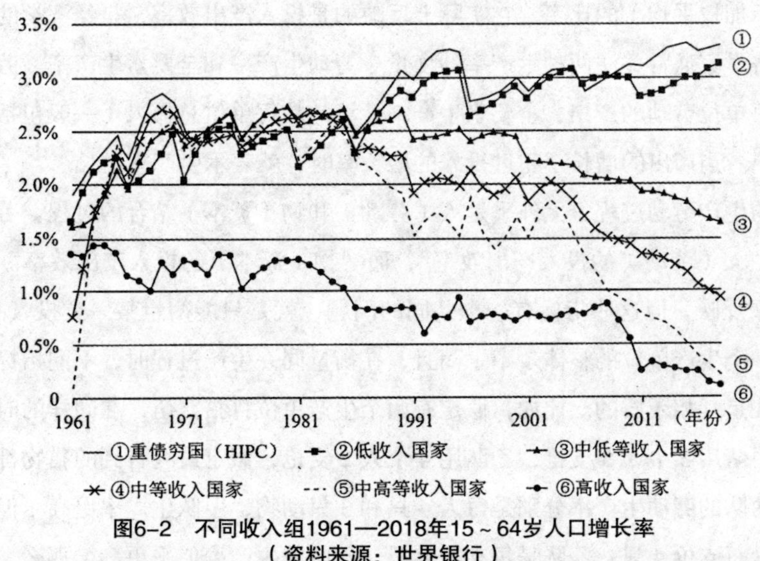

图6-2　不同收入组1961—2018年15～64岁人口增长率
（资料来源：世界银行）

纵观西方发达国家的经济增长过程，随着经济的发展，会出现资本深化（capital deepening）的趋势。资本深化是指人均资本量（K/L）随着时间推移而增长的过程，即资本存量增加的速度快于人口和就业的增长速度。在经济实践中，我们可以看到许多资本深化的例子：农民采用收割机而不再依靠简单的手工操作收割小麦或者水稻；修路工人使用挖土机而不再使用简单的铁锹或者镐头挖土；银行用成千上万的自动取款机代替先前的出纳柜员，这些都是经济发展使得人均资本量增加（资本深化）的例子。其结果是，农业、道路修筑业、银行业中的人均产出都有了极大的提高。显然，资本深化会促进经济增长。然而，“仅是靠资本积累，而这种资本积累又只不过是靠现存的生产技术来增加工厂的数目的话，那么生活水平的提高最终还是会停滞”。因此，通过技术创新等路径不断提高全要素生产率是提高生活水平的重要前提。从供给角度看，未来的经济增长应从主要依靠投资规模扩张以及廉价劳动力，转变为主要依靠劳动力质量提升和生产率的提高。全要素生产率尽管不是一切，但就长期而言，几乎就是一切。因为全要素生产率是内生增长可持续的源泉，一国人民生活水平的提高最终取决于全要素生产率的提高。综上所述，从经济增长的宏观动力维度看，“三大动力”的结构调整是大势所趋，为此，必须不断提高全要素生产率。

二、全要素生产率的基本内涵

衡量经济绩效最重要的指标之一是生产率。生产率是产出与投入的比率，即总产出和总投入（加权平均）的比率，它实际上反映的是投入产出效率，是经济学的一个核心概念。经济学家通常关注两种生产率的衡量：劳动生产率和全要素生产率。劳动生产率计算的是每单位劳动的产出，全要素生产率计算的是每单位总投入（一般包括劳动和资本）的产出。当产出的增长率超过投入的增长率时，就表示生产率增长。

人类的生产劳动过程，无外乎是人（劳动）和物（资本）结合的过程。劳动生产率反映的是“人（劳动）的投入产出效率”，而“物（资本）的投入产出效率”可以用资本生产率来反映。但这些指标有一个共同的问题，就是只能衡量某一类投入品的效率，无法反映一个生产单位的整体效率；而且，在衡量同一生产过程时，不同指标衡量出来的结果往往是互相矛盾的。比如，假定有两个生产单位打猎队伍，在同样的时间和其他条件下，甲队用 3 个人 3 支枪，乙队用 4 个人 2 支枪，假定最终打到的猎物都是 12 只。那么甲乙两队的劳动生产率分别是每人 4 只和 3 只动物，甲队生产率更高；但甲队的资本生产率是每支枪 4 只，乙队是每支枪 6 只，乙队的生产率似乎更高。那么，到底哪个队的生产率更高呢？如果你是领导，你需要在这两个队长之间提拔一个人，假定提拔的标准是谁生产率高就提拔谁，你该提拔哪一个队长呢？这就需要综合考虑劳动、资本两种投入品。

综合考虑劳动、资本之后得到的生产率，就是所谓的全要素生产率。如果一个生产过程除了资本、劳动之外还有其他投入品，比如自然资源，那么就需要把这些投入品都考虑进去，“全要素生产率中的全字，意思就是考虑所有的投入品。”

全要素生产率也可以这样来理解：假设原来全要素生产率是每人每物（每台机器）产出是 75（件）产品；那么 2 人 2 物 =300（件）；而实际上 2 人 2 物＝ 400（件）；那么，实际上全要素生产率每人每物产出 =400-300=100（件）。则全要素生产率由 75 提升至 100。提高原因是科学技术进步、管理实践创新、资源配置效率提升、人力资本素质提高、规模经济等因素所致，总之，是人和物的结合效率提升了，即每人每物产出由 75 提高到了 100。

一般来说，全要素生产率越高，说明同样的人（劳动）和物（资本）的投入可以获得更多的产出，也就意味着那些可以定量衡量的因素（劳动、资本）的利用效率就越高，同时意味着那些无法被定量衡量的因素的贡献就越大。因此，“全要素生产率”实际上反映的是生产过程中无法被定量衡量的那些因素的贡献，这些因素包括技术、制度、企业家才能、人力资本、规模报酬、产业结构、对外开放度等。提高全要素生产率，实际上就是要加大技术、制度、企业家才能、人力资本、规模、产业结构、对外开放度等因素的投入，通过技术进步、人力资本提升、结构性改革、扩大开放等来提高可以定量衡量的“资源的利用效率”。

相比劳动生产率，全要素生产率可以更加真实地反映一个国家的经济高质量发展水平。一个国家要进入经济的高质量发展阶段，就必须放弃以往的粗放型经济增长模式，转而进行集约化的发展。粗放型经济增长模式还有一个别称，就是外延型经济增长模式，这种模式的产出主要依靠增加劳动和资本等生产要素的投入实现。

以这种方式实现经济增长，消耗较大，成本较高。集约型经济增长模式是指在不增加劳动、资本等生产要素的前提下，通过提高全要素生产率（人和物结合的效率）来增加产出，这种经济增长模式又称内涵型增长模式。以这种模式实现经济增长，消耗较小，成本较低。在粗放型经济中，劳动生产率可以提高（如在增加资本的情况下），但全要素生产率（人和物结合的效率）可能仍然较低。而在集约型经济中，劳动生产率提高，全要素生产率也必然提高（集约型经济就是依靠提高全要素生产率来实现经济增长的）。因此，全要素生产率可以比劳动生产率能够更加全面地反映出人和物结合的效率，从而能够更加科学地衡量经济高质量发展的水平。

三、全要素生产率的计算困难

全要素生产率是很难得到准确计算的。这是因为：一方面，准确地计算生产率增长面临许多实际困难。近来的经验研究表明，我们大大低估了某些领域生产率的增长。对医药保健、资本品、家用电器、计算机和计算软件等的研究，都表明我们在统计生产率的方法上存在着很多缺陷。其中最大的一个缺点是没有考虑新产品和改进产品的经济价值。例如，就 CD 替代了原来的磁带而言，我们的统计就没有考虑到声音质量和稳定性的提高等因素。同理，我们的经济统计也很难准确地衡量出互联网对消费者的经济福利所做出的贡献。[①] 另一方面全要素生产率的计算方法存在差异，“由于构造全要素投入指数的方法不同，不同研究得出的全要素生产率之间是不可比的。函数形式不同、考虑的投入品种类不同、每种投入品的权重不同，得到的全要素投入指数就不同，得到的全要素生产率也不同”。从学术研究常用的方法看，全要素生产率增长的核算方法主要有增长核算法和基于技术效率的前沿函数法。一般来说，增长核算法包括索洛增长核算法、柯布—道格拉斯生产函数法、指数法和对偶法等，而前沿函数法则包括随机前沿分析法（SFA）和非参数 DEA 马姆奎斯特指数法。国外的研究文献多采用增长核算法，而国内的研究文献多采用非参数 DEA 马姆奎斯特指数法。这与我国同西方国家的经济发展阶段尤其是市场化程度不同有关。由于中国 1978 年才开始改革开放，是一个从计划经济逐步向市场经济过渡、处于经济转型时期的国家，总量生产函数还不完全符合增长核算法的条件（市场非完全竞争、技术进步为中性，并且不一定是规模报酬不变），完全照搬西方的增长核算方法来研究中国的全要素生产率增长可能不符合中国经济发展的实际情况。因此，国内多数学者采用无须考虑特定生产函数的非参数 DEA 马姆奎斯特指数法来研究我国的全要素生产率。

四、提高全要素生产率的主要途径

尽管我国的全要素生产率在国际上处于较低水平是个很大的劣势，但若能从多种途径尽快提高全要素生产率，则可以将劣势转变为优势，即我国进一步提高全要素生产率的空间很大，这也说明，未来我国经济增长的潜力很大。生产率被视为一国经济增长的决定因素。全要素生产率以前是个“黑匣子”，后来经过经济学家的长期探索，目前认为影响全要素生产率的途径主要有技术进步、管理实践创新、资源配置效率以及其他不

① 保罗·萨缪尔森，威廉·诺德豪斯．经济学 [M]．萧琛，译．北京：商务印书馆，2013：109.

可测量的因素。因此，在供给侧结构性改革的实践中，至少可以从以下 3 个方面提高全要素生产率。

提高全要素生产率途径之一：促进技术进步。从人类社会经济发展的历史进程来看，提高全要素生产率最重要的途径是技术进步。重大的技术进步往往可以大幅度提高人（劳动）和物（资本）结合的效率。在技术水平不变或者技术进步较为缓慢的情况下，随着人均资本的增加，产出会出现边际收益递减的趋势。当人均资本由 K1 增加到 K2 时，人均产出仅由 Q1 增加到 Q2，出现了投资边际收益递减情况（见图 6-3）。但是，当有重大的技术进步产生时，当人均资本由 K1 增加到 K2 时，人均产出会由 Q1 增加到 Q3，不仅可以抵消投资边际收益递减的负面影响，而且可以出现投资边际收益递增的情况。由此可见，技术进步对于提高全要素生产率至关重要，以至于不少研究文献常将技术进步等同于全要素生产率的提高。

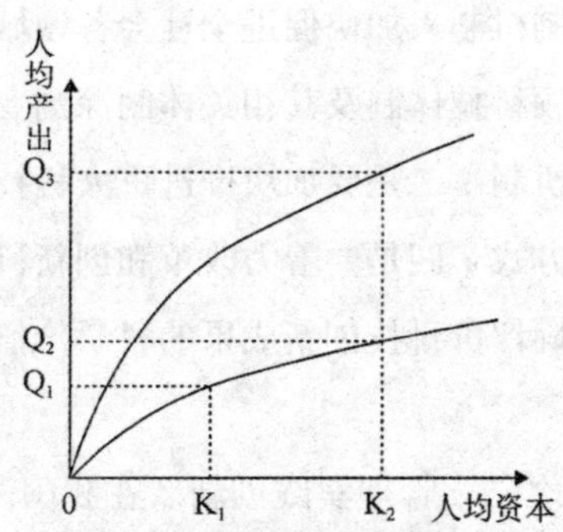

图6-3　技术进步使生产函数曲线向上移动

马克思在资本论中强调了技术进步的重要性，认为技术进步对资本具有一种“扩张能力”，从而促进了财富增长和社会进步。西方经济史学者认为，讨论增长时，马克思强调了技术与收益递增的决定作用。他认为，由于技术的原因，厂商会变得越来越大，在强调这一点时，马克思预见到了现代内生增长理论[①]家所做的研究，他们使现代经济学回到对增长与收益递增的关注上。与现代研究相比，马克思的讨论更加广泛和深远，并将注意力集中于同样的问题上——技术在决定经济运转中的重要性，以及收益递增的含义。

西方经济学的新经济增长理论则强调了政府制定适宜的技术政策的重要性。新经济

① 内生增长理论（The Theory of Endogenous Growth）是产生于 20 世纪 80 年代中期的一个西方宏观经济理论分支，其核心思想是认为经济能够不依赖外力推动实现持续增长，内生的技术进步是保证经济持续增长的决定因素。强调不完全竞争和收益递增。

增长理论的主要贡献是改变了关于经济增长和公共政策之间关系的传统思维方式。如果技术不同是导致各国生活水平差异的主要原因，且假定技术是一个可以生产出来的要素，那么关于经济增长的政策就应该着重关注国家怎样才能提高技术水平。这正是新经济增长理论的代表之一，斯坦福大学的保罗·罗默[①]所总结出来的经验：在全面理解长期经济成功的决定因素方面，经济学家可以再一次取得进展。最终我们可以向策划制定者提供一些比标准的新古典学派更具洞察力的观点，更节省也更学院化。我们有能力参加当前的政策辩论。这些辩论涉及对私人研究提供税收补贴、给从事研究开发的合资企业以反垄断豁免权、跨国公司的活动、政府特许权的作用、贸易政策与创新之间的相互关系、对知识产权的保护范围、私人企业和大学之间的合作、挑选接受公共资助研究项目的机制，还有明确的政府引导型技术政策的成本和收益，等等。

综上所述，从长期经济增长的关键动力来看，提高全要素生产率，最为关键的一步是要通过完善科技创新的体制机制来加快促进全社会各领域的科技进步。因此，我们要以推动科技创新为核心，引领科技体制及其相关体制深刻变革：一是要加快建立科技咨询支撑行政决策的科技决策机制；二是要加快推进重大科技决策制度化；三是要完善符合科技创新规律的资源配置方式；四是要着力改革和创新科研经费使用和管理方式；五是要改革科技评价制度，正确评价科技创新成果的科学价值、技术价值、经济价值、社会价值、文化价值。

提高全要素生产率途径之二：管理实践创新。在我国改革开放40多年的经济实践中，一个通过管理实践创新提高全要素生产率的典型案例就是农村的联产承包责任制。当时农村的劳动和资本这两大要素无论从数量上看还是从质量上看都没有发生太大的变化，但是由于实行了新的制度——家庭联产承包责任制，这种管理实践的创新极大地激发了农民劳动致富的积极性和创造性，使得农业产出实现了大幅度的增长。事实上，几乎所有的发达国家在经济发展过程中都非常重视管理对经济增长的促进作用。例如，美国的经济学者认为，一国的经济增长要依靠技术和管理两个“轮子”，缺一不可。日本的经济学者认为，经济增长三分靠技术，七分靠管理。无论是在企业、产业层面还是地区、国家层面，管理对全要素生产率（人和物结合效率）的提高都是至关重要的。因此，我国在深化供给侧结构性改革的过程中，应该更加注重向管理要效率，通过不断推动管理实践创新提高全要素生产率。

① 保罗·罗默（Paul M.Romer），生于1955年，美国经济学家，新增长理论的主要建立者之一。现任纽约大学经济学教授，斯坦福大学经济学教授，胡佛研究所高级研究员。

提高全要素生产率途径之三：提高资源配置效率。供给侧结构性改革初期提出的"三去一降一补"五大任务，实际上就是为了提高资源配置的效率。当时经济运行中普遍存在着产能过剩、库存高企、杠杆偏高、成本过高、短板突出等问题，通过"去产能"，旨在将有限的资源从产能过剩行业配置到产能不足、需要高质量发展的行业中去；通过"去库存"，为新的产业发展提供空间；通过"去杠杆"，将负债过高、财务风险过大的企业、行业资源配置到杠杆率相对"安全"的企业行业中去；通过"降成本"，让更多的资源配置到实体经济中去；通过"补短板"，将资源配置到社会经济发展中的薄弱环节。随着这几年"三去一降一补"五大任务的初步完成，社会资源得到了重新配置，全要素生产率得到了进一步提升。诚然，"三去一降一补"任务的初步完成，并不意味着资源配置效率工作的终结，资源配置是社会经济生活中时时刻刻都在进行的。资源在各个企业、行业、产业之间动态分配的过程，通过市场和政府的协同作用促进资源的合理配置，从而通过提高资源配置效率来提升全要素生产率，是经济发展的永恒主题。

值得注意的是，提高资源配置效率的一个重要途径是实现规模经济。所谓规模经济（economies of scale），是指所有投入的增加可以导致产出水平以更大的比例增加。例如，劳动、资本的投入增加 20%，会引起总产出的增长超过 20%。"工程师们普遍发现：现代大规模生产技术要求工厂具有最低限度的规模。"自从工业革命以来，规模经济和批量生产已经成为生产率增长的重要的因素。"如果规模报酬递增得以实现的话，那么更大规模的投入和产出势必带来更高的生产率。假设技术不变，一个普通企业的投入增加 10%，由于规模经济产出增加了 1%，因此，这个规模经济就促使其全要素生产率增加了 1%。"由此可见，实现规模经济也是提高全要素生产率的一个重要途径。

第二节　供给侧结构性改革的中观产业维度

供给侧结构性改革的宏观动力结构落实到产业层面便是中观产业结构。当我们考察产业结构时，自然会涉及三次产业结构及其内部"三大动力"结构的变动。从我国三次产业结构的变动趋势来看（见图 6-4），第一次产业占 GDP 的比重呈现出不断下降的趋势，截至 2018 年年底，其占 GDP 的比重为 7.2%。第二次产业占 GDP 的比重总体稳定，但近几年稍有下降的趋势，截至 2018 年年底，其占 GDP 的比重为 40.7%。第三次产业占 GDP 的比重则呈现出不断上升的趋势，截至 2018 年年底，其占 GDP 的比重为 52.2%。

我国三次产业结构变动的趋势与世界三次产业结构变动的总体趋势大体一致，即随着经济的不断发展，一国的三次产业结构一般都呈现出从“一二三”向“二三一”再向“三二一”演变的趋势。全面深化供给侧结构性改革，不仅需要通过改革对三次产业之间的结构进行调整和优化，而且需要对三次产业内部的“三大动力”结构不断进行调整和优化，以最终实现经济高质量发展的目标。

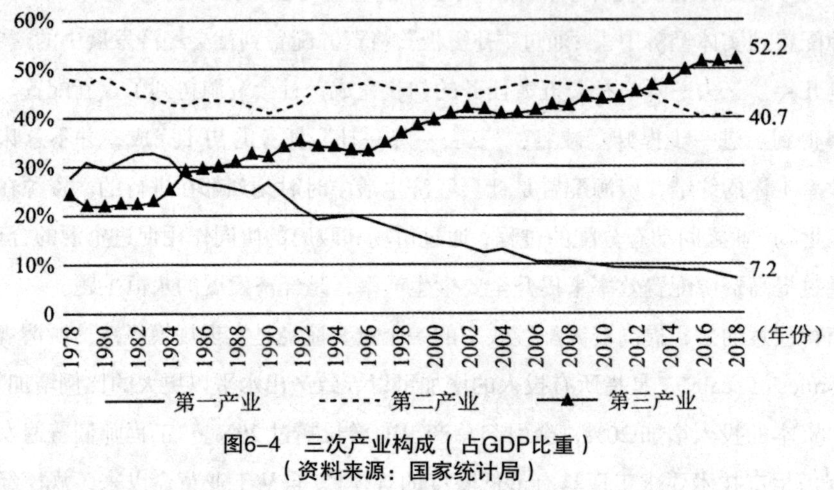

图6-4　三次产业构成（占GDP比重）
（资料来源：国家统计局）

一、以农业供给侧结构性改革为主线实施乡村振兴战略

农业的供给侧结构性改革需要同乡村振兴战略的实施相结合。党的十九大报告首次提出了“实施乡村振兴战略”。2017 年 12 月，为期两天的中央农村工作会议定方向、定思路、定目标、定任务、定要求，提出了实施乡村振兴战略的顶层设计。2018 年 2 月公布的中央一号文件全面部署实施乡村振兴战略。实施乡村振兴战略已经成为新时代“三农”工作的总抓手。在实施乡村振兴战略的过程中，必须坚持以农业供给侧结构性改革为主线，走中国特色社会主义乡村振兴道路，才能全面实现“农业强、农村美、农民富”的“三农梦”。

（一）以农业供给侧结构性改革为主线实施乡村振兴战略的基本逻辑

实施乡村振兴战略之所以要以农业供给侧结构性改革为主线，是因为农业供给侧结构性改革是实施乡村振兴战略的必然要求，也是实现乡村振兴“总要求”的重要途径。

1. 农业供给侧结构性改革是实施乡村振兴战略的必然要求

党的十九大报告指出，“大会的主题是：不忘初心、牢记使命，高举中国特色社会主义伟大旗帜，决胜全面建成小康社会，夺取新时代中国特色社会主义伟大胜利，为实现中华民族伟大复兴的中国梦不懈奋斗”。大会主题明确了全党全国人民的目标是实现中华民族伟大复兴的“中国梦”。实现“两个一百年”奋斗目标、实现中华民族伟大复兴的“中国梦”，不断提高人民生活水平，必须坚定不移把发展作为党执政兴国的第一要务，坚持解放和发展社会生产力，坚持社会主义市场经济改革方向，推动经济持续健康发展。这段话阐明了“中国梦”与“发展”之间的关系，即要实现“中国梦”，就必须把“发展”作为第一要务。科学发展必须认清历史方位。“经过长期努力，中国特色社会主义进入了新时代，这是我国发展新的历史方位。”在这个新的历史方位中，“我国经济已由高速增长阶段转向高质量发展阶段，正处在转变发展方式、优化经济结构、转换增长动力的攻关期，建设现代化经济体系是跨越关口的迫切要求和我国发展的战略目标。”即“建设现代化经济体系”是新时代发展的迫切要求和战略目标。而要建设现代化经济体系，就必须以供给侧结构性改革为主线，推动经济发展质量变革、效率变革、动力变革。实施乡村振兴战略是建设现代化经济体系的重要内容，因此，实施乡村振兴战略必然要求以农业供给侧结构性改革为主线，其基本逻辑可以概括为：中国梦——发展——新的历史方位——由高速增长阶段转向高质量发展阶段——建设现代化经济体系——实施乡村振兴战略——以供给侧结构性改革为主线。因此可见，农业供给侧结构性改革是实现“中国梦”的重要举措，是实施乡村振兴战略的必然要求。

2. 农业供给侧结构性改革是乡村振兴“总要求”的实现途径

党的十九大报告在关于实施乡村振兴战略的论述中做了如下表达：“农业农村农民问题是关系国计民生的根本性问题，必须始终把解决好‘三农’问题作为全党工作重中之重。要坚持农业农村优先发展，按照产业兴旺、生态宜居、乡风文明、治理有效、生活富裕的总要求，建立健全城乡融合发展体制机制和政策体系，加快推进农业农村现代化。”这里提出了实施乡村振兴战略的 20 个字“总要求”：产业兴旺、生态宜居、乡风文明、治理有效、生活富裕。以农业供给侧结构性改革为主线实施乡村振兴战略，是实现这一“总要求”的重要途径。这是因为“总要求”中既涉及经济基础,又涉及上层建筑，而经济基础决定上层建筑。正如马克思在《政治经济学批判序言》中的论述：“人们在自己生活的社会生产中发生一定的、必然的、不以他们的意志为转移的关系，即同他们的物质生产力的一定发展阶段相适合的生产关系。这些生产关系的总和构成社会的经济结构，即有法律的和政治的上层建筑竖立其上并有一定的社会意识形态与之相适应的现实基础。物质生活的生产方式制约着整个社会生活、政治生活和精神生活的过程。”“三农”领域经济基础的夯实和提升必须通过推进农业供给侧结构性改革来实现，即按照习近平总书记的要求，要坚持新发展理念，把推进农业供给侧结构性改革作为农业农村工作的主线，培育农业农村发展新动能，提高农业综合效益和竞争力。只有牢牢抓住农业供给侧结构性改革这条主线，才能在实现产业兴旺的基础上，真正实现生态宜居、乡风文明、治理有效、生活富裕。因此，以农业供给侧结构性改革为主线实施乡村振兴战略，是实现“总要求”的重要途径。

（二）以农业供给侧结构性改革为主线走中国特色社会主义乡村振兴道路

习近平总书记关于“三农”工作新理念新思想新战略的八个坚持，是我们党“三农”理论创新的最新成果，是习近平新时代中国特色社会主义思想的重要组成部分，为新时代“三农”工作提供了根本遵循。在实施乡村振兴战略的过程中，必须在“学懂弄通做实”“八个坚持”的基础上，以农业供给侧结构性改革为主线，通过实践创新处理好农民与土地的关系、农民与市场的关系，为农民提供从生产到生活、从“摇篮”到“天堂”的服务，促进城乡融合发展，实现人与自然和谐共生，从而达到产业兴旺、生态宜居、乡风文明、治理有效、生活富裕的“总要求”。

1. 以农业供给侧结构性改革为主线走城乡融合发展之路

实施乡村振兴战略，走城乡融合发展之路，必须以农业供给侧结构性改革为主线，推进农村一二三产业融合发展，着重做好“调结构”和“补短板”工作，促进城乡要素双向流动，加快城乡融合发展。实践表明，城和乡是一体联动的关系，城镇化离不开农业农村的现代化，农业农村现代化也离不开城镇化，城乡融合发展可以扩展市场范围，有利于提高社会劳动生产率。功能互补的城乡融合发展包括产业融合、要素融合、制度融合、文化融合等多方面的融合发展，其中产业融合是基础。研究表明，近几年我国农业与工业融合度较高，而农业与服务业融合度较低甚至呈下降趋势。因此，应该通过以下三种途径推动产业融合发展：一是生产方式融合，即以工业和服务业延伸农业产业链，形成市场主导的区域化种植、规模化生产的一体化经营模式；二是生产要素融合，包括劳动、土地、资本、创新四大要素的融合，尤其要以现代技术改善要素供给质量和结构，推进农业技术创新在“三农”领域的应用；三是发展理念融合，以新发展理念为指引，紧紧围绕统筹推进“五位一体”总体布局和协调推进“四个全面”战略布局，促进农村一二三产业融合发展。

在促进农村一二三产业融合发展的过程中，应以农业供给侧结构性改革为主线，着重做好“调结构”和“补短板”工作。这里的“调结构”主要是调整单一、附加值低的农业产业结构，并按照城乡融合发展的方向深度挖掘农业的衍生功能，延长产业链、提升价值链、完善利益链，把农业生产与农产品深加工、农产品流通以及乡村旅游融合起来发展，使农村一二三产业之间的资源、要素、市场融合渗透、交叉重组、整合集成，形成新业态、新商业模式和新的产业结构。这里的“补短板”除了常说的应进一步加强“路水气电田”基础设施建设外，还应着重补好小农户和大市场对接的“市场短板”和城乡之间“信息”及“信任”传递的“信息短板”。在此过程中，需要各级政府加强政策支持和组织引导，千方百计地把农户组织起来，通过搭建产销对接平台、集中采集和传播供求信息、制定规范市场行为主体的奖惩规则，补好城乡融合发展的“市场短板”和“信息短板”走城乡融合发展之路。除了加快推进农村一二三产业融合之外，还要着力以农业供给侧结构性改革为主线，建立健全城乡融合发展的体制机制和政策体系，“重点是全面深化城乡综合配套改革，构建城乡统一的户籍登记制度、土地管理制度、就业管理制度、社会保障制度以及公共服务体系和社会治理体系，促进城乡要素自由流动、平等交换和公共资源均衡配置”。

2. 以农业供给侧结构性改革为主线走共同富裕之路

实施乡村振兴战略，走共同富裕之路，必须以农业供给侧结构性改革为主线，把农民组织起来实现“产业兴旺”乡村振兴，生活富裕是根本。实践证明，单凭一家一户、各自为战的小农户生产是无法同大市场对接，实现农业农村现代化从而实现生活富裕的，必须通过一定的形式把农民组织起来走共同富裕之路，才会产生市场力量和规模效益。组织起来的小农户通过农业供给侧结构性改革实现“产业兴旺”，才能真正走向共同富裕。例如，贵州省的“资源变资产、资金变股金、农民变股东”的“三变”改革新路径，实际上是从农业供给侧的长期生产要素入手解放和发展社会生产力，激活了农村发展的内生动力，促进了农户与经营主体“联产联业”“联股联心”，推动了农村经济规模化、组织化、市场化发展，探索了一套行之有效的产业脱贫之路，在全国引起了强烈反响。“三变”改革使百姓走向共同富裕之路，令原来的分散生产聚合为“产业大军”，在对接“大市场”的过程中不断调节供给结构，实现了更高层次的供求平衡。农业供给侧结构性改革，重点是解放和发展社会生产力，用改革的办法推进结构调整，减少无效和低端供给，扩大有效和中高端供给，增强供给结构对需求变化的适应性和灵活性，提高全要素生产率。除了“三变”改革，还可以围绕劳动、土地、资本和创新这四大生产要素，尝试以各种方式推进农业供给侧结构性改革，以实现产业兴旺、共同富裕。

3. 以农业供给侧结构性改革为主线走质量兴农之路

实施乡村振兴战略，走质量兴农之路，必须以农业供给侧结构性改革为主线，通过调整农产品结构、生产优质农产品来满足消费者需求，以实现提质增效。近年来，我国农业综合生产能力显著提高，突出的标志是粮食总产连续5年超过1.2万亿斤，肉蛋菜果鱼等产量稳居世界第一。过去是8亿人“吃不饱”，现在是14亿人“吃不完”。当前农业的主要矛盾由总量不足转变为结构性矛盾，人们对农产品的需求已经由“有没有”“够不够”向“好不好”“优不优”转变。随着城乡居民消费结构加快升级，人们不仅要求吃得饱，而且要求吃得好、吃得营养健康。从农业供给体系看，市场需求旺盛、适销对路的高品质农产品，国内生产供给不足，或者供应成本高，许多国内需求漂洋过了海，中高端农产品进口显著增加；而一些大陆货品种，虽然国内生产供应充足，但卖不上价，甚至积压滞销。因此，实施乡村振兴战略的当务之急是以农业供给侧结构性改革为主线，提升农产品供给质量。一方面，要建立产、学、研融合的农业科技创新联盟，加强农业绿色生态、提质增效技术研发应用，深入推进农业绿色化、优质化、特色化、品牌化；另一方面，要完善农产品质量和食品安全标准体系，加强农业投入品和农产品质量安全追溯体系建设，健全农产品质量和食品安全监管体制。农产品质量的提升关键在于科技创新手段在“三农”领域的创造性应用。当前，不少省、市、县、乡村都在积极主动地运用科技创新手段改善农产品质量。例如，山东省按照习近平总书记视察山东时提出的“给农业插上科技的翅膀”的要求，深入实施农业科技展翅行动，持续推进良种工程，运用互联网、大数据等技术改造提升传统农业。同时，加快推进蔬菜标准认证中心建设，争取制定国家蔬菜质量标准，打造山东蔬菜的“金字招牌”，努力把山东建成全国农产品最安全、最放心的地区之一。农业农村部还将2018年确定为“农业质量年”，并制定和实施了一系列国家质量兴农战略规划。

4. 以农业供给侧结构性改革为主线走乡村绿色发展之路

实施乡村振兴战略，走绿色发展之路，必须以农业供给侧结构性改革为主线，念好“山海经”、唱好“林草戏”，让所有的生产要素在符合绿色发展理念的前提下发挥作用。首先，要推行绿色生产方式，“统筹山水林田湖草系统治理，把山水林田湖草作为一个生命共同体，进行统一保护、统一修复”。以农业供给侧结构性改革为主线，充分挖掘“自然资本"，树立"绿水青山就是金山银山"的强烈意识，增加农业生态产品和服务供给。发展特色农业和绿色产业，促进化肥农药零增长，多搞绿色种植、生态循环种养、休耕轮作，防止城市和工业污染向农村转移。"对山水林田湖实施更严格的保护，加快生态脆弱区、地下水漏斗区、土壤重金属污染区治理，打好农业面源污染治理攻坚战"。其次，要推行绿色生活方式，把绿色发展理念融入乡村百姓的日常生活中，如统筹规划城乡供水、污水处理等基础设施，保障农村饮用水安全，不断创新农村污水处理方式；因地制宜地创新农村垃圾处理方式，改变农村垃圾乱堆放的情形，提高农村垃圾处理水平。再次，推广环保技术促进绿色发展，例如，通过采用环保技术对秸秆、粪便、餐厨垃圾等有机废物进行发酵处理，使其产生的沼渣、沼液可以转化为有机肥还田；产出的天然气可以提纯为新能源汽车燃料，从而实现经济效益、环境效益和社会效益的有机统一。最后，要建立市场化、多元化生态补偿机制。落实农业功能区制度，加大重点生态功能区转移支付力度，完善生态保护成效与资金分配挂钩的激励约束机制。总之，要通过加快农业供给侧结构性改革让居民望得见山、看得见水、记得住乡愁，要像保护眼睛一样保护生态环境，像对待生命一样对待生态环境。

（三）以农业供给侧结构性改革为主线实施乡村振兴战略需要注意的问题

实施乡村振兴战略，必须以农业供给侧结构性改革为主线，统筹规划，扎实推进。知易行难，在实施乡村振兴战略的实践中还需要注意处理和解决好以下几方面问题。

1. 汲取以往"三农"工作经验教训做好科学规划

中央农村工作会议和中央一号文件为实施乡村振兴战略提供了行动指南，但在实施过程中，务必要强化乡村振兴规划引领，制定国家乡村振兴战略规划，部署若干重大工程、重大计划、重大行动。实施乡村振兴战略是一项长期的历史性任务，要科学规划、注重质量、从容建设，不追求速度，更不能刮风搞运动。实施乡村振兴战略要像修红旗渠那样一干十年，甚至几十年，不要频繁地改变工作重点，一会儿搞新农村建设，一会儿搞小城镇建设，一会儿搞美丽乡村建设。以往基层干部在比较频繁的"目标变动"中缺少工作上的长远眼光和系统思考，容易"一哄而上"、盲目跟风，造成大量人力、物力、财力上的资源浪费。实施乡村振兴战略对方方面面都要进行系统思考合理部署，例如当前强调产业带动是正确的方向，但是产业培育需要一个过程。"建设"可以立竿见影地带动就业和经济增长。除了基础设施建设，若对乡村住房建设加以正确引导，同样可以发挥很大的振兴功能。在乡村，房子对农民来说是命根子般的大事情，村民愿意将辛辛苦苦积攒的钱建房子，但房屋的质量、档次、文化内涵存在着较大的局限性。改革开放以来，我国的农民住房大致经历了四代演进，建了拆、拆了建，过短的周期造成了很大浪费和污染。若以村为单位做出“百年民房”规划（村民在规划专家指导下民主集中决策），不许农民再私自乱建，凡是新建住房都要符合当地规划，按规划建房可以享受政策补贴，这样，就可以鼓励农民在追求美好生活的愿望下，一方面发展产业，一方面科学建房，从而带动当地就业，促进乡村繁荣。另外，实施乡村振兴战略应该有科学正确的“政绩”指挥棒，不能再用财政“砸钱”的方法“垒大户”。今后“政绩”的衡量，既要看“点”，更要看“面”，要惠及大多数老百姓。总之，实施乡村振兴战略，应该稳扎稳打地结合“两个阶段”的战略安排，对实施乡村振兴战略作出科学规划，要久久为功、善作善成，“一任接着一任干，一张蓝图绘到底”。

2. 避免“一刀切”而不给基层部留下创造空间

实施乡村振兴战略，在顶层设计和科学规划指引下，一定要因地制宜，不能一个模式“一刀切”。各地区差异很大，需要实施“差异化”政策。如果“统”得太死，不仅政策上容易“挂一漏万”，更重要的是绑住了基层干部的手脚。基层干部没有创造的空间，就没有积极性的迸发，就没有朝气蓬勃的乡村振兴局面。因此，各级各部门领导要充分相信基层干部的家国情怀，相信基层干部群众的创造力，不要过于频繁地层层传导“压力”，而是要持续地传导激发干劲儿的“动力”。在实施乡村振兴战略的过程中，要真正落实 2018 年中央一号文件的基本原则：坚持因地制宜、循序渐进。

科学把握乡村的差异性和发展走势分化特征，做好顶层设计，注重规划先行、突出重点、分类施策、典型引路。既尽力而为，又量力而行，不搞层层加码，不搞“一刀切”，不搞形式主义，久久为功，扎实推进。

3. 找准薄弱环节下大力气做好“补短板”工作

实施乡村振兴战略，必须找准薄弱环节，下大力气做好补短板工作。在物质层面着重搞好产业兴旺、生态宜居的基础设施和公共服务；在精神层面搞好基层党组织建设，抓好乡风文明和社会治理，在此基础上才能真正达到生活富裕。具体包括以下几个方面：一是路。路不通，老百姓“出行难”的问题不解决，产业和业态不可能布置到农村。二是水。要解决饮水供给、污水处理和灌溉用水问题，加大水利设施投入。三是电。电和通信要普及到村，互联网不进入农村，产品出不去，消费就上不来。四是田。在土地整理上持续投入，才能实现可持续发展。五是环境治理。一些地方生态环境欠账不少，必须结合“三大攻坚战”狠抓生态环境治理。六是公共服务。要进一步推动医疗、教育均等化。七是特色产业。在搞好基础设施和公务服务基础上，重点找准产业定位，促进产业兴旺、生态宜居。八是基层党建。由“宽松软”到“严紧硬”，必须把党员组织起来，把群众发动起来，在促进产业兴旺、生态宜居建设中同步推进乡风文明和社会治理，“一个也不能少”地奔向富裕生活。

4. 鼓励基层通过试点尝试突破性的制度创新

实施乡村振兴战略有很多需要进一步深入探讨研究的问题，比如机制体制的创新改革、配套政策和财力保障、基层组织建设和治理能力提升等。实践出真知，为了顺利实施乡村振兴战略，应该积极鼓励基层干部因地制宜地进行突破性的制度创新。例如，当务之急是解决农村“人”的问题。靠吸引能人回乡创业效果有限。县里的“能人”在公务员、事业单位和企业里。公务员不允许经商，但事业单位的人，国有企业的人，若允许他们在经营链条的某个环节上发挥作用，则可以极大地整合人力资源，调动人的积极性，加快小农户和大市场的对接。除了“人”的问题，还有“地”和“钱”的问题也需要尝试突破性的制度创新。例如，“资源变股权、资金变股金、农民变股民”的“三变”发展模式深入人心，但现在的土地确权是基于“增人不增地、减人不减地”制度上的“农户”确权，若能以自然村或者行政村为单位进行土地“确权”，这个“权”是村集体的“权”而非个人的“权”，个人的“权”由村集体（全体村民决策）根据本村的“增人增地、减人减地”情况动态微调（有的县一直这么做效果不错），如此既可以充分发挥“组织起来”的集体的力量，也可以充分保护农民利益，在解决日益突出的“增人不增地、减人不减地”矛盾的基础上，完善“三变”模式，促进乡村振兴。“钱”的问题，可建议中央有关部门出台相关制度措施倡导习近平总书记曾在浙江首创的“三位一体”农村新型合作体系，推广“合作金融”模式（如广东省清远市和陕西省延安市志丹县合作金融效果显著）。“人”“地”“钱”的问题顺畅地解决了，产业兴旺才能真正落到实处，乡村振兴战略才能顺利实施。

二、以制造强国为目标深化工业供给侧结构性改革

我国在 2012 年第三产业占 GDP 的比重与第二产业占比持平，皆为 45.3%。从 2013 年开始，第三产业占 GDP 的比重达 46.7%，超过了所占比重为 44% 的第二产业。2018 年，三大产业增加值占 GDP 的比重分别为：第一产业占 7.2%、第二产业占 40.7%、第三产业占 52.2%。因此，有观点认为，我国已经从工业时代进入服务时代，但是，在这个所

谓的“服务时代”，我们却应该清醒地看到制造业的战略地位，必须把制造强国作为经济发展的战略选择。虽然第三产业占 GDP 的比重已经超过第二产业占比，但从产业包括的具体行业来看，第三产业中目前还没有哪个行业的增加值占 GDP 的比重超过两位数，而第二产业中的制造业增加值占 GDP 的比重已接近 1/3。因此，若以行业增加值对 GDP 增长的贡献来看，制造业毫无疑问是我国的第一大行业。

制造业在一国工业化发展中有其特殊的重要性。有“美国工业化的宪章”和“美国经济发展的预言书”之称的《关于制造业的报告》指出，发展制造业至少可以带来 6 个方面的长远利益，即促进劳动分工、拓展机器的使用、增加就业、促进人才多样性发展、为企业发展提供更丰富多样的空间、为国内农产品提供稳定需求。因此，制造业属于工业化国家的战略性支撑产业。2017 年 12 月 12 日，习近平总书记在视察江苏时指出，必须始终高度重视发展壮大实体经济，抓实体经济一定要抓好制造业这一重要讲话，深刻指出了制造业之于实体经济、实体经济之于经济发展的重大意义，具有很强的针对性和指导性。

实践和研究表明，制造业是能否跨越中等收入陷阱的关键变量。自第二次世界大战以来，世界上只有 11 个经济体跨越中等收入陷阱、成功迈入了高收入国家的行列。这些经济体成功的“共性”是都经历了持久和深入的工业化，并在进入中等收入之后 20 年至 25 年达到顶峰。顶峰时期的制造业就业比例达到 35%，增加值达到 GDP 的 40% 以上。此后，随着“去工业化”进程的出现，制造业的就业及增加值占比逐渐下降，但是制造业的劳动生产率却继续保持上升势头，有着较强的创新能力。反观那些陷入中等收入陷阱的经济体，它们没有进行彻底的工业化，没有制造业的持续发展，或者过早地开始了“去工业化”进程，制造业的劳动生产率没有竞争力，最终掉入了所谓的中等收入陷阱。制造业之所以对一国的兴衰如此重要，是因为制造业是一个国家技术创新的源泉，也是生产性服务业发展的动力，更是一个国家在国际市场竞争中保持领先地位的关键。

遗憾的是，近些年来，在我国有些地方或多或少地出现了过早的“去工业化”的倾向。其中一个重要原因是在学术界和实务界有意无意地形成了这样一种评价“标准”：通过看三大产业结构来评价一个地方产业结构调整和产业升级的状况，即根据配第—克拉克定律，似乎第一产业、第二产业比重下降得越快，第三产业比重上升得越快，第三产业占比超过第二产业占比越多，说明这个地区的产业结构调整与升级的效果越好。这样的评价误区使得一些地区忽视了工业特别是制造业对于国家战略的重要性，进而较早地进入了“去工业化”阶段，这对制造业发展是个不小的伤害。直到习近平总书记强调把制造业作为国家战略选择，全国各地对制造业才有了更为全面深刻的认识。2017 年 4 月 20 日，习近平总书记在广西考察时强调，一个国家一定要有正确的战略选择。我们的战略选择就是要继续抓好制造业。中国是个大国，必须做强实体经济，不能“脱实向虚”，要虚实结合，以实为基础。制造业是实体经济的重要组成部分。要以创新驱动，实现新旧动能转换。同时，做好知识和人才的积累。

深入推进工业供给侧结构性改革对于我国实现经济高质量发展具有历史性、全局性的重要意义。以制造强国为目标深化工业供给侧结构性改革，必须有明确可行的制造强国战略，不断增强制造业的竞争力与控制力，同时尽快完善有利于促进制造业发展的产业政策。

（一）我国制造业发展的百年图景

我国由“制造大国”迈向“制造强国”尚需时日。从 1949 年中华人民共和国成立以来至 2049 年中华人民共和国成立 100 年的时间里，我国制造业发展的百年图景大致可以分为三个阶段：第一阶段为 1949—1978 年。这一阶段中我国制造业实现了“从无到有”。在计划经济体制下我国集中配置有限的资源，初步建立了独立且相对完整的制造体系：包括 2000 多家骨干企业、科研院所和院校；45 个大型生产科研基地；30 多个新兴工业城市。第二阶段为 1978—2015 年。这一阶段中我国制造业实现了“从有到大”。2010 年我国不仅成了全球制造业第一大国，而且制造业体系愈加完善，制造业的整体质量不断提升。首先，我国制造业引进了先进的技术以及管理技术，放开、搞活了地方制造业，激发了各领域的创新活力；其次，我国制造业逐步形成了在国际市场上的竞争优势：规模巨大、门类齐全、体系完整、部分领先；最后，我国制造业应用互联网的优势明显，目前已经拥有全球覆盖最广的宽带网络、规模最大的网民、增长最快的信息应用市场。第三阶段为 2015—2049 年。这一阶段中我国制造业将实现“从大到强”。我国正在实施“制造强国战略”，通过三个 10 年，分“三步走”，成为引领全球创新发展的制造强国。

“三步走”的制造强国战略规划目标十分明确。第一步：力争用 10 年时间迈入制造强国行列。到 2020 年，基本实现工业化，制造业大国地位进一步巩固，制造业信息化水平大幅提升。掌握一批重点领域关键核心技术，使优势领域竞争力进一步增强，产品质量有较大提高，制造业数字化、网络化、智能化取得明显进展。重点行业单位工业增加值能耗、物耗及污染物排放明显下降。到 2025 年，制造业整体素质大幅提升，创新能力显著增强，全员劳动生产率明显提高，两化（即工业化和信息化）融合迈上新台阶。重点行业单位工业增加值能耗、物耗及污染物排放达到世界先进水平，形成一批具有较强国际竞争力的跨国公司和产业集群，在全球产业分工和价值链中的地位明显提升。第二步：到 2035 年，我国制造业整体达到世界制造强国阵营中等水平。创新能力大幅提升，重点领域发展取得重大突破，整体竞争力明显增强，优势行业形成全球创新引领能力，全面实现工业化。第三步：中华人民共和国成立 100 年时，制造业大国地位更加巩固，综合实力进入世界制造强国前列。制造业主要领域具有创新引领能力和明显竞争优势，建成全球领先的技术体系和产业体系。

（二）增强制造业的竞争力与控制力

中兴芯片事件和美国对华为的打压使我们清醒地认识到关键核心技术以及制造业竞争力和控制力的重要性。面对我国制造业"大而不强"的现状，为了进一步提升制造业的竞争力和控制力，在深化供给侧结构性改革的过程中，应着重加快建设制造强国，加快发展先进制造业，推动互联网、大数据、人工智能和实体经济深度融合。支持传统产业优化升级，"促进我国产业迈向全球价值链中高端，培育若干世界级先进制造业集群"。为此，需要紧紧抓住技术创新这个"牛鼻子"，加快建设创新型国家。习近平总书记指出，"实践反复告诉我们，关键核心技术是要不来、买不来、讨不来的。只有把关键核心技术掌握在自己手中，才能从根本上保障国家经济安全、国防安全和其他安全。要增强四个自信，以关键共性技术、前沿引领技术、现代工程技术、颠覆性技术创新为突破口，敢于走前人没走过的路，努力实现关键核心技术自主可控，把创新主动权、发展主动权牢牢掌握在自己手中"。关键核心技术的创新突破需要在顶层设计的前提下，建立各创新主体和相关部门的协同创新机制。加快建立和完善支持协同创新的科研政策、财税金融政策、人才政策、国际合作政策和相关的法律法规。同时，在全社会营造支持关键核心技术创新的良好生态环境。

制造业必须通过不断创新提升竞争力，而创新不一定完全依赖于研发的投入。有大量实证研究文献支持企业内部研发活动的重要性，并将其视为提高生产率和竞争力的技术创新的主要来源。理论界和实务界普遍认为：由研发引起的创新是发达国家经济增长的关键动力来源。然而，某些实证研究显示，有相当数量的企业并未在研发上做出任何投入，却依然保持了持续的创新能力。例如，一项针对美国大型企业的调查表明，24%

的企业没有任何正式的研发投入。针对总部位于西班牙的企业进行的一项分析表明，71% 的受访企业没有任何正式的研发活动。基于“欧共体创新调查”数据的研究认为，超过半数的欧洲创新型企业并未进行研发。针对德国制造业的研究揭示了所有创新型企业（近些年引进新产品或新工艺的企业）中，近 44% 的企业并未开展内部研发。该研究还发现，非研发类创新型企业与研发类创新企业在绩效上所差无几。德国一些研发水平低下的制造企业至少能够取得与研发密集型企业相同甚至稍微更高水平的生产力，这对新古典主流创新理论提出了挑战。因此，《德国制造业创新之谜》一书给出了这样的结论：“除了基于研发的创新之外，非技术维度或创新模式如服务、市场营销、组织等方面的创新和源于实践的知识，也被视为有助于企业取得经济成功的独特的创新类型。这些创新的维度呼应了熊彼特对创新的广义定义，这种广义定义涵盖的不仅是新产品，还包括与新产品相关的服务开发、创新性组织或市场营销概念的运用，以及创新性制造技术在较早阶段的使用。”综上所述，我国制造业要提升竞争力，亟须借鉴德国制造的“秘密武器”，在重视研发投入的同时要高度重视以非研发创新塑造持续竞争力。

随着经济发展的复杂化和高级化，“生态化”已成为提升产业竞争力的重要趋势，制造业竞争力的提升可以通过“生态化”取得进展。“集群化”的概念早已有之，“融合化”的概念在近些年来不断强调一二三产业融合发展的背景下得以广泛传播。但是，随着经济发展的日益复杂化和科学技术发展的突飞猛进，在理论和实践层面出现了对产业发展“生态化”概念的认知和探讨。在理论界，一些学者认为，科学技术的发展特别是互联网和物联网技术的发展，使人们对世界的认识发生了观念上的根本变化，即正在由牛顿思维观向量子思维观转变。经典的牛顿思维观假定所有事物都是确定的、可预测的，如同机器一般运转。在这种思维观下，企业（产业）重视效率、强调目标和结果。“牛顿式领导”追求事物发展的稳定性和逻辑性。现代的量子思维则强调事物的不确定性，将宇宙描述成一个不断进化的、包含着整体的、深层次联通的自我组织系统。企业领导人面临着工业革命时代以来最大的一场技术颠覆性革命，需要由牛顿思维观向量子思维观转变，“以便创造性地去适应更快速和复杂的变化、环境的不确定性与风险、全球范围内的关联性、去中心化，以及员工、顾客、公民对道德和人生意义的更大需求”。因此，“子式领导”善于学习如何应对不稳定性和不确定性，并从中获得成长。随着理论层面的思维变革，实践层面出现了产业生态化的萌芽。例如，近些年来，青岛海尔集团构建了以物联网技术为桥梁的 COSMOPlat 平台。这个平台如今形成了一个涵盖服装、建陶、健康等15类行业的生态系统，其核心目的是在产业“生态圈”内为用户创造最佳体验。产业生态化使海尔集团在管理变革和经营绩效上均取得了突破性的成就。COSMOPlat已被世界标准组织iEEE、ISO等批准，牵头制定了大规模定制的国际标准。2018年5月，哈佛商学院刊登了题为《海尔：一家孵化创客的中国巨头企业》的案例文章，认为今天的海尔集团已经不再是传统的制造企业，而是在产业生态圈内孵化各种创客的平台。这个平台实现了供给同需求之间的“零距离”，创造了未来发展空间的无限可能性。这种产业生态化的发展趋势很可能会成为未来供给侧结构性改革的重要方向，对提升制造业的竞争力具有重要的参考价值。

为了提升产业控制力，除了要加快关键核心技术的研发进程，还要有清晰的战略战术。以芯片制造业为例，它被称为“电子产业的心脏”“现代工业的粮食”“信息时代的大脑”，对我国从“制造大国”向“制造强国”迈进至关重要。目前，我国使用的大量芯片都依赖进口。由于芯片一般是指集成电路的载体，因此，这里用集成电路进出口额可以近似地推断出芯片的进出口额。根据海关总署数据（见图6-5），2018年我国集成电路出口额为846.4亿元，进口额为3120.6亿元，逆差额为2274.2亿元。2018年芯片自给率仅为15.3%。《国家集成电路产业发展推进纲要》制定的目标是到2020年芯片自给率达到40%，到2025年进一步提高。我国在相当长的一段时期内，恐怕难以在整个芯片产业链上赶超国际先进水平，需要采用“环节控制”的战略战术以形成“反制”能力，从而提高产业控制力。一般来说，芯片制造业主要包括五个环节：设计、材料、生产、设备、封测。这五个环节我国都有相关的上市公司，比其他国家（包括美国）还要全面。但是，我国的芯片企业规模小、实力弱。2018年，A股69家芯片相关的上市公司市值总和还抵不上英特尔一家公司的市值。我国芯片企业在市场占有率、利润、研发投入等方面的指标与国际先进企业差距甚远。我国芯片企业仅在芯片业的细分市场有部分优势，在通用芯片领域缺少国际竞争力，芯片产业赶超难度非常大，因为产业投入大、工艺要求高、耗时特别长、更新特别快、后发有劣势。因此，一些专家认为，我国的芯片制造业应该追求“环节控制”，即围绕产业链布局创新环节，集中资源和力量在产业链的某个环节上加快创新突破，以便在国际市场上形成“卡别人脖子”的能力。正所谓“伤其十指不如断其一指”，应以产业链的关键环节增强产业链整体控制力。

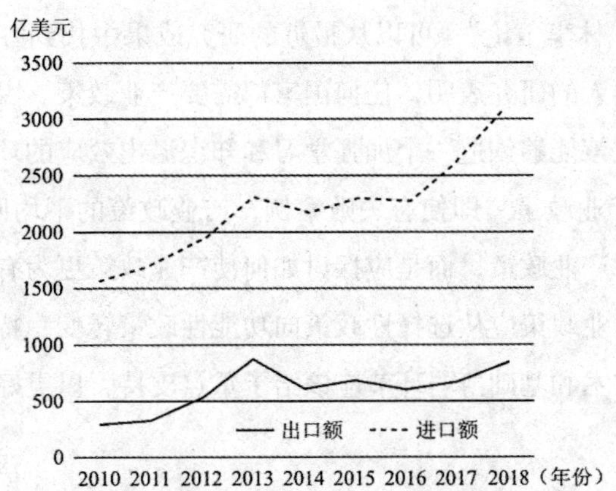

图6–5　我国集成电路进出口额（资料来源：海关总署）

（三）完善促进制造业发展的产业政策

在产业向集群化、融合化和生态化发展的过程中，是否需要以及需要什么样的产业政策一直存在着争议。2016年11月9日，著名经济学家林毅夫与张维迎在北京大学举行“产业政策思辩会”，辩论的核心议题是政府该不该通过产业政策促进经济发展。林毅夫强调“有效市场”和“有为政府”相结合，认为有效市场能够很好反映各种要素相对稀缺性的价格体系，并具有充分竞争的市场。在市场之外，为完善技术创新、产业升级所需要的软性和硬性的外部环境，为企业发展提供必要的基础设施，政府产业政策在其中的作用非常关键。但是，“有为政府”并不代表政府可以“乱为”，政府必须根据市场失灵设计出解决问题的机制，促进社会整体福利水平的提升，而不能以机制设计为名来追求自己或小圈子的利益。产业政策应该基于产业发展需要的基础设施与基础学科的创新给予适当的扶持和资助。张维迎则强调，应该重视市场和“企业家精神”，他认为产业政策是“穿着马甲的计划经济”，而计划经济注定会走向失败，因为人类真正的技术创新皆为市场竞争的产物，而非政府计划的结果。正是企业家的创新，使得市场不断创造出新的产品、新的技术，并由此推动消费结构和产业结构的不断升级。他认为，政府不应该阻止任何人吃螃蟹，但也没有必要为吃螃蟹买单。产业政策对于特定产业的扶持不能起到产业升级的作用，反而会起到反作用。产业政策中激励机制的扭曲，还容易导致企业家和政府官员的寻租行为。因此，他主张应废除任何形式的产业政策。政府不应该给任何产业、任何企业“吃偏饭”。政府并不比市场更有能力解决问题，所以“没有产业政策就不可能成功”是个伪命题。

其实，无论是发展中国家，还是发达国家，在经济调控的实践中都或多或少地采用了产业政策。对于“林李争论”，可以从最近的研究成果中找到答案。诺贝尔经济学奖获得者斯蒂格利茨等人的研究表明，任何国家都需要产业政策。因为，产业政策能够改善市场失灵。产业政策能够创造一个加强学习和知识溢出效应的环境，经济发展成功的国家几乎都实施过产业政策。即使有失败案例，产业政策的平均回报也是正的。因此，当前不必争论要不要产业政策，而是应探讨如何使产业政策更为有效。国内理论界多数观点认为，我国的产业政策应从选择性政策向功能性政策转变，特别是对制约制造业转型升级的一些共性技术和基础薄弱环节应该给予重点支持，以更好地促进制造业的供给侧结构性改革。

三、深化服务业供给侧结构性改革

长期以来，随着工业化进程的演进，“工不富”的思想影响深远，从而导致我们在很长一段时期内对服务业相对忽视，“把服务业置于工业化的辅助部门发展，进而导致服务业发展只注重规模,不注重质量和效率,制造业与服务业劳动生产率差距持续拉大”。我国经济高质量发展离不开服务业的提质升级，迫切需要加快服务业供给侧结构性改革的步伐。深化服务业供给侧结构性改革，应着力落实现代服务业改革发展举措，包括打破垄断，放松管制，扩大服务业对内、对外开放；改革对服务业限制较多的投资审批体制；创新服务业新业态、新模式的监管方式；完善服务业信用体系建设；深化服务业价格改革等。加快医疗、养老、教育、文化、体育等多领域推进“互联网+”。这里着重探讨了在打破垄断中优化供给结构、推进生产性服务业与制造业的深度融合，以及进一步深化金融供给侧结构性改革这 3 个重要问题。

（一）在打破垄断中优化供给结构

我国服务业在发展中既存在着总量问题，也存在着结构问题。从总量上看，我国服务业增加值占 GDP 比重虽然已经超过 50%，但与其他国家相比仍然处于较低水平。“全球服务业平均水平已达到 60% 以上。我国服务业增加值比重不仅明显低于美国、英国等发达国家接近 80% 的水平，而且也低于发展中国家中的印度、俄罗斯等国家 60% 的水平。从结构上看，我国服务业的结构问题似乎比总量问题更为突出，主要是传统的劳动密集型服务业较多，现代生产性服务业发展尚不充分。无论是总量问题还是结构性问题，都需要通过深化改革加以解决。“中国服务业发展滞后，最大的制约是体制机制障碍，出路在于改革开放。要坚持社会主义市场经济的改革方向，最大限度地释放改革红利，最大限度地依法依规为服务业发展松绑”，让企业轻装上阵，增添活力和创造力打破垄断、扩大对内和对外开放，是为服务业“松绑”的重要前提。只有打破垄断，才能激发服务业活力,加快提升总量。同时,通过市场这双“无形之手”的调节实现行业资源高效配置,优化服务业内部结构。为此，打破服务业行政垄断、放松服务业市场管制迫在眉睫。行政垄断和市场管制是当前制约服务业发展的突出难题。国有企业在教育、文化传媒、医疗卫生、金融、交通运输和公用事业等领域的投资占比超过 2/3。要改变这些状况，就必须大胆地进行制度创新，参照国际通行的做法，以市场准入负面清单为核心，建立服务领域平等规范、公开透明的准入标准，并适时动态调整除了少数涉及国计民生的重要领域外，应积极鼓励社会资金进入服务业，鼓励民间资本参与公共事业单位改制和投资，提高服务业的非公有制经济比重。

在打破垄断的过程中，不仅可以优化服务业内部的供给结构，而且可以优化整个国民经济的供给结构。以“劳动结构”为例：一方面，打破服务业垄断会促进服务业发展，从而会促进就业机会的增加。“根据国家统计局的数据测算，服务业每增长 1 个百分点就可以创造约 100 万个就业岗位，比第二产业多 50 万个左右。”这样，在供给侧结构性改革过程中，从工业领域某些“僵尸”企业分离出来的人员会有更加广阔的就业空间。另一方面，打破服务业垄断会促进高端人力资本流动。这是因为，中国现代服务业的很多部门，一部分在电信、金融、铁路、航运以及电气等公共服务部门，这些部门以其垄断力吸引了很大一部分高层次人力资本，但是，又不能提供较高的生产效率。为此，需要把事业单位改革与放松管制相结合，盘活人力资本力量，提升服务业的效率及其外部性，培育核心竞争力。打破服务业垄断会使原有的垄断服务部门盈利能力下降，从而有利于引导高端人力资本流向其他领域，特别是流向国家政策支持鼓励的战略性行业。人力资本的优化实际上就是供给侧“三大动力”中“劳动结构”的优化，“劳动结构”的优化无疑会促进供给侧结构性改革，从而促进整个国民经济结构的优化，有利于推动我国经济高质量发展。

（二）推进生产性服务业与制造业的深度融合

发展制造业是我国的战略选择。制造业的转型升级离不开服务业特别是生产性服务业的高质量发展。生产性服务业包括为生产活动提供的研发设计与其他技术服务，货物运输、通用航空生产、仓储和邮政快递服务，信息服务，金融服务，节能与环保服务，生产性租赁服务，商务服务，人力资源管理与职业教育培训服务，批发与贸易经纪代理服务，生产性支持服务等。

生产性服务业与制造业之间的关系主要有以下 4 种代表性观点：一是需求主导论，其认为制造业是生产性服务业发展的基础和前提，处于需求主导地位；二是供给主导论，其认为生产性服务业是制造业生产效率和竞争力得以提升的关键因素，处于供给主导地位；三是互补依赖论，其认为生产性服务业与制造业之间是相互作用、相互依赖和共同发展的互补性关系；四是融合发展论，其认为随着新技术、新业态的深入演变发展，生产性服务业与制造业之间的界限将越来越模糊，并出现不断融合的发展态势。无论哪种观点，生产性服务业和制造业之间关系密切则是各种观点的“公约数”。因此，在我国服务业已占 GDP 较大比重的情况下，应该正确认识生产性服务业与制造业深度融合的重要性，通过深化供给侧结构性改革使二者相互促进、相得益彰，不断提高全要素生产率，从而持续提升我国宏观经济的综合竞争力。

我国的产业结构由“二三一”进入“三二一”后，同世界产业结构演变的一般规律总体一致，这通常被认为是经济结构高级化的表现。然而，“服务业占比的上升并非必然是产业结构的优化升级。服务业占比的上升，既可能是需求拉动的，也可能是供给推动的，既可能是产业分工细化引起的，又可能是制造业的相对衰败导致的，还可能是服务业的相对价格变动造成的，而非服务业生产能力的真正提升”，即使在一段时间内服务业占主导地位后可以合作是服务业生产率提升的结果，也不能保证长期内服务业生产率可以保持持续的提升。而且随着服务业的发展，可能还会出现“鲍莫尔成本病”：相对于劳动生产率“进步部门”（如制造业），劳动生产率“停滞部门”（如服务业）供给的商品和服务费用会越来越高。国际经验表明，促进产业结构真正向高级化发展的关键是生产性服务业和制造业在深度融合中不断提高各自的生产率，这是促使国民经济持续健康发展的“制胜法宝”，也是发展中国家跨越“中等收入陷阱”的“秘密武器”。具体来说，其经济学逻辑表述如下：发展中国家跨越“中等收入陷阱”需要保持全要素生产率的持续提升，在服务业占主导地位以后，持续提升生产性服务业的生产率至关重要。实践表明，生产性服务业比消费性服务业具有更快的增长速度和更高的劳动生产率，而生产性服务业劳动生产率的提高离不开制造业特别是高端制造业生产率的提高。研究表明，我国生产性服务业与制造业尚未形成高效的双向协作发展关系。尽管我国已是制造大国，但与之相配套的生产性服务业仍不发达。为此，需要从深入推进供给侧结构性改革入手，促使生产性服务业价值链有效嵌入制造业价值链，推动形成生产性服务与生产制造协同发展的产业新生态。

值得注意的是，生产性服务业和制造业深度融合中的相互作用究竟能够使这两个部门的生产率提高到什么水平，很大程度上依赖于高端人力资本的积累和培育。因此，我国在深化服务业供给侧结构性改革的过程中，既要高度重视生产性服务业和制造业的深度融合，又要高度重视二者融合背后的"真正推手"——高端人力资本。为此，需要通过深化体制机制改革，充分发展文化教育医疗卫生健康等公共服务业，这些部门的健康发展将为制造业和服务业升级提供与之相匹配的高质量人力资本。

（三）深化金融供给侧结构性改革

金融作为生产性服务业中的重要类别，被称为国民经济的"血脉"，对实体经济的发展具有举足轻重的作用。"畅通国民经济循环"需要打通金融与实体经济之间的梗阻，使二者之间形成良性循环。为此，2019 年 2 月，习近平总书记提出了深化金融供给侧结构性改革、增强金融服务实体经济能力的要求。

1. 明确金融体制改革的目标结构

习近平总书记在主持中共中央政治局第十三次集体学习时提出："我们要深化对金融本质和规律的认识，立足中国实际，走出中国特色金融发展之路。"同时，他指出，深化金融供给侧结构性改革必须贯彻落实新发展理念，强化金融服务功能，找准金融服务重点，以服务实体经济、服务人民生活为本。为了更好地畅通金融和实体经济循环，我们应该进一步明确金融体制改革的目标结构。作者认为，我国金融体制改革的方向是"四化"——市场化、国际化、普惠化、适度化。这"四化"的改革目标必须相互协同，不可偏废。市场化和国际化是国际上金融体系运行的主要特征。普惠化虽然在国际上日益受到重视，但从实践来看中国的普惠金融政策影响更为广泛。与中国特色社会主义制度相适应，中国特色金融体系应该凸显普惠化的特征。适度化是指为了防范金融风险，需要将金融信贷规模、增加值占 GDP 比重、金融行业利润率等指标调控在一个适度的水平。

为了更好地实现市场化目标，需要继续深化利率市场化改革，完善市场基准利率功能和传导机制，尽快形成信贷市场、货币市场、债券市场之间有效的利率联动机制。为了更好地实现国际化目标，需要稳步推进汇率市场化改革。汇率市场化有利于资本自由流动从而有利于加快人民币国际化进程。2015 年，人民币是全球第五大支付货币，仅次于美元、欧元、英镑和日元，市场占有率达 2.5%；2016 年人民币排名第六，市场占有率为 1.7%；2017 年人民币排名第六，市场占有率为 1.78%；2018 年人民币排名第五，市场占有率为1.66%。由此可见，人民币国际化之路任重道远。关于资本账户开放问题，目前国内有不少争论，从长远看，资本账户开放是人民币国际化的必然要求，这是因为根据蒙代尔—克鲁格曼提出的“三难困境”，任何一个国家要同时达到货币政策独立、汇率稳定和资本自由流动这三个目标是不可能的，只能选择其中两个，放弃另一个。我国现在选择的是货币政策的独立性、汇率的稳定放弃了资本的自由流动，但不是完全绝对的选择和放弃。未来人民币要成为和美元、欧元相抗衡的高度国际化货币，势必要求资本自由流动。中国是一个大国，必须保持货币政策的独立性，因此只能放弃汇率的稳定，也就是说，未来汇率将会是完全市场化的，其波动幅度会更大。但考虑到当前国内外的经济形势，应该谨慎对待资本账户的开放。历史经验表明，如果在条件不成熟的情况下过快地开放资本账户，就有可能发生危机，从而再现“再见，金融管制！你好，金融危机！”的历史教训。此外，加快金融业对内对外开放，既有利于国际化目标的实现，也有利于市场化目标的实现。为了更好地实现普惠化目标，需要适当增加中小金融机构数量和业务比重，进一步改进小微企业和“三农”金融服务。中国特色金融体系必须大力发展普惠金融，为金融服务缺失或不足“补短板”。2015年12月31日，国务院印发的《推进普惠金融发展规划（2016—2020年）》提出，到2020年，建立与全面建成小康社会相适应的普惠金融服务和保障体系，特别是要让小微企业、农民、城镇低收入人群、贫困人群和残疾人、老年人等及时获取价格合理、便捷安全的金融服务，使我国普惠金融发展水平居于国际中上游水平。为此，需要发挥各类银行机构的作用，为“补短板”提供更有力的金融支持。为了更好地实现适度化目标，需要通过加强宏观调控，合理调节信贷规模、增加值占比、利润分配等方面的重要指标，确保金融发展保持一个合理的“度”，以形成金融与实体经济的良性循环，促进国民经济持续稳定健康发展。

2. 提高股权融资比重，优化融资结构

就融资结构而言，我国是银行主导的金融体系。2018年全国融资规模达19.2万亿元，其中以银行贷款为主的间接融资占85.2%；股票、债券等直接融资仅占14.8%。这种银行主导的间接融资体系必须通过不断提高其直接比重来加以完善。直接融资特别是股权融资的比重提高以后，非金融企业才会有更多的渠道获得股权融资，从而降低杠杆率，分散金融风险。同时，多层次资本市场的发展有利于促进我国形成创新驱动型经济增长的格局。因此，李克强总理在2019年3月5日的政府工作报告中强调，要改革完善资本市场基础制度，促进多层次资本市场健康稳定发展，提高直接融资特别是股权融资比重。在逐渐优化融资结构的过程中，需要通过深化供给侧结构性改革促进银行业和资本市场的健康发展。

银行业的供给侧结构性改革主要包括以下内容：一是利用差别信贷政策巩固“三去一降一补”成果，对于产能过剩行业尤其是一些“僵尸”企业，商业银行应该制订合理的压缩、退出贷款计划，倒逼其过剩产能出清，但要注意给这些行业、企业合理的“过渡期”。同时，对于国家鼓励发展的重点行业，商业银行应加大贷款支持力度，使金融资源流配置到更为高效的行业，促进产业优化升级。二是支持中小银行的培育和发展，以便为中小微企业、农村金融提供更多的金融支持。研究表明：按照效率原则，大型商业银行倾向为大型企业提供金融服务，中小银行倾向为中小微企业提供金融服务。虽然随着信息技术的发展，大型商业银行可以利用大数据为中小微企业提供比以往更多更好的金融服务，但至今尚无明显证据能够证明大型银行可以在普惠金融方面完全取代或者超越中小银行。长期以来，我国银行业结构不尽合理，中小银行占比偏低，这是我国中小微企业、农村金融长期存在融资难、融资贵问题的一个重要原因。只有补上“金融短板”，才能尽快补上“经济短板”。三是规范商业银行中间业务，继续整顿金融服务乱收费，取消不合理收费项目，降低不合理收费标准，帮助企业“降成本”。四是妥善处理不良贷款，防范金融风险。银行业属于顺经济周期的行业。随着我国经济增速的下滑，银行业不良贷款呈现出不断增长的趋势。金融供给侧结构性改革需要稳定银行业从而稳定金融环境，因此，必须警惕和防范银行业不良贷款引发的系统性金融风险。

发展和完善资本市场对金融供给侧结构性改革的成败具有举足轻重的作用。

资本市场的改革主要包括：一是加强制度供给，尽快推进注册制改革，同时要把退市制作为注册制健康发展的前提，促进资本市场优胜劣汰机制的形成。此外，要尽快完善IPO上市制度、资产重组制度、股票分红制度等一系列相关制度。二是优化投资结构，逐渐提高机构投资者和长期资金的比重，降低散户投资者和短期资金的比重，使资本市场更好地发挥融资功能。三是完善科创版功能，根据实践需要，对成立时间短、业绩不稳定的科技类创新企业应适当放宽准入门槛，不断完善监管方式。

融资结构的调整不是简单的融资比重的此消彼长，而是通过深化供给侧结构性改革，在切实提高间接融资和直接融资功能的过程中形成合理的供给结构。总之，要以金融体系结构调整优化为重点，优化融资结构和金融机构体系、市场体系、产品体系，为实体经济发展提供更高质量、更有效率的金融服务。要构建多层次、广覆盖、有差异的银行体系，端正发展理念，坚持以市场需求为导向，积极开发个性化、差异化、定制化金融产品，要建设一个规范、透明、开放、有活力、有韧性的资本市场，完善资本市场基础性制度，把好市场入口和市场出口两道关，加强对交易的全程监管。

3. 深化金融各领域改革，优化产品结构

深化金融供给侧结构性改革，除了要优化目标结构、融资结构外，还要优化产品结构。银行业和资本市场是金融改革的“主战场”。目前已有不少讨论如何优化其产品供给结构的文献，这里仅讨论保险、政策性金融以及衍生品几个容易被忽视的金融领域的产品供给结构问题。

保险业近年来发展比较迅速，服务能力增强，在金融领域具有愈来愈重要的地位。保险业亟须在以下几个方面加快改革，以优化产品供给结构：一是在提高风险管理能力的同时进一步提高保险产品的供给质量，化解供需矛盾。例如，人身保险产品供给质量和渗透率水平尚待提高，财产保险的补偿和保障作用亟待加强。二是通过创新保险资金运用方式支持重大项目和重点产业，助力供给侧结构性改革。例如，引导保险资金通过债权投资计划、股权投资计划等方式，支持国家重大战略实施和重大民生工程建设。三是在普惠金融中发挥保险公司保障优势，为供给侧结构性改革“补短板”。例如，促进农业技术推广、森林保护、动物保护等与农业保险、农村小额人身保险相结合，完善农业保险协办机制等。

政策性金融的供给侧结构性改革应致力于弥补商业金融的不足，服务国家重大战略，具体需要在以下几个方面通过改革完善：一是进一步支持中小微企业发展。前面提及的中小微企业长期存在着融资难、融资贵的问题，除了继续通过市场化手段（如增加各类中小型金融机构供给）缓解外，还需要通过政策性金融改革破解这一难题。我国应借鉴国际经验，尽快建立专门服务中小微企业的政策性银行，健全政府出资设立的政策性信用担保体系。通过政策性金融支持，中小微企业获得了长足的发展，才有望吸引更多的商业资金，达到“巢美凤必至，花香蝶自来”的效果。二是同商业银行密切合作，大力发展普惠金融，降低小微企业贷款成本。同时，加大对农业开发和水利、农业农村基础设施建设的贷款力度。三是对“一带一路”建设和企业“走出去”战略给予政策性金融支持，但要注意评估总体风险和收益。四是针对当前经济新常态和供给侧结构性改革现状，还可以考虑对就业增长潜力大的重点行业给予政策性金融支持，以缓解经济下行带来的就业压力。

金融供给侧结构性改革还需要适当增加衍生品供给。这是因为，许多衍生品可以为企业提供规避市场风险的平台，可以引导产业优化升级，并为政府的宏观调控提供支持。

国际互换和衍生品协会（ISDA）曾对全球500强企业使用衍生品管理价格风险的情况进行了调查，结果表明：全球94%的跨国公司都在利用衍生工具管理和对冲风险。外汇衍生品是其最广泛使用的工具（88%），其次是利率衍生品（83%）和大宗商品衍生工具（49%）。随着我国利率市场化和汇率市场化的日益深化，利率和汇率的波动在所难免。为了规避金融价格的波动给实体经济带来的风险，需要积极发展期货、期权等衍生品市场。这既有利于保障实体经济的稳定运行，又有利于企业在全球的金融市场上争夺定价权。

在促进产业优化升级方面，期货市场可以通过交割标准的设定促进企业提高产品质量，间接提高产业整体的质量水平。例如，上海交易所上市的螺纹钢和线材期货，选择的是国家产业政策推广的品种。其中，螺纹钢选择了HRB400（三级钢）作为标准品，对质量相对较低的HRB335（二级钢），在标准合同中明确规定了实物交割时要做贴水替代交割。线材选择直径8mm作为标准品，而过渡性规格6.5mm为替代交割品。这样的规定，直接引导企业以生产国家标准的产品为主，主动调整了产业结构，这样可以方便进行实物交割。这样做的好处是市场价格相对较高，同时市场认可度也比较高。为了达到交割标准，相关企业会加大技术改造和工艺创新力度，不断提高产品质量，推动产业优化升级进程。

发展衍生品市场还可以增强政府的宏观调控能力。例如，期货市场已经成为发改委、工信部、商务部等政府部门监测大宗商品变化的风向标。其中，以铜、铝、锌为代表的大宗工业原材料期货交易价格已经成为我国宏观经济部门监测物价水平变化的重要参考指标。有色金属期货价格与生产资料价格指数PPI密切相关，通过监测期货市场价格信号，有关部门能够据此及时观测和判断我国工业原材料市场价格的变化，并将其作为宏观调控部门实施调控政策的依据之一。

第三节　供给侧结构性改革的微观企业维度

从供给侧结构性改革的微观企业维度看要毫不动摇坚持我国基本经济制度，推动各种所有制经济健康发展，通过供给侧结构性改革，既要促进公有制经济发展，也要促进非公有制经济发展。公有制经济、非公有制经济应该相辅相成、相得益彰，而不是相互排斥、相互抵消。当前，一方面要继续深化国有企业改革，另一方面要贯彻落实促进民营企业发展的政策措施。

一、深化国有企业改革

深化国有企业改革，应着重贯彻落实好《中共中央、国务院关于深化国有企业改革的指导意见（中发〔2015〕22号）》及后续出台的一系列配套文件，主要包括分类推进国有企业改革，完善现代企业制度，完善国有资产管理体制，发展混合所有制经济，强化监督防止国有资产流失，加强和改进党对国有企业的领导，为国有企业改革创造良好环境条件。同时，应加快推进《国务院关于推进国有资本投资、运营公司改革试点的实施意见（〔2018〕23号）》和《国企改革"双百行动"工作方案》两个重要指导文件的实施工作。在深化供给侧结构性改革的过程中，国有企业面临着"去杠杆"、处理"僵尸"企业[①]等诸多挑战。下一步，国有企业要继续化解钢铁、煤炭、煤电等行业过剩产能，抓紧消化处理各类历史欠账和遗留问题；要加快结构调整转型升级，加大自主创新力度，加快高质量发展步伐；要多措并举降杠杆减负债，坚决化解各类金融风险。为了全面落实国有企业改革"1+*N*"政策体系，加快实现"五突破、一加强"六大目标，国有企业亟须在党建与经营的深度融合、治理结构的完善以及改进激励与约束机制等方面深化改革。

（一）促进国有企业党建与经营深度融合

习近平总书记在全国国有企业党的建设工作会议上提出了两个"一以贯之"，即坚持党对国有企业的领导是重大政治原则，必须一以贯之；建立现代企业制度是国有企业改革的方向，也必须一以贯之。前一个"一以贯之"是国有企业改革发展的"罗盘"，保证了改革发展的正确方向；后一个"一以贯之"是国有企业改革发展的"地图"，指明了改革发展的基本路径。实现目标需要将"罗盘"和"地图"完美结合。"中国特色

① "僵尸"企业是指已停产、半停产、连年亏损、资不抵债，主要靠政府补贴和银行续贷维持生存和经营的企业。"僵尸"企业不同于因问题资产陷入困境的问题企业，能很快起死回生，"僵尸"企业的特点是"吸血"的长期性、依赖性，而放弃对"僵尸"企业的救助，社会局面可能更糟，因此具有绑架勒索性的特征。

现代国有企业制度"，特就特在把党的领导融入公司治理各环节，把企业党组织内嵌到公司治理结构中，明确和落实党组织在公司法人治理结构中的法定地位，做到组织落实、干部到位、职责明确、监督严格。但在实际工作中，国有企业党建和经营的融合尚显不足：有些企业将党建工作形式化、表面化，甚至是"扎扎实实走过场"，将党建工作与企业经营相互分离，严重偏离了两个"一以贯之"的核心要义。为此，深化国有企业改革需要坚持"四不原则"，即坚持党对国有企业的领导不动摇、坚持服务生产经营不偏离、坚持党组织对国有企业选人用人的领导和把关作用不能变、坚持建强国有企业基层党组织不放松，将国有企业的政治属性与经济属性高度统一、有机融合。按照习近平总书记提出的把提高企业效益、增强企业竞争实力、实现国有资产保值增值作为国有企业党组织工作的出发点和落脚点，以企业改革发展成果检验党组织的工作和战斗力的要求，深化国有企业改革需要进一步明确党组织在决策、执行、监督各环节的权责界限和工作方式，建立健全有效的党建工作考核评价体系，促进国有企业党建与经营深度融合。

（二）进一步完善国有企业治理结构

深化国有企业改革，必须进一步完善国有企业治理结构。一方面，通过混合所有制改革，引入战略投资者和产业投资者，开展员工持股等方式，建立均衡合理的股权结构，以有效解决国有股"一股独大"带来的内部人控制等问题。另一方面，在优化股权结构的基础上，健全法人治理结构，结合实际创新，兼顾各方利益。混合所有制改革的一个重要目标是通过引入民营企业等多元主体实现企业决策机制的科学化、经营机制的市场化，从而全面提高国有企业的经营管理绩效。因此，完善中国特色的国有企业法人治理结构需要科学授权，国有资产主管部门和机构给国有企业授权，母公司给子公司授权，允许各级企业在不违反原则的前提下根据不同行业、不同情况在实践中大胆突破、不断创新、积极探寻。例如，某中央企业全资三级子公司在完善法人治理结构方面取得了突破。除了董事中的职工董事和党委委员中的纪委书记（任监事会主席）外，其余党委委员与董事高度重合、交叉任职。董事会成员使党委委员保证了董事会的决策和党委的决策相统一，保证了党委对选聘经理层的把关作用。在集团公司党组的指导下，组建新一届党委、董事会，然后按照"市场化选聘、契约化管理"的思路，面向集团系统公开招聘职业经理人。经理层实行契约化管理，签订任期合同，到期后聘用关系自然终止。该企业在法人治理结构方面的突破效果究竟如何，需要在实践中加以验证。实践是检验真理的唯一标准，只有鼓励、尊重各级企业在实践中的创新性突破，国有企业的法人治理结构才能在不断积累经验的基础上日臻完善。

（三）改进国有企业激励与约束机制

习近平总书记在全国国有企业改革座谈会上指出，要坚定不移地深化国有企业改革，着力创新体制机制，加快建立现代企业制度，发挥国有企业各类人才的积极性、主动性、创造性，激发各类要素活力，为加快国有企业改革，亟须改进国有企业激励与约束机制。首先，对国有企业经营管理活动要合理约束，适当放权。当前关于国有企业改革的政策文件较多，对国有企业约束较多，放权不足，这使得许多国有企业在改革实践中总是“收着打，放不开”，束手束脚，不敢突破。随着监管理念从“管企业”向“管资本”方向的转变，国有资产管理部门和机构应该适当精简相关政策文件，对国有企业适当放权。同时，国有企业内部应对二级、三级企业放权，给各层级的企业更加广阔的创业空间。其次，建立和完善容错机制，营造宽容的社会氛围。由于当前一些国有企业改革的政策文件在操作层面尚无具体详细的规定，因此不少国有企业的改革者担心会在改革过程中因把握不好“度”而发生违规问题。为了规避被问责的风险，一些国有企业高层缺乏大刀阔斧改革的动力，从而出现了改革推进意愿不强、改革推进缓慢等现实问题。深化国有企业改革亟须建立和完善容错机制，帮助改革者解除后顾之忧、卸下包袱、解放思想、勇敢探索。容错机制的建立和完善需要切实贯彻三个“区分开来”，即“要把干部在推进改革中因缺乏经验、先行先试出现的失误和错误，同明知故犯的违纪违法行为区分开来；把上级尚无明确限制的探索性试验中的失误和错误，同上级明令禁止后依然我行我素的违纪违法行为区分开来；把为推动发展的无意过失，同为牟取私利的违纪违法行为区分开来，保护那些作风正派又敢作敢为、锐意进取的干部，最大限度地调动广大干部的积极性、主动性、创造性”。再次，对国有企业管理层和员工要多给予激励政策。如果问责较多、激励较少，改革的动力就会不足。当前试点企业正在推行管理层和员工持股激励政策，需要尽快建立一套科学合理的激励机制，包括骨干人员的认定标准、依法合规的入股规则、严格规范的股权转让、退出、回购机制等，同时，对未持股员工的激励政策也需同步考虑。最后，国有企业主要领导的任期最好不要短于一个改革周期，以激励改革者真正做到“一张蓝图绘到底”，避免出现经营决策短期化行为。

二、促进民营企业发展

民营企业是我国经济发展中最有活力的微观主体，是深化供给侧结构性改革、实现高质量发展的重要基础。民营企业大多为中小微企业，在国民经济中发挥着“五六七八九”

的作用，即贡献了 50% 以上的税收、60% 以上的 GDP、70% 以上的技术创新、80% 以上的城镇劳动就业、90% 以上的企业数量。党中央、国务院高度重视中小企业发展，2017 年 9 月，全国人大颁布了新修订的《中华人民共和国中小企业促进法》；2018 年 11 月，习近平总书记主持召开民营企业座谈会并发表重要讲话；2019 年 4 月，中办、国办印发了《关于促进中小企业健康发展的指导意见》，这一系列政策法规的出台，为促进民营企业发展奠定了良好的基础。但是，当前民营企业发展中仍遇到许多问题，亟须采取有力措施尽快加以解决。

（一）设立专门的民营企业服务机构

目前，我国全国工商联和工信部的中小企业司在促进民营企业发展方面起到了积极作用，但其职能有限。为了更加有效地促进民营企业的发展，解决“九龙治水”、政出多门的问题，建议借鉴西方发达国家的经验，在中央政府和地方政府层面设立专门的民营企业服务机构，如建立中小微企业发展局，专司促进民营企业发展职能，对全国各产业、各行业的中小微企业统一归口管理，提供专业化服务。西方发达国家大多建立了专门的中小企业服务促进机构。例如，美国在联邦政府中设立了小企业管理局，通过协调和管理职能为分散于社会各层次的小企业提供服务。小企业管理局宣传和维权办公室是协调中小企业与其他政府部门利益关系的部门，在政府制定规章、决议的过程中代表小企业的利益。宣传与维权办公室首席顾问由总统任命，直接向总统与国会汇报工作。英国政府设立的小企业服务局为小企业提供熟悉监管法规、贷款担保和国外市场信息以及如何采用先进经营手段等多方面服务。日本中央政府设置了由官员、专家、学者组成的中小企业政策审议会，在地方也设立了独立的机构。审议会作为总理大臣或省、厅首长的咨询机构以及从财政、金融、劳动等方面对中小企业政策进行全面审查的咨询机关，除处理其权限内的事项之外，还要根据内阁总理大臣或有关省、厅领导的要求，调查审议执行《中小企业基本法》中的有关重要事项。如果我国能够借鉴国际经验，在国务院直属机构层面设立中小微企业发展局，那么民营企业将会得到更加有效的扶持和发展。

（二）为民营企业营造公平竞争的市场环境

为促进民营企业发展，我国连续出台了一大批相关政策措施，但由于一些原因，这些政策的配套措施还不是很实，政策落地效果还不是很好，主要问题是：市场准入限制仍然较多；政策执行中“玻璃门、弹簧门、旋转门”现象大量存在。对目前遇到的困难，有的民营企业家形容为遇到了“三座大山”：市场的冰山、融资的高山、转型的火山。

尽管这些问题大多处在政策执行层面，是政策执行落实不到位形成的，但影响了政策的有效性，必须下决心解决……确保各项政策百分之百落到实处。政策不落实或落实不到位、落实走样等问题，主要是“最后一公里问题”。实际上，“最后一公里”问题至今尚未得到根本解决，“民营企业离场论”又让民营企业惶惶不安。从作者对一些民营企业的调研情况看，当务之急是尽快彻底消除曾经在社会上流传的“民营企业离场论”的影响，以实际行动贯彻党的十九大“两个毫不动摇”的中国特色社会主义的基本方略，让民营企业真正吃下“定心丸”，坚定信心谋发展。一些民营企业家表示，“民营企业需要的不是扶持,而是正常的社会环境”。为了打消民营企业家的顾虑,重申“两个毫不动摇”的基本经济制度，2018 年 11 月 1 日，习近平总书记在民营企业座谈会上指出，在全面建成小康社会，进而全面建设社会主义现代化国家的新征程中，我国民营经济只能壮大、不能弱化，不仅不能“离场”，而且要走向更加广阔的舞台。因此，在深化供给侧结构性改革的过程中，各级政府部门亟须下大力气解决长期以来有关民营企业政策落实不到位、不彻底、不全面的问题，抓紧建立和完善相关的激励和约束机制，确保各项政策措施扎实落地，处处为民营企业创造出公平、公正的经营环境。

（三）多措并举解决民营企业实际困难

当前，在外部环境发生明显变化的情况下，民营企业遇到不少困难。只有在深化供给侧结构性改革过程中千方百计地帮助企业解困，才能真正激发民营企业的活力。供给侧的“三大动力”需要在企业权衡成本收益后、计算出预计能够达到合理的投资回报率的前提下才能“发动”起来。因此,面对企业经营成本上升导致盈利能力下降的经营困境,相关部门要将减税降费的政策切实落地，帮助企业“轻装上阵”。针对民营企业长期存在的融资难、融资贵问题，一方面，要加强普惠金融支持力度，鼓励国有商业银行利用大数据增加对中小微企业的贷款；另一方面，中央和地方政府要加快社会征信体系建设,将分散在工商、银行、税务、海关等多部门的信息统一纳入综合信息管理平台，建立信息共享制度,使金融部门可以根据征信系统更加有效地为民营企业提供融资服务。总之,“在我国经济发展进程中，我们要不断为民营经济营造更好发展环境，帮助民营经济解决发展中的困难，支持民营企业改革发展，变压力为动力，让民营经济创新源泉充分涌流，让民营经济创造活力充分迸发。”

综上所述，供给侧结构性改革只有在微观企业主体被充分“激活”的基础上，才能加快推进高质量发展，从而实现中观产业层面和宏观动力层面的发展目标。

第四节　深化供给侧结构性改革的战略重点

党的十九大报告指出，建设现代化经济体系，必须把发展经济的着力点放在实体经济上，把提高供给体系质量作为主攻方向，显著增强我国经济质量优势。按照党的十九大报告的要求，围绕“实体”和“质量”下功夫，深化供给侧结构性改革主要有以下几个方面的战略重点。

一、把提高供给体系质量作为主攻方向

供给侧结构性改革要解决的核心问题是总供给和总需求不平衡的矛盾，主要是解决供给侧“产能过剩与供给缺口并存”的结构性矛盾，归根结底是要解决供给体系质量无法满足“人民日益增长的美好生活需要”的矛盾，以钢铁行业为例，前些年钢铁企业产能严重过剩，导致钢铁企业大面积巨额亏损。然而，来自国家统计局的进口数据显示，2015 年我国钢材进口金额高达 143 亿美元，位列进口产品金额的第 15 位。此外，进口金额位列前五的产品结构在 2010—2015 年没有发生太大的变化：2015 年机电产品进口金额 8061 亿美元；高新技术产品进口金额 5481 亿美元；原油进口金额 1345 亿美元；铁矿砂及其精矿进口金额 76 亿美元；汽车进口金额 447 亿美元。这些进口数据表明：尽管改革开放以来我国经济实力不断增强，供给体系质量也在不断提高，但总体产品质量与世界 GDP 第二大国的地位仍然不能匹配。不解决供给体系质量问题，现代化经济体系就无从建立，经济大国就无法迈向经济强国。因此，深化供给侧结构性改革必须把提高供给体系质量作为主攻方向，把提高供给体系质量贯穿于供给侧结构性改革实践的全过程。

二、加快发展先进制造业和现代服务业

党的十九大报告指出，要加快建设制造强国，加快发展先进制造业。研究表明，发展制造业至少可以带来 6 个方面的长远利益，即促进劳动分工、拓展机器的使用、增加就业、促进人才多样性发展、为企业发展提供更丰富多样的空间、为国内农产品提供稳定需求。但制造业不能仅停留在低端制造，而是要在原有积累的制造能力基础上，加快发展先进制造业。先进制造业是相对于传统制造业而言的，在发展中具有技术的先进性、生产模式的先进性和营销网络组织的先进性。先进制造业不仅包括以信息技术、生物技

术、材料技术等为代表的高新技术制造业，也包括通过先进技术和管理手段进行改造和通过技术密集度得以提升的部分传统制造业，如数控机床制造、精品钢材制造等。

发展先进制造业，要坚持把结构调整作为建设制造强国的关键环节，推动生产型制造向服务型制造转变。要促进我国产业迈向全球价值链中高端，培育若干世界级先进制造业集群。著名的微笑曲线理论广为流传，它是指产业的价值链像微笑嘴形的一条曲线两端朝上，附加值更多体现在两端，中间部分最低。即在产业链中，左边是研发，右边是营销，中间底部是生产制造。研发与营销的附加价值高，生产制造的附加值低，因此产业未来应朝微笑曲线的两端发展。以全球航空价值链为例，价值链的全部上市公司市值目前已超过 10000 亿美元。由于全球航空业的结构不断转型升级，全球航空业近年来获得了前所未有的利润，但价值链上不同环节的利润空间却有着不小的差异。飞机租赁公司、机场和航空服务公司（包括空中交通管制、免税、餐饮服务供应商）的利润率高；航空旅游分销的市场则是航空价值链中最低的。因此，我国航空业必须通过深化供给侧结构性改革，才能在全球航空价值链中占据有利地位。

深化供给侧结构性改革，促进我国产业迈向全球价值链中高端，必须培育若干世界级先进制造业集群。2017 年 7 月，五部委发布了《关于加强长江经济带工业绿色发展的指导意见》，计划利用长江经济带现有产业基础，依托区内 11 个省市的超 100 个国家级、省级开发区和产业园区，在五大领域建设长江经济带全域产业链，打造五大世界级制造业集群，即电子信息产业集群、高端装备产业集群、汽车产业集群、家电产业集群和纺织服装产业集群。

加快发展先进制造业的同时，必须加快发展现代服务业。现代服务业是指以现代科学技术特别是信息网络技术为主要支撑，建立在新的商业模式、服务方式和管理方法基础上的服务产业。它既包括随着技术发展而产生的新兴服务业态，也包括运用现代技术对传统服务业进行的改造和提升。它有别于商贸、住宿、餐饮、仓储、交通运输等传统服务业，以金融保险业、信息传输和计算机软件业、租赁和商务服务业、科研技术服务和地质勘察业、文化体育和娱乐业、房地产业及居民社区服务业等为代表。经济发展的实践表明：只有发展与一产和二产相适应的现代服务业，才能促进我国产业全面优化升级，从而促进经济持续健康发展。

三、推动互联网、大数据、人工智能和实体经济深度融合

供给侧结构性改革要“推动互联网、大数据、人工智能和实体经济深度融合”。

近些年来，互联网、大数据和人工智能蓬勃发展，与实体经济融合度不断加深。新一代信息技术与制造业的深度融合，正在引发影响深远的产业变革，形成新的生产方式、产业形态、商业模式和经济增长点。各国都在加大科技创新力度，推动三维（3D）打印、移动互联网、云计算、大数据、生物工程、新能源、新材料等领域取得新突破。基于信息物理系统的智能装备、智能工厂等智能制造正在引领制造方式变革；网络众包、协同设计、大规模个性化定制、精准供应链管理、全生命周期管理、电子商务等正在重塑产业价值链体系；可穿戴智能产品、智能家电、智能汽车等智能终端产品不断拓展制造业新领域。我国制造业转型升级、创新发展迎来重大机遇。通过深化供给侧结构性改革，可以加快互联网、大数据、人工智能和实体经济融合的广度和深度，促进一、二、三产业转型升级、联动发展，不断满足提高供给体系质量的发展要求。

四、在重要领域培育新增长点、形成新动能

供给侧结构性改革要“在中高端消费、创新引领、绿色低碳、共享经济、现代供应链、人力资本服务等领域培育新增长点、形成新动能”。自供给侧结构性改革以来，我国经济发展新动能不断增强，新兴产业蓬勃兴起，“大众创业、万众创新”广泛开展，全年新登记企业增长 24.5%，平均每天新增 1.5 万户，加上个体工商户等，各类市场主体每天新增 4.5 万户。新动能正在撑起发展新天地。2017 年上半年，深交所上市公司研发投入同比增长 24%。截至 2017 年 8 月，我国高技术产业和装备制造业增加值同比分别增长 12.9% 和 11.6%，增速高于规模以上工业 6.9 个和 5.6 个百分点。新供给有效激发了新需求。“中国制造”品质和品牌影响力稳步上升。2017 年以来，高端化、智能化国产家电热销，国产品牌空调线上零售额增幅超 100%，高出同期国外品牌逾 75%。2017 年上半年最终消费对经济增长的贡献率为 63.4%，稳居“三驾马车”之首，动力十足。随着供给侧结构性改革的深入推进，我国在重要领域的新增长点和新动能将持续形成。

五、支持传统产业优化升级

占国民经济重要比重的传统产业优化升级将为中国经济带来不竭的动力之源。为此，在深化供给侧结构性改革的过程中，应该大力改造提升传统产业，深入实施《中国制造 2025》，完善制造强国建设政策体系，以多种方式支持技术改造，促进传统产业焕发出新的蓬勃生机。从供给侧结构性改革的实践看，不少传统产业得到了优化升级，为经济增长注入了新活力。人们印象中的传统产业“密集区”，正变身为新兴产业“聚宝盆”。例如，曾经“一煤独大”的山西，大数据产业有望成为它的“下一个能源”。在河南，

2017年上半年锂离子电池和海绵钛产量分别增长约21.7%和24%；在江西，2017年上半年新能源汽车和太阳能电池产量分别增长约79%和44%。上述传统产业优化升级的成功案例，为深化供给侧结构性改革提供了可供借鉴的案例范本。

汇丰银行曾发布的一份研究报告阐述了对中国制造业的一种新的看法：中国制造业的产业结构明显改善，在价值链中日趋攀至上游，高端产品出口比例翻了一番。中国的产业升级远比人们想象的要快。“在2008年的全球金融危机后，中国对经济结构开始了调整，一方面，国企去产能、去杠杆速度加快；另一方面，以一批民营企业为代表的中国企业已经打起了技术创新和产业升级的大旗。在产业转型升级十年之后，中国的产业结构发生了显著变化。根据联合国Comtrade数据库和汇丰银行的统计，在中国的出口产品中，100种最为复杂的工业产品在中国出口的总价值的占比出现了明显提升。1997年，这100种最复杂产品的占比仅为中国出口总价值的0.3%；在全球金融危机前，这一比重达到了0.5%，而在2016年，这一数据翻了一番，达1%。”同时，从出口产品的结构看，劳动密集型产业的产品占比在下降，高端制造业产品占比在上升。“在中国出口中曾经贡献最大的劳动密集型产品，比重已经开始下降。在中国出口的前15大产品门类中，1997年，劳动密集型产业占到了75.9%；全球金融危机前的2007年，这一比重下降到了43.1%；2016年，这一比重略有回升，为45%。此外，中国经济日益多样化。从出口产品看，中国高端制造业在中国的出口比重中占据越来越大的比重。”尽管传统产业升级取得了显著成效，但应该看到，我国同世界发达国家相比，尚有一定的差距。在深化供给侧结构性改革过程中，我们应瞄准国际标准，提高水平，加快传统产业转型升级，为现代化经济体系注入新动力。

六、加强基础设施网络建设

供给侧结构性改革必须加强基础设施网络建设，即加强水利、铁路、公路、水运、航空、管道、电网、信息、物流等基础设施网络建设。这是因为，“基础设施网络具有公共物品和公共服务属性，是供给体系的重要组成部分，也是提高供给体系质量的基础条件”。基础设施建设投资主要通过两种渠道影响经济增长：一是改善现有的基础设施，优化经济增长的物质基础，通过溢出效应间接地促进经济增长；二是作为一种生产要素投入直接促进经济增长。研究结果表明，交通基础设施和信息基础设施对我国的经济增长有着显著的溢出效应。

在基础设施与经济增长的相互作用中，基础设施促进经济增长居于主导地位。在基础设施与经济增长的互动关系中，主要门类基础设施指标都是经济增长的长期原因。因此，中国的基础设施发展应该采取一种“整体同步，局部适当超前”的发展模式。对于水利、环保等严重滞后于经济发展的基础设施门类，应该加大投资力度，在较短时间内迅速提高其发展水平；对于交通能源等大多数基础设施门类，应该使其与经济增长的需要相协调，保持较高的投资规模；对于信息基础设施这样关系未来发展、代表技术进步方向的基础设施门类，应该适度超前发展。在供给侧结构性改革过程中我国应该坚定不移地推进基础设施规模和质量的稳步提高，为长期经济增长提供强大的物质保障和动力支撑。近些年来，我国已初步形成了比较完备的基础设施网络，高铁、公路、桥梁、港口、机场等基础设施建设快速推进。即使在我国唯一没有平原支撑的贵州省，也已经实现了“县县通高速”，其高速公路、高速铁路里程位居世界第一。下一步，我国将全面提升基础设施网络建设的现代化水平、均衡发展水平和互联互通水平，进一步发挥基础设施网络对国民经济发展的重要支撑作用。

七、激发、保护和提升人力资本

深化供给侧结构性改革必须激发和保护企业家精神，鼓励更多社会主体投身创新创业。建设知识型、技能型、创新型劳动者大军，弘扬劳模精神和工匠精神，营造劳动光荣的社会风尚和精益求精的敬业风气。无论是企业家精神还是劳动者大军，都可以视为人力资本的范畴。人力资本对经济发展具有重要的促进作用。激发和保护企业家精神、鼓励更多社会主体投身创新创业，可以增强现代化经济体系的微观主体活力和创新力，从而增加创新动能，促进经济转型升级。

随着产业结构的转型升级，提升人力资本势在必行。通过分析发达国家和地区（如韩国、日本和中国台湾等）的产业结构升级与各级教育发展的关系可以发现：当产业结构从劳动密集型向资本密集型转变时，劳动力市场对具有初中学历劳动者的需求下降，而对具有高中学历劳动者的需求明显上升；从资本密集型向技术、知识密集型转变时，劳动力市场对具有初中或高中学历劳动者的需求下降，但对受过高等教育的劳动力需求则大幅上升。江西的实践表明，人力资本水平的提高是促进产业结构升级的重要因素，人力资本水平增长率每提高 1 个百分点，未来第三年的产业结构升级速度会提高大约 1.5 个百分点。有学者利用 55 个国家和地区近 50 年的数据（1960—2009 年），研究了教育与经济增长的关系，其结论是：一般来说，受过教育的人力资本对经济增长具有显著的积极影响。此外，人的寿命期限越长，生活水平越高（更高的人均 GDP）对经济增长的影响越大。综上所述，为了适应制造强国建设的需要，未来应该充分重视人力资本因素，激发和保护企业家精神，通过学校教育、社会培训等多种途径培育知识型、技能型、创新型劳动者大军，不断提升人力资本，促进经济持续健康发展。

没有科技创新，就不会有新的增长点和新的动能，因而就不会建立起具有国际竞争力的现代化经济体制。改革开放以来，持续的技术创新大大提高了我国经济的综合竞争力。载人航天、载人深潜、大型飞机、北斗卫星导航、超级计算机、高铁装备、百万千瓦级发电装备、万米深海石油钻探设备等一批重大技术装备取得突破，形成了若干具有国际竞争力的优势产业和骨干企业，我国已具备了建设工业强国的基础和条件。在国际金融危机后，我国经济体中的“新鲜血液”不断增加，新诞生的公司数量远高于每年不再存续的公司数量。同时，中国的研发费用也出现快速增长。根据经合组织[①]（OECD）的数据，2015 年，中国研发费用占 GDP 的比重为 2.1%，超过同时期的欧盟（2%）和英国（1.7%）。其中，有不少土生土长的中国企业。例如，华为在研发方面的投入已经超过了苹果。

然而，我国经济还处于“大而不强”的阶段，与先进国家相比还有较大差距，尤其是自主创新能力仍然较弱，关键核心技术与高端装备对外依存度高，以企业为主体的制造业创新体系尚不完善。通过深化供给侧结构性改革，可以提高全要素生产率，促进企业加快科技创新步伐，以创新引领发展，从而带动整体经济从资源投入型向创新驱动型转变。

① 经济合作与发展组织，简称经合组织（OECD），是由 38 个市场经济国家组成的政府间国际经济组织，旨在共同应对全球化带来的经济、社会和政府治理等方面的挑战，并把握全球化带来的机遇。成立于 1961 年，目前成员国总数为 38 个，总部设在巴黎。

第七章　基于结构性改革的数字化推动的经济社会生态

第一节　数字化背景下经济社会发展的特征与趋势

一、云计算、大数据、人工智能和区块链

（一）云计算

云计算是指一种系统的、科学的大量数据计算方式，属于一种分布式计算，其功能是通过大量服务器的组合实现的，将数据计算的任务分给大量服务器同时进行，强大的网络服务功能也是以庞大数据处理为基础实现的，服务器的数量越多，云计算能够处理的数据数量就越多，能够实现的功能也越多。可以将云计算理解为同时具有网络通信功能、存储能力和庞大数据计算能力的数据处理中心。

（1）网络通信功能。云计算将数以万计的手机、电脑等移动终端联合起来，形成互联网，在网络系统中，不同的移动终端之间可以进行无障碍沟通，形成一个系统、复杂却能高效运转的信息系统。

（2）存储能力。云计算的存储能力主要体现在服务器的存储能力上，云计算可以将数据存储在服务器中，通过对大量服务器的调用，实现对庞大数据的存储。

（3）计算能力。云计算的服务器系统中，每一台服务器都具有计算功能，随着科学技术的不断进步，服务器的计算能力也在不断增强，占用的存储空间更小，大量服务器的组合能够实现云计算的计算能力。

云计算具有强大的数据计算能力和存储功能，还能实现互联网中的移动终端的数据通信，能够满足人们的多种需求，其灵活的使用方式也能够更好地节约资源，实现资源利用最大化。云计算以 IDC 为硬件，为用户提供数据计算服务，人们可以按照自己的需求付费使用云计算功能，按照实际的使用量计算价格，确保使用云计算的合理性，云计算可以供互联网内的用户共同使用，单一用户不使用云计算时，云计算还可以为其他用户提供服务，不会造成资源的浪费。

（二）大数据

大数据的“大”主要体现在以下三个方面：

（1）数据量大。大数据中存储的数据量十分庞大，比如大英博物馆中的藏书，具有大量的信息内容，这种数据属于静态数据，大数据可以通过庞大的数据量的存储实现其真正价值。

（2）实时动态变量大。互联网中存在着大量的移动终端，人们的日常生活离不开手机、电脑等，这些设备在使用过程中会产生大量的数据变化，这种变化存在于每一分、每一秒，且变量大，这些数据叠加在一起形成相当庞大的规模。大数据能够在正常的运行状态中实现大量动态数据的实时处理。

（3）数据叠加处理的变量大。不同的数据叠加后会产生相当庞大的数据量，为数据处理增添难度，但是人们可以通过对大量数据的综合分析找到一定的规律，能够通过对数据的综合处理形成新的数据，这种数据也在数据库中进行不断的积累，人们可以利用数据实现更多的价值。

在人们的日常生活和工作过程中，每时每刻都会产生新的数据，这些数据种类复杂，具有很大的随机性和不确定性，而数据在计算机中将会以英文字母、数字或字符的形式存在。这种数据杂乱无章，不会给人们带来价值，人们需要的数据是经过整理的，具有一定规律的数据。数据应用可以根据数据形态的转变形成以下三个步骤：

（1）数据变信息。杂乱无章的数据是没有价值的，需要按照人们设定的规则进行处理，将随机性和没有价值的数据去除，留下具有指向性的数据，通过数据之间的联系和规律找出数据的含义和价值，从而形成信息。在数据变信息的过程中，需要用到滤波器①、关键词等实现对数据的提炼。

（2）信息变知识。对于人们来说，信息并没有真正的价值，人们需要的是信息背后的知识，而知识是需要从信息中提取的，是具备一定规律的信息。比如，人们可以通过手机了解到大量外在世界的信息，但是这些信息都是没有规律的，而网络课程将信息进行规划整理，形成具有一定规律的知识，才是有价值的信息。

（3）知识变智慧。知识是客观存在的，但并不代表人们都可以合理运用知识，能够实现知识的价值。人们得到知识后，只有通过思考将知识转化为智慧，才能够真正地实现知识的价值。知识的价值是通过人的思考、理解和运用实现的。而智能是按照人们的

① 滤波器是由电容、电感和电阻组成的滤波电路。滤波器可以对电源线中特定频率的频点或该频点以外的频率进行有效滤除，得到一个特定频率的电源信号，或消除一个特定频率后的电源信号。

选择规律决定选择规则，通过寻找信息中的规律，选择人类会选择的选项。

计算系统的智能化也是为人们服务的，决策系统通过在数据、信息和知识中寻找规律，帮助人们做出决策，而人们可以减少大量思考的过程，直接按照智能决策系统的结果行事，大幅度提高办事效率。

人工智能的出现和应用是以大数据为基础的，在杂乱无章的庞大的数据中寻找有用的信息，通过对信息的查找与选择，归纳出相应的知识点，最终通过知识的内容和人们的经验做出最合适的选择，形成智慧，这就是大数据智能化的形成过程。

（三）人工智能

1. 智慧的产生

人工智能的实现需要在知识中产生智慧，才能够在大数据的基础上掌握有价值的信息，帮助人们做出最正确的决策。在人工智能中，对于数据的操作和处理主要分为四个步骤：一是信息的采集和抓取，庞大的数据信息需要进行采集和整理，从中抓取有价值的信息；二是传输，移动终端和其他设备之间实现信息的传输，才能互通有无，实现数据库的形成；三是存储，无论是数据的计算还是数据的使用都需要大量的数据作为基础，需要使用和传输数据的设备具有一定的存储空间；四是数据的分析、处理、检索和挖掘，大量的数据按照一定的算法进行处理、筛选和分析，才能在庞大的数据库中提取有用的信息，通过挖掘信息的内在规律，才能找到人们真正需要的信息。

大数据中，最重要的不是静态数据，而是动态形成的数据，每时每刻都会产生数据的变化，这种数据数量庞大，不仅需要大量的存储空间，还需要占用大量的运输资源。要想实现如此庞大的数据资源的价值，需要利用合适的算法，将数据进行归类整理和划分，快速找到需要的信息。

2. 组成人工智能的主要因素

人工智能是以大数据为基础进行的数据的计算和处理，由此可知，人工智能的主要要素分为以下三种：

（1）大数据。大数据为人工智能提供了数据基础，无论是数据的筛选，还是数据准确性，都需要长时间、大量的数据积累才能实现，数据的数量达到一定程度时，就能更正部分不准确的数据。

（2）算法。大数据的数据量过于庞大，人们难以在庞大的数据中快速找出自己需要的信息，需要通过一定的算法对数据进行筛选，才能找到有价值的信息。算法不是一成不变的，需要根据人们的需求随时调整，算法需要进行不断的训练和补充，才能使数据筛选结果更加准确。

（3）高速的计算能力。大数据是随时更新的，人们取用的数据也需要随着实时数据的变化而实时变化，这对于数据计算能力提出了较高的要求。如果没有高速度的计算能力，无法实现信息的时效性，难以快速从数据中提取真正有价值的信息。

对于人工智能来说，大数据、算法和计算速度三者是密不可分的，三者相互作用，共同影响人工智能的结果。其中大数据通过数据的不断积累即可完成；算法需要根据实际情况和使用经验确定合理的算法；高速的计算能力受到多方面因素的影响，计算机技术等原因都能够影响计算的速度，人们对于计算速度的追求早在农业社会就已经开始了。

人们利用自己的智慧发明了算盘，为了提升计算效率，人们加强对算盘的联系，计算的速度受到心算和打算盘的速度影响。继电器被发明和应用后，可以通过继电器进行运算，继电器计算机的震动频率为每秒几十次，这种计算速度是算盘的十倍以上。电子管问世后，计算的速度提高到每秒几万次，是继电器计算机的计算速度的近千倍。半导体的应用更是加快了机器计算的速度，但是每秒几十万次甚至几百万次的计算速度并没有令人满足，之后出现的超级计算机能够将计算速度提到100亿亿次。如此高的计算速度，对于设备产生了较高的要求，由上千台电脑、上千个服务器组成的庞大计算系统，不断地将计算速度提升到10亿亿次、100亿亿次，人们在计算速度的追求上已经达到前所未有的高度，但是依然在努力地不断创新，不断地向更快的速度努力。

人们对于计算速度的追求，关键点在于每秒10亿亿次，这一计算速度的突破对于计算速度的进步来说有着重要的意义。在2012年出版的《奇点临近》一书中，曾经提到人脑的运算速度为每秒10亿亿次，书中也对人造机器的计算速度做出预判，主要内容为二三十年后人造机器的计算速度将超过人脑的运算速度。

当人造机器的计算速度能够超过人脑的运算速度时，能够为人工智能的发展提供新的发展空间，人工智能和人类智能的能力成为人们的关注点。正是人们对于计算速度的高要求和对于计算时间的低忍耐度，促进了计算技术的不断进步。

3. 大数据、人工智能和云计算提供的服务

大数据收集并整理了大量的数据，形成一个庞大的数据服务平台，能够为人工智能和云计算提供数据基础。人工智能是通过算法对大数据进行分析处理，实现信息“数字化”，主要包括三种功能：第一种是IaaS，是指基础设施即服务；第二种是PaaS，是指

平台即服务；第三种是 SaaS，是指软件即服务。云计算是一种基础设施，能够实现通信功能、计算功能和存储功能。

如今，个人电脑互相连接进行信息的通信，形成互联网；智能手机的普及方便了人们的生活，改变了人们的生活方式，手机和电脑的信息沟通形成了移动互联网时代；而随着科学技术的不断进步，不仅手机、电脑可以连入网络中，连物理世界中存在的实体也可以连入网络中，形成物联网。互联网、移动互联网和物联网的应用范围较广，三者在不断地进步与发展中，紧密联系，形成相互促进的网络系统，其中，“数字化”成为必不可少的内容。

（四）区块链

中心化存储数据库会使计算速度受到限制，缺乏数据的安全性交叉，容易出现信息泄露的情况，而区块链能够实现去数据库的中心化，形成一种分布式存储数据库，不仅能够降低备份成本、提升速度，还能够为数据提供安全保障，建立一个安全可靠的数据库。这种数据和系统的安全性主要体现在以下五个方面：

（1）开放性。除私密信息外，其他数据是对所有人开放的，任何用户都可以查询公开的信息和数据，数据系统实现高度透明，最大程度地提高数据获取和传输的效率。

（2）防篡改性。区块链中的数据具有严格的保存方式，轻易不会被篡改，如果想要篡改区块链里的信息，必须攻击或篡改链上的大部分数据，至少需要 51% 的数据，因此，篡改难度较高，篡改成本较大，能够最大程度地保护数据不被篡改，提高数据的安全性。

（3）匿名性。区块链中，各节点之间进行数据交换需要采用固定的算法，这种算法是预知的，因此，在可进行数据交换时，只需要遵循固定的算法即可，不需要确定对方的身份，地址和算法其实就是身份证明，只有正确的地址和算法才能得到想要的数据。

（4）去中心化。区块链中的每一个节点都具备相应的计算和管理功能，不需要将数据进行中心化管理，这种方式避免了数据的大量运输，还能够在一定程度上保证数据的安全。

（5）可追溯性。区块链中，每一个节点的数据操作和处理行为都会被记录，即使数据库中的数据存在损失或篡改的现象，也能够通过对数据行为的记录追踪到正确的数据，为数据提供安全保障。

区块链可以根据其数据的管理方式和应用场景的不同，划分为以下三种类型：

（1）公有链。公有链中的数据是可以被任何用户读取和使用的，这一部分数据并不包括用户的私密信息，公有链的建立，可以为所有用户建立一个基本的数据库，用户可以在数据库中获取想要的信息，实现数据的共享。

（2）私有链，也称专有链。私有链中的信息私密性较强，不可以被公开，对于数据的读取和写入都有着严格的控制规则，只有特定的用户或拥有特定算法的用户才能获取该节点数据的读取和使用的权利。

（3）联盟链。联盟链是一种由多个组织或机构构成的，可以共同参与和管理的区块链，每个组织或机构负责联盟链中一个或多个节点的管理，同处于一个系统内的不同机构，可以进行数据的读写与发送。

区块链的形成与应用，对技术水平提出了较高的要求，主要需要以下四种技术作为技术支撑：

（1）分布式账本技术。从原始社会发展到现在，人们的记账方式也在逐渐发生改变，从最早的“结绳记账”到农业社会时期的“记流水账”再到工业社会的“复式记账”，人们的记账方式逐渐完善，能够通过简单的记账方式实现账目的简单易懂、记录完善。“复式记账”能够提供有效的记账方式，却难以保证账本内容的真实性，因为记账和管理人员均有可能利用复式记账方式造假，为了保证记账方式的可靠性，分布式账本应运而生。分布式账本能够实现网络上成员之间的数据共享与同步，形成一个安全可靠，受多人共同监督的数据库。这种记账方式不仅能确保数据的安全性、可靠性，还能通过共享的方式降低账本的制作时间和制作成本，提高记账效率。

（2）非对称加密技术。非对称加密技术能够同时保证交易信息的公开性和账户信息的隐秘性，即使获取了交易信息，也难以掌握用户的信息，这样能够在提供有价值信息的基础上确保用户信息的安全性。其他用户只有在得到信息拥有者的授权的情况下才能访问相关信息，同时为数据和用户信息提供安全保障。

（3）共识机制技术。共识机制技术需要开发者通过技术确定一种规则，规则的内容不仅要尽可能让更多的人达成共识，尽可能满足所有用户的需求，还需要确定合适的节点数，确保数据行为能够在最短时间内实现验证。共识机制技术直接影响系统内交易的安全性和快速性，在区块链中，为了保证交易的安全性，需要多个节点对同一笔交易进行确认，才能达成共识，从而完成交易内容。

（4）智能合约技术。智能合约技术应用时，会预定一些已经定义好的规则和条款，这些规则和条款的内容比较全面，包含彼此间定期、定息、定额的借贷行为准则，对用户的行为提出一定的制约条件，为用户的安全提供保障。智能合约技术适用于具有大量不可篡改和确保安全性和准确性的数据库中，可以通过确定好的规则和条款进行数据的读取。

区块链技术属于一种信息技术，非常适合应用于记账系统中。区块链能够在一定程度上实现数据的统一与共享，还能够为需要保密的数据提供安全保障，区块链中多个不同的主体能够在同一个系统中达成高度信任和行为统一的状态。区块链技术的应用主要是为数据提供技术性保障，确保数据的安全性、有效性，防止数据被篡改或损坏。

区块链技术具有相当多的优点，自开发以来，它逐渐被社会各界广泛利用，将价值尽可能地发挥到了最大。其主要表现具体呈现在以下这些领域：

（1）金融领域

信息技术，在数字化的领域中发挥向来是少有阻塞，或有困难稍加变化之后便可畅通无阻。而金融作为现代数字化领域中的代表者，自然也容得下区块链技术这门信息技术。在这里，区块链计数可以说是如鱼得水。目前，它已经渗透到了国际汇兑、信用证、股权登记和证券交易所等领域。人们相信它能带来巨大的财富，其潜在应用价值超出常人的想象。人们现在探索的是区块链技术是否可以“省去中介环节”这一个问题，通过实现点对点对接，将买卖双方直连，降低交易的难度和成本，并且大大提高交易的速度。比如，利用区块链分布式架构和信任机制，简化各个金融机构之间电汇的操作步骤及流程，将复杂交易尽可能地简单化。

（2）供应链和物流领域

将区块链技术应用在供应链和物流领域，企业不仅可以降低物流单据管理成本，用最少的钱换来最好的效果，还可以统筹物品的生产、仓储、运送到达等全过程，做到事事可知，避免出现某个环节出现问题自己却不能在第一时间得到消息的尴尬处境，从根本上提高物流链管理的效率。同时，在供应链管理领域，若是涉及金融相关，当交易发生时，由于交易的透明度变得清晰可见，流程的信任度和效率将获得极大提升，降低了金融机构和企业的信用、经济成本。

（3）公共服务领域

在公共服务领域，区块链可以应用的场景也十分多样，公共服务、能源、交通等一系列与民众相关的领域皆是它可以发挥的空间。举个例子，目前，中心管理者与下层民众正处于信任缺失的状态，尽管中心管理者已经尽力在收集下层民众反馈的问题，但是其中存在一个问题，那就是中心管理者无法确定民众反馈上来的问题到底是什么属性的问题，个性问题还是共性问题，因此也就没有办法在第一时间对症下药，但当区块链技术介入之后，这个问题便没有那么困难了，甚至可以很简单地就能找到正确答案。由此可见，区块链技术价值非凡。

（4）认证和公证领域

在经济社会的发展中，"存证"一直是一个极难解决的问题，甚至也是因为很多人都知道这个问题的存在，才会屡有造假事件发生，迫使人们在交易中不得不小心。而区块链的出现，则从根本上直接解决了问题。其不可篡改的特性，让"存证"难题不再困难，为实现社会征信提供了全新思路。比如，腾讯推出的"区块链电子发票"，就一度成为区块链技术应用的"爆款"。

（5）公益和慈善领域

在公益和慈善领域，区块链较为发光发热的也还是它的不可篡改性。可以说，很难有什么技术会如此适合应用在社会公益场景。在公益流程中，捐赠项目、募集明细、资金流向、受助人反馈等信息都是十分明确的重要信息，当应用了区块链技术后，这些信息便能够公开展示给民众，让大家随时可以进行监督，最大限度地降低了名义捐款、资金流向不明、受助人没有得到帮助、某人卷款潜逃等恶性事件出现的可能性。

（6）数字版权开发领域

打击盗版，人人有责。当今社会盗版现象猖獗，但由于我国人口众多，这个问题一直难以解决，只能通过区块链等手段对作品进行鉴权，证明文字、视频、音频等作品的存在和价值，保证作品权属的真实性和唯一性，尽最大的可能保障作者作品的权益。如此，才可以将各类作品数字版权的寿命延长至最大，为作者维权提供了渠道的同时，还给有关部门的司法取证提供了技术保障。

（7）保险领域

一般来说，大多数保险机构归集、投资、理赔等过程中的资金消耗都相对较少，主要的资金消耗基本都源于两方面，一方面是管理，另一方面是运营。但随着区块链技术进入保险领域，保险机构这两方面的成本不仅会降低，甚至还有可能提升整个保险的流程效率。比如理赔时的"智能合约"，就是区块链技术的一个代表场景，无须投保人申请以及保险公司批准，只要投保人符合条约中的理赔条件，即可当即实现自动赔付，免去了各种复杂的人工流程。

（8）信息和数据共享领域

当今社会，是一个信息化社会。但各个信息系统之间的信息并没有得到有效共享，占据了极大的存储空间的同时还没有多大效率。而为了解决这个问题，全国各级政府公共信息资源平台可以说是付出了极大的努力。他们正在进行一番大力整合，想要利用区块链技术分布式的特点，打通监管部门间的“数据壁垒”，破除“数据孤岛”[①]，从而实现信息和数据共享，这样就能让政府公开资源之间相互流通，减少了公众跨系统寻找资源的时间，从根本上做出改变。当然，成功后还可以减少一定的资金浪费，达到物尽其用的目的。

总的来说，区块链存在的意义，在于其透明、公开、不会被篡改以及便于管理等优点，当它存在时，人与人之间可以产生更多信任，复杂的流程可以简单化，使多方能直接联系在一起，减少了成本的同时还在最大程度上提升了效率。

二、“数字化”的“五全基因”及其颠覆性作用

目前，“数字化”这三个字的概念已经普及到了千家万户，可以说是十分深入人心，其内容主要包含大数据、人工智能、移动互联网、云计算、区块链等技术。由于这些技术的本质听起来十分晦涩难懂，但为了能让更多平常人更轻松地明白这些技术的意义，我们可以将“人”与“数字化”进行类比，通过人体的各个组成释义。

比如，大数据就像是人体内的内脏、器官以及皮肤；人工智能就像是人的大脑和神经末梢系统，没有人工智能，人也就没有灵魂；移动互联网等相关网络就像是人的神经系统，没有网络，身体的各个部分便都会失去感知、协同能力，人将会瘫痪；云计算就像人的脊柱，没有云计算，身体将没有支撑能力，各个系统都将崩坏；区块链就像是人的遗传基因，没有区块链，整个人都不知道是因为什么而存在，而优化区块链，也就像是在进行“基因改造技术”，它强，整个人就会变强，它弱，整个人就会变弱。而随着区块链技术的增强，“数字化”平台将会得到天翻地覆地改造，对社会经济的发展产生更大的作用。

另外，由于“数字化”基础平台拥有“五全特征”的原因，它表现出了超乎寻常的颠覆性，这让人们对它十分在意。其中“五全特征”的内容分别是全空域、全流程、全场景、全解析和全价值。

① “数据孤岛”在企业信息化中，还有很多类似的描述，如“数据的污染”等比较形象的说法，专业人士把“数据孤岛”分为物理性和逻辑性两种。物理性的“数据孤岛”指的是，数据在不同部门相互独立存储，独立维护，彼此间相互孤立，形成了物理上的孤岛。

（1）全空域

全空域指的是打破区域和空间障碍，让地域与地域之间不再有隔膜，无论是从天上到地下、还是从国内到国际，都可以在这种概念中连成一体。

（2）全流程

全流程指的是关系到人类生活中的每个点的信息，都能被统筹记录下来，无论是工作、生产还是生活，数字化平台将会 24 小时不间断地收集信息。

（3）全场景

全流程指的是人类所有生活、工作的场景都会被列入统计，无论男女，无论行业，都不存在不能跨越的界别。

（4）全解析

全解析指的是通过人工智能收集信息资料，然后对这些信息资料进行分析和判断，进而预测出人类所有存在或可能发生的行为信息，看其中是否会产生异于传统的全新认知、全新行为以及全新价值。

（5）全价值

全价值指的是打破单个价值体系的封闭性，将所有价值体系都整合到一体，就像秦始皇统一度量衡和货币标准一样，建立一个巨大的、前所未有的、可以影响到每个人生活的价值体系。

在现代，通过数据存储、数据计算、数据通信这些手段和操作，已经信息化的产业链可以跟全世界接轨，产生各种各样的联系或反应。其含义就是当产业链结合了“五全特征”的基因后，便会产生拥有这五种特征的信息，成为十分有价值的数据资源。且这并非某个产业链的专利，任何一个传统产业链与这五个基因相结合，都会产生这种效果，会直接形成新的经济组织方式对传统产业构成颠覆性的冲击。

目前，互联网体系已经十分明确地表现出了它的颠覆性作用，现代社会变得越来越“数字化”，但这仅仅只是一个开始，随着时代进一步的发展，5G（第五代移动通信技术）时代还会将其颠覆性进一步放大，形成万物万联体系，届时其终端数量将成百倍、千倍增加。而那时人类的互联网产业的性质也将因此改变，原本为 toC（面向用户）型的消费类互联网，会发展为 toB（面向企业）型的产业类互联网。在产业互联网时代，互联网体系的颠覆作用可以说是发展到了一个小高峰。而颠覆性产业也就是这种形式下的产物，其含义指的也就是大量具有“五全信息”的网络数据平台产业。比如，工业制造结合了“五全信息”后，就会形成工业制造 4.0；物流行业结合了“五全信息”后，就会形成智能物流体系；城市管理结合了“五全信息”后，就会形成智慧城市；金融结合了“五全信息”后，就会形成金融科技或科技金融。其中，比较有代表性的产业还要属金融。当拥有了“五全信息”后再展开金融活动，无论是价值链、还是产业链，所有的一切都是清晰可见的，其安全度、可信任度都将得到大大提升，甚至可以说是从根本上拔高了一个等级，而这也就是为什么人们会提出将金融领域“数字化”的原因，它有着重大的里程碑意义。

三、“数字化”对人类社会的五个方面影响

目前，针对当前人类社会的发展情况，人们需要重视起“数字化”在这几个方面的影响：

（一）颠覆全球个人支付方式

在我国尚未登上数字化的大船前，以往个人支付的方式主要为三种：纸币、储蓄卡以及信用卡。2002 年，我国组建了银联公司，将全国银行卡信息交换总中心和 18 家城市（区域）银行卡网络服务分中心合并到了一起，大刀阔斧地改革推动了传统支付的进程，并带动了社会经济的发展，功劳可谓是不菲。可尽管期间银联自主建成了银行卡跨行交易清算系统，还推广了统一的人民币银行卡标准，但是在创新支付领域却一直都没有什么明显的发展，无论是互联网支付、手机支付还是二维码支付，皆是如此。

直到我国移动互联网领域的技术进步以及应用普及之后，这一切才有所改变。手机支付逐渐占据了时代的主流地位，以支付宝、微信为代表的支付方式，开始影响起无数人的生活。从居家到酒店，从水电到交通，从话费到旅游，移动支付凭借其高效便捷的支付优点，打破了时间和空间上的桎梏，改变了无数人的支付首选。统计显示，2018 年中国移动支付规模远超同年美国的百倍，达到了约 39 万亿美元，而美国则只有 1800 亿美元，可见我国的电子支付系统在全球是有多么领先，实在难有国家能与我国相比。更别说发展至今天，支付宝、微信可支付的范围又扩大了不知多少，无论是欧美、日韩、东南亚等国，还是餐饮、超市、便利店、休闲等各种消费场所，可以说只要有中国人的地方就有移动支付。

随后企业也在相关方面做出了极大的创新。由于移动支付会使个人的资金往来信息沉淀下来成为信用数据，因此企业想到了业态层面的所有权与使用权分离，也就是人们听过的共享单车、共享办公等共享业态的概念。简单来说，就是与租赁相类似的一个概念，

只是卖掉一段时间的使用权而已，并不是彻底卖出。在移动支付的帮助与推动下，共享业态将有极大的可能迎来更大的发展机遇，更多新的共享事物将出现在人们的生活中。

当然，还有数字化中不能忽视的灵魂技术——区块链技术。在个人支付方面，它也贡献出了极大的作用，尤其是个人跨境转账方面。以往个人跨境转账的流程十分烦琐，费时费力，让人很不放心，需要跨越支付机构、银行和国际结算网络一整个串行流程。但是当区块链技术成为支付机构与商业银行之间的接口技术后，多个流程便可并行处理，跨境汇款中的多方可以直接将汇款报文直接传递给各参与方，有效地提升了流程速率以及各方的信任度。

不过尽管目前社会已经基本完全数字化，且移动支付也十分普及，但是任何人都不能限定人们必须使用哪种支付方式，对那些要求“无现金”的商家我们要大胆说不。根据《中华人民共和国人民币管理条例》，任何单位和个人不得以格式条款、通知、声明、告示等方式拒收人民币。拒收现金的行为不仅损害消费者的合法权益，还会危及金融安全。其根本在于基于电力、信号、网络存在的移动支付，一旦发生如地震、断电等天灾或者恶意破坏等人祸导致无法进行移动支付时，那么失去了其他支付方式的社会，届时必定会受到极大的影响，发生一些严重后果。

（二）重塑贸易清结算体系

在数字化时代，不仅需要改变个人支付方式，企业间、国家间的支付结算方式也需要进行重塑。企业在开展国际贸易外汇结算时，会面临是两国货币直接支付结算，还是以美元为中间价结算的问题。

在人民币跨境支付系统（CIPS）上线之前，人民币跨境清算高度依赖美国的SWIFT（环球同业银行金融电讯协会）系统和CHIPS（纽约清算所银行同业支付系统）。

SWIFT成立于1973年，为金融机构提供安全报文交换服务与接口软件，覆盖200余个国家和地区，拥有近万家直接与间接会员，目前SWIFT系统每日结算额达到5万亿~6万亿美元，全年结算额约2000万亿美元。

CHIPS是全球最大的私营支付清算系统之一，于1970年建立，由纽约清算所协会经营，主要进行跨国美元交易的清算，处理全球九成以上的国际美元交易。

SWIFT系统和CHIPS汇集了全球大部分银行，以其高效、可靠、低廉和完善的服务，在促进世界贸易的发展、加速全球范围内的货币流通和国际金融结算、促进国际金融业务的现代化和规范化方面发挥了积极的作用。

但是并不是说二者带动了全球的经济，它们就是好的、值得完全信赖的。首先，我们需要考虑过于依赖它们的风险，毕竟它们背靠美国，难免不被美国利用成为使用霸权，进行长臂管辖的金融工具。目前，美国已经通过它们发动了数次金融战争。如2006年美国财政部对伊朗展开的金融打击。在对二者数据库进行分析时，美国发现欧洲商业银行与伊朗存在资金往来，随后便借口伊朗资助恐怖主义，要求欧洲100多家银行冻结伊朗客户的资金，并威胁其他银行，只要为伊朗提供金融服务，便会被列入黑名单。因此在威胁发出不久后，全球绝大多数银行便都断绝了和伊朗金融机构的业务往来，一时间伊朗的对外金融渠道基本被全部封死；又如2014年发生的乌克兰危机①。当乌克兰决定强化与俄罗斯的贸易往来时，美国联合沙特将石油价格进行了腰斩，还发出威胁要将俄罗斯排除在SWIFT系统之外，让俄罗斯卢布大幅贬值，经济受到严重负面影响，而乌克兰在选择了俄罗斯的情况下，经济也惨遭重创。

其次，我们需要明白，SWIFT系统其实是一个过时的支付系统。它能依旧存在只是因为必需性，很多国家都必须通过它才能进行对外贸易。成立50年以来，它的技术更新十分缓慢，速度堪比乌龟，且无论是国际电汇、大额汇款还是大规模交易，效率都可以说是差得不能再差，严重耽误交易的效率和时间，但尽管这样，SWIFT系统通常还会按结算量的万分之一收取费用，制造了巨大的利润。

因此，在数字化时代来临后，再依靠老旧的、缺乏效率的、甚至没有太多安全性可言的SWIFT系统和CHIPS就失去了意义。目前许多国家都认为，通过区块链技术以及数字化基础平台构建形成一个新的清结算网络，是一个更有效率、更有保障的方向。因为区块链技术所拥有的五大特征，中心化、信息不可篡改、集体维护、可靠数据库、公开透明，每一个都在金融方面有着超乎寻常的意义。为了摆脱SWIFT系统和CHIPS全球支付体系的控制，越来越多的国家政府开始建设起了分布式记账系统，越来越多的跨国企业开始加入进了不同的区块链联盟，越来越多的金融机构和区块链平台通过区块链试水跨境支付，欧盟、日本、俄罗斯等国甚至在研究类似SWIFT系统的国际加密货币支付网络用以取代对方。

（三）改革全球货币发行机制

在20世纪70年代布雷顿森林体系瓦解以前，货币是通过金、银等贵金属作为锚定物的，其中金尤为重要。但是自此之后，平衡不在，黄金与美元的比价自由浮动，货币

① 乌克兰危机是由2013年底乌克兰亲俄派总统亚努科维奇中止和欧洲联盟签署政治和自由贸易协议，欲强化和俄罗斯的关系导致。

发行的基础就变成了与国家主权、GDP、财政收入相挂钩的国家信用，也就是说国家强大，所拥有的货币价值就会相对较高，国家弱小，所拥有的货币价值就会相对偏低，二者呈一种正比关系。其中，美国便是一个鲜明的例子，凭借强大的军事、经济，以及对全球石油美元结算和大部分国际贸易结算的垄断，美元成为了名副其实的“全球货币”，各个国家都很难不受美元的影响。

当数字时代笼罩全球后，部分企业开始打起了制造新货币挑战主权货币的念头，尝试发行比特币、Libra，以获取更多财富，但这种基于区块链的去中心化的货币，一方面没有国家作为后台发行基础，另一方面币值总在变化，没办法真正形成社会财富。一般来说，主权国家若是想发行数字货币，那么最好还是通过政府和中央银行发行，这样货币才有发行基础，如此才是践行货币国家发行权的最好办法。此外，在全球央行发行主权数字货币时，一定要注意数字货币需要跟国家GDP、财政收入、黄金储备建立适当的比例关系，这样才能让它与主权的信用挂钩，避免出现经济泡沫，以及滥发货币的局面。

基于区块链技术，我国推出了数字货币DC/EP这种全新加密电子货币体系，而全球第一个推出数字货币的央行很有可能就是中国人民银行，目前，人民银行已经对DC/EP研究了有些年月。推出DC/EP的目的是替代M0，而不是将现有货币数字化。其兑换方式为人民银行先把DC/EP兑换给银行或者是其他金融机构，再由这些机构兑换给公众，也就是所谓的“双层运营体系”。DC/EP的优点在于可以降低交易环节对账户的依赖程度，让人民币的流通和国际化变得更加有利。此外，数字化的DC/EP比起现金也更容易收集实时数据，无论是货币的创造、记账还是流动，每一个细节都将留有痕迹，可以为今后政策的发展发现提供有益的参考。

（四）推动智慧城市发展

2008年，IBM（国际商业机器公司）提出了“智慧地球”的理念，智慧城市就是由此演变出来的一个概念。作为数字城市与物联网相结合的产物，智慧城市被认为是信息时代城市发展的大方向、文明发展的大趋势。简单来说，智慧城市就是人类需求的未来。其本质在于将现代信息技术与城市运行系统相结合，把整个城市连接在一起，提升其工作效率，并让它拥有更多的智慧，可以自主进行感知、反应以及管理调控，进而创造更加美好的生活。作为新型城市化的升级版、未来城市的高级形态，智慧城市的根基十分雄厚，大数据、云计算、互联网、物联网等新一代信息技术都是它的基础，但由于目前智慧城市建设还未完全，还需一步步推进，因此还要注意逻辑，把握两方面的关键。

一方面是智慧城市建设的基础是万物互联。

万物都不是独立存在的，而是和周围其他事物具有联系，事物的运动、变化和发展都有迹可循，均是呈一个大方向在发展。自从数字化时代到来，手机等智能终端进入千家万户，全球的地域限制都被打破了，整个地球变成了“地球村”，人与人可以随时跨空间即时互联，整个人类社会的形态都受到了影响，无论是生产还是生活，都发生了翻天覆地的变化。但这并不是结束，随着5G、物联网、云计算、大数据、人工智能等现代技术的迅猛发展，物联网时代到来后，万物互联将成为社会的正常状态，沟通连接将从人与人逐渐扩大到人与物、物与物上。这也就是所谓的将物理世界数字化，将理想智能真实化，将自然世界与人类社会深度融合，在这种状态下形成的城市形态就是智慧城市。因此想要建设智慧城市，就必须完全掌握互联网时代的所有重要基础，包括技术、理念、思维在内的各种方面，而后才能真正科学、有效地推进“城市”与“智慧”相融合。

另一方面是智慧城市建设可分为四个阶段循序渐进。

从宏观大逻辑层面来看，建设智慧城市的步骤可以简单看作“四步”：

（1）让城市的物能说话；

（2）让物与物之间能对话；

（3）让物与人能交流；

（4）让整个城市学会思考。

不过这么思考可能太过浅显，因此我们还是需要将这些步骤细化，最后总结为四个阶段，分别是数字化、网络化、智能化、智慧化。首先是数字化，将物理世界数字化，让世界可以用数字表达，就是数字化，也是智慧城市的初级形态。其次是网络化，将已经数字化的城市连接到一起，如同互联网那样进行资源和数据的共通及互享，就是网络化。再次是智能化，在网络化的基础上实现自主的管理与控制，就是智能化，智能收费就是一个很有代表性的例子。最后是智慧化，在智能化的基础上将城市优化到更高级的版本，让所有的功能都能由城市自主统筹，让万物互联，就是智慧化，当城市进入到这个阶段时，才可以被称为智慧城市。

犯错会影响智慧城市的建设速度，所以我们的每一步推进都要脚踏实地，不要急于求成。且由于每个阶段之间都有联系，只有用心做好每一步，接下来的工作才会更容易做，这才是推进智慧城市建设的正确方式。

（五）医疗保健的根本性变化

长寿，一直是人类关注的一个重要话题。为了延长生命，人类可以说用尽了办法，不过行之有效的还是人类的智慧。250 万年前，非洲猿人向世界各地迁移时，平均寿命是十几年。一万年前后，非洲猿人进化成了智人，平均寿命延长到 20 多年，翻了一倍。到了有一定文明的古代，人类的平均寿命达到了 40 岁左右。

到了工业社会，人类的平均年龄达到了 70 多岁，距离 80 岁相差不多。如此发展，或许 100 岁、120 岁的年龄未来将成为普遍现象。之所以会这么说，是因为《奇点临近》里曾提出，人类能达到的最大寿命应该在 150 岁。但是由于人类身体的部件总会出现问题，哪怕只是某一部分出现了问题，解决不了也会牵一发而动全身，整个身体的机能都将受到影响，最后走向死亡。不过，随着科技逐渐发展，人工智能技术能够应用到医学方面，有生命特征、生物特征的微观智能器件可以替换人的五脏六腑，届时人类的平均寿命便能得到有效提高，120 岁、150 岁都将不再是梦想。

随着现代社会被数字化，医疗保健行业得到了极大的助力。众所周知，人类的免疫系统是一个界限十分分明的系统，1/3 的疾病不需要治疗也会自愈；1/3 的疾病即便治疗也不能痊愈；1/3 的疾病不治疗就不会好，治疗了才能痊愈。其中医疗体系主要负责的就是最后的这个 1/3。所有可以治愈的疾病都在资源信息中流通，医生可以第一时间对症下药，解决问题。当然，若是疾病处于另外两个 1/3 中，那么也可充分利用信息共享，记录下不需要治疗的疾病，以及治疗了也改变不了结果的疾病，以供旁人参考和借鉴。虽然有些无能为力，但这也是人类医疗技术的进步，在延长人类的平均寿命的同时还能尽量节省医疗费用和社会资源，以留给更多需要的人。

人类总是在不断变得更聪明，从农业时代，到工业时代，再到智能时代，每一次跨越都是无数人努力奋斗的结果。旧石器时代、新石器时代、青铜器时代、铁器时代、农具时代、机器发动机时代，每一个代表时代的工具的出现，都源于人类智慧的不断极高；从利用自然雷火到钻木取火，再到利用煤炭、石油、天然气、风力、水力、核能等能源，每一种资源的利用，都源于人类智慧的不断增长。尽管究其本质，人类智慧的发展，其实就是大脑的发育，当脑力开发到一定程度，智慧便会获得提升。就像语言和文字也是这个过程中的一个产物。在语言、文字诞生后，所有的智慧、知识都有了传递的能力，这也是迷信图腾、宗教信仰、理想信念、社会文明等事物产生的基础。发展至今，人类甚至凭借着智慧制造出了人工智能，将社会带入了“数字化”时代，就像进入以往的那些时代一样。当然，这不是终点，更不用担心人工智能的智慧发展会超越人类，人类总能在多年后变得更加智慧，再智能的工具也只是让人类更加进步而已。

四、“数字化”对产业发展的影响

“数字化”对于时代的影响可谓是非凡的。当它出现后，整个时代的性质都受到了它的调控，进入了一个数据价值时代。在这个时代背景下，数据的价值被无限拔高，数据的竞争，跟以往对传统资源、能源的竞争一样，成为竞争力的一种标志。大数据有着无数优点，能提升我们工作的质量以及效率；能将食物的因果关系呈现得更明确，让我们即使原本不清楚因果也能尽快拥有清晰的思路；能让企业把控全局，明确全部，不用再无限制的抽样调查；能让交易双方在交易时更明确交易内容，选择空间更多，降低货物周转成本的同时提高货物的质量和送达效率，付款时间更短，交易安全更有保障；形成数据挖掘的智能特性，让机器具有一定的智慧，不仅能帮人寻找信息（搜索引擎），也能帮助信息找人（推荐引擎），主动帮助人们解决问题，查缺补漏。至于产业发展，则需要重视三个方面。

（一）工业4.0：“数字化”背景下的工业制造业

在进入了数字化的时代后，由于大数据和云计算的影响，产业与企业方面发生了一些改变。制造业首当其冲出现了第一个变化，也就是所谓的“工业4.0”。一般能被称为“工业4.0”的企业，通常具有的特点都是一样的，分别是互联、数据、集成、转型。也就是说从企业的仪表、生产线、车间到供应链和产品链，每部分的数据信息都是互相关联、随时互通的，这些数据会通过实时集成反馈，给出工厂最适合的发展方向，从传统转型到个性。这些企业，通过充分利用“数字化”相关技术，充分表现出了“工业4.0”企业基本素养。当然，除了“工业4.0”这个智能化时代，还有“工业1.0”“工业2.0”和“工业3.0”，他们分别指的是蒸汽机时代、电气化时代，以及自动化时代。

最经典的“工业4.0”的案例是现在的集成电路的制造厂。生产12寸芯片的企业，其投资额小则70亿美元，大则150亿美元，占地面积差不多一平方千米。150亿美元投资一座芯片厂，100万平方米的厂房划分成几个车间，面积非常大，里边的机器设备布置得满满当当。但是整个厂区里面看不到多少人，厂内全是机器人在运转。10多年前，我们参观集成电路厂车间还有很多穿着白大褂的人，一个车间至少可以看得到几十个人，整个集成电路厂内各个车间有几百人同时上班。现在，150亿美元投资的一个大型集成电路企业，一个盘片从投入制造到流水线出来变成芯片，需要24小时在机器人的搬运操作下不断地运转，周转几万道工序，共 20 多天，才能变成产品，从流水线上下来。社会上每一个客户需要什么样的芯片，只要客户一下订单，芯片的样图设计，原材料、辅助材料的供应，以及下游封装测试的去向定位，都在电脑里安排好了。信息都是连接的，配送好就送进了工厂。工厂里面的机器人流水线全部协同运作。

关键是每一个芯片的尺寸看上去只是一个点，非常小。但是它内含着非常复杂的图形，一放大开来，这个图纸堆起来一叠像一座房子，非常复杂。每一个芯片的图纸都需要归档，一个 12 寸的硅片一般可以做几百、几千个芯片。一个大型芯片厂一个月消耗 15 万张盘片，一年消耗 180 万张盘片，做出来的芯片数量是几亿、几十亿个。每个芯片的档案都在云计算数据库里存放着，任何时候都能调取，信息终身留存。了解芯片工厂就能知道“工业 4.0”的特征。各种资源配置都能够互联互通、集成运作。

因此，“工业 4.0”是当代人类社会机器人运作的最高境界，这种境界有三个特征。一是车间里几乎没有人，全是机器人，机器人代替人进行高精尖的运转。二是整个车间整个工厂可以算成一个人。整个工厂大脑自动地决策思考怎么操作，怎么运算物流，可以把整个工厂当成一个人在自动化地运转。三是跟整个市场密切联系。产品的需求，市场的定制需求、个性化要求都在事先设计之中。在流水线中运行的芯片不是批量生产，不是按同一批次、同一种芯片生产，而是每一个盘片所对应的芯片都是有不同要求的，输入指令后，机器人能够进行非常高速度的运作和个性化的生产。

（二）产业链集群：“数字化”背景下的加工贸易集群化转型

在“数字化”的背景下，传统的加工贸易、来料加工的转型升级，也会发生重大的变革。在 20 世纪 80 年代末、90 年代初，中国制造业发展的重心是加工贸易，即来料加工。它的运作特点是从外国进口零部件、原材料，在中国沿海加工，加工后产品销售到全世界，所以叫“两头在外，大进大出”。它的原理是，制造工业进入了水平分工阶段，一个整机产品中的各种零部件、原材料制造，包括物流，不能由一个企业、一个公司大包大揽，这是成本最高的方式，而应该把每个环节分包给最能干这个业务的企业。外包的过程就可能是把一个电脑一千个零部件分包给七八百个企业。让这些专业化的企业专业生产这些部件，产品质量又好，成本又低，规模又大。按照这个原理，就出现了大进大出，零部件、原材料在全世界，组装基地在中国内地。

传统加工贸易的缺点是什么？一是全球性布局上、中、下游产业链体系的物流成本偏高，二是产业链黏合度较脆弱。物流过程中总会遇到刮风下雨，总有延误。同时，物流当然会有物流成本，全球性大进大出物流成本太高，绝不会因为石油能源价格低了，运输就没有成本了。时间也是成本，运输能源也是成本，还有各种各样的运输事故损耗带来的不测也是成本。所以，这个世界是平的，也是不平的。哪个地方适合发展垂直整合一体化的基地？一是销地产，在大规模的市场销售地搞基地。二是在原材料、零部件体系配套的地区搞基地。一个成功的、有竞争力的基地往往物流半径、原材料半径、服务半径会在一两个小时的半径内形成集群，这样才是最有效率的。这种产业链垂直整合的集群式发展，不仅可以使产业链的上中下游企业之间的资源要素实现有机整合，避免行业内的供需错配，使供给更加精准有效，还能通过产业链条上生产技术和工艺的良性竞争，推动企业不断创新，促进优胜劣汰，延长产业的寿命周期，实现产业能级的快速跃升。更具现实意义的是，能够有效降低物流等成本，补齐创新等短板，形成核心竞争力。产业集群发展模式，能为地方政府调结构、转方式起到核心支撑作用，并具有持久的竞争力和生命力。

具体方式上，要推动三种集群。首先是上游、中游、下游的产业链集群。比如汽车产业，一辆汽车有上万个零部件。如果要形成支柱，就要把上游零部件产业的70% ~ 80%都实现本地化生产，形成上游、中游、下游产业链集群。其次是促使同类产品、同类企业扎堆形成集群。当一个大产品产业链集群形成之后，它的上游原材料、零部件配套产业既可为龙头企业服务，也可为其他同类企业服务，这就有条件把同类产品、同类企业扎堆落户，形成集群。因此，只要形成了这种同类企业集群，即使有个别龙头企业遇到困难，只要产业整体是稳定的，是持续向上的，整个产业集群也能健康发展，从而能避免一个地区的经济大起大落，进出口大起大落。最后是围绕制造业形成生产性服务业和制造业集群。任何一个产业领域都会有研发、生产、物流、销售、结算等生产性服务业多个环节。比如，产品在全球销售、在全国销售，就会造成与结算、物流相关联的各种各样的服务型企业集聚扎堆，要围绕着制造业集群来布局，并促进生产性服务业企业集群化。

总之，企业三大集群的发展方式，实现了现代产业水平分工和垂直分工两种理论的完美结合。企业不可能“大而全”“小而全”。为此，过去龙头企业及品牌企业抓住品牌、研发和销售结算体系，把各种零部件制造和整机组装以水平分工分包给各类最有投资效率的企业，这种分工对一个龙头品牌企业来说，是合理的，能降低成本、提升效率，形成良性的竞争力。但对一个地区来说，如果产业发展没有形成产业链，重点招引的组装等制造环节可能处于“微笑曲线”的底端，除了提供了大量的就业岗位，没有太高的附加值。同时加工基地很不稳定，随时可以拎包走人，企业很容易转移到其他地方。所以，一个地方要形成国际化主打产品的核心竞争力，就要在全产业链上下功夫，以垂直整合的方式，把研发、材料与零部件制造、物流、仓储、结算、销售等高端环节和整机组装制造集于一地。这样既实现了成百上千个企业与龙头企业的水平分工，又实现了上中下游产业链在地区的垂直整合，推动制造企业在行业内、产业链内、地区内互联互通。

三大集群的发展模式，既符合水平分工，又符合垂直整合。这样的集群模式，还符合“工业 4.0”中的个性化定制。任何一个产品，一旦可以个性化定制，留存资源配置就能很快提升。这种资源配置，如果需要在全球运输，各个方面就无法控制。但如果 70% ~ 80% 的零部件基本上都在一个地方，定制系统、信息通信系统等各种物联网的系统就能在产品定制要求产生后的一两个小时内，进行决策、配送，完成产品的定制。这样就形成一个放大了的“4.0 工厂”，实际上是一个“工业 4.0”的产业链集群，这样的集群是很有战斗力的。

特朗普说美国工业再造，美国制造业要重新发展起来，要让海外的美国企业搬回美国去，其中难点在哪儿？代工企业、龙头企业要搬回去并不难。但要把一个上中下游产业链，涉及的成百上千的企业集群化的体系一起搬到美国去，非常难，没有五年布局做不起来。特别是这个体系已经按照物联网、互联网、大数据、云计算，按照“工业 4.0”的定制体系形成了一个有灵气的、有灵魂的组合，要把这个系统都搬回去很难。企业不会因为增加点关税就搬回去，或者是减少一些税收就搬回去，它要么不搬，要搬就要搬一个集群体系。

传统的加工贸易很容易搬走，但是近几年，中国内陆、沿海按照“工业 4.0”、物联网的构架形成了一些产业集群，是具有很强竞争力的，是不容易搬动的。中国制造业今后真正的竞争力就靠三个。一是科研驱动、创新驱动。在战略性的、基础性的科技开发上，能自主发展。二是全产业链的集群，这非常重要。全产业链集群一旦形成，就会有集群竞争力。三是按“工业 4.0”的要求，形成物联网的、智能化的运转，这也很重要。

（三）供应链金融：“数字化”背景下的供应链发展转型

前几年，经济脱实就虚，各种金融机构“小而全”“大而全”，银行做信托的工作，信托做证券的工作，金融企业热衷于集团化、全牌照。很多工业企业、商业企业、非金融企业也热衷于跨界运作，很努力地搞金融牌照，但搞金融牌照不是为自己的产业链服务，而是在与本公司业务不相干的金融市场中找业务，因为金融系统利润高，大家跨境经营都去做金融业务，以至于金融业虚火上升、脱实就虚、杠杆叠加、风险累积、乱象丛生。目前，金融领域正在按中央要求进行去杠杆、防风险，加强新形势下，资管业务、跨界业务的整顿。非银行金融机构的出路在哪里？就在产业链金融。最近几年，那些不务正业搞金融的企业很多都赔本。比如，重庆有一个非常有名的民营企业，规模几百亿元。前几年，它也热衷于搞金融、搞小贷。它搞小贷不是给围绕自身企业的产业链上下游配套企业提供小贷融资，而是向陌生企业、群众放贷款。由于没有经验，借出去的30亿元中坏账就有20多亿元，企业也因此陷入困境之中。

那么，产业链金融应该怎么搞？第一，作为龙头企业，可以将供应原材料的上游企业作为客户，搞一个小贷公司。看起来是小金融机构，但就把几千个以本公司为中心的、供应链中的配套企业联系在一起了。第二，供应链下游的企业。龙头企业发送货物之后，使用产品的下游企业要付款。这里面也涉及供应链，也涉及金融。不管是小贷、保理还是租赁，业务信息是全产业链的，是有背景的，是可靠的。例如，在上游企业为大企业供货的过程中，如果大企业延迟三个月后才付款，就会造成上游企业的资金周转困难。如果有小贷公司或者是保理公司，在上游企业供货时，一旦大企业拖延付款，可以先用保理解决。保理的钱一般不会形成坏账，过了三个月大企业还货款的时候就可以把保理的钱抵扣回来。这是一个安全的封闭运行体系。总体上看，互联网金融也好，产业链金融也好，它都有全产业链的信息背景，能帮助企业把金融信用做得很好，杠杆做得合理，风险降到最低。总之，一个运行得法的保理公司或者小贷公司，可帮助完成整个产业链上几百亿元融资过程，既能缓解中小企业资金周转困难，增强核心大企业与供应链上中小企业的协同性，又能赚取几亿元的利润。

“数字化”不仅对制造业企业、产业链运行有革命性的提升，在物流、贸易、金融等生产性服务业的发展方面，也能产生催化剂作用。中国的物流费约为GDP总量的15%，每年的物流费用约十几万亿元，包括交通运输、仓储转拨、金融支付等各种费用。这些费用中还包括企业之间在途货物互相拖欠的货款成本，铁路、公路、水路、航空等各种各样物流方式没有做到无缝对接造成的效率损失，还包括因为安保管理不到位造成的货物损失。

如果有了万物互联的物联网①，有了一个大数据、物联网、云计算、智能化的物流管

① 物联网（The Internet of Things，IOT）是指通过各种信息传感器、射频识别技术、全球定位系统、红外感应器等各种装置与技术，实时采集任何需要监控、连接、互动的物体或过程，采集其声、光、热、电、位置等各种需要的信息，通过各类可能的网络接入，实现物与物、物与人的泛在连接，实现对物品和过程的智能化感知、识别和管理。

理平台，就可能提升各种运输方式无缝对接的效率，确保物流运输过程的安保到位，加快货款资金周转效率，降低货物支付结算成本。供货方不再是等到货到达对方公司的厂区仓库里才拿到货款，而是可以在货一发送，集装箱送到港口、火车站时，就可以拿到货款。那么，谁给钱？游戏规则不变，最终还是由收货人付，但提前由一个主办银行或保理公司、小贷公司来垫付。这类公司付款以后万一出问题怎么办？可以由保险公司为它保险。在整个物流过程中，物联网平台公司已经算好了上架的集装箱几天以后到哪儿，最终这个集装箱会送到哪儿，全过程物流信息一目了然。在整个过程中，供货方因提早收回货款而受益，买方也没有提早付款，有小贷公司、保理公司或者银行提供贷款给发货的公司。保险公司和物流平台公司发挥了信用管理的功能，最终物流速度也加快了，成本下降了。金融、保险和物流降低成本后产生的大额利润由贸易双方分享，部分分摊给各个平台，大家都受益。

第二节　未来数字货币发展展望

“数字化”对人类社会的影响遍及各行各业，在这样的背景下，数字货币应运而生并发展迅速。数字货币作为一种新型的货币形态，在功能、应用场景、支付效率上都有着独特的创新，在全球范围内引起了广泛关注。但在发展过程中，也逐渐暴露出币值波动、支付可用性、监管困难等一系列难题。关于数字货币的研究，仍然在不断探索、深化。

一、数字化时代货币的三个“变化”

“数字化”对人类货币的影响体现在三个方面：货币的维度、辐射空间和价值源泉。

（一）货币的维度变化

货币的维度是根据人类社会发展的形态而随之产生变化的，也就是说人类社会从茹毛饮血，采集渔猎的原始社会发展到靠种植谷物，养殖畜牧的农业社会，再到工业化大生产的工业社会和今日的数字化网络信息时代，在这个发展的过程中，货币的维度形态也从多维发展到了一维。在原始社会中，不存在成熟的贸易体系，因此也就没有成熟的货币出现，但是在原始社会中，存在这交易，这种交易进行的方式主要是物物交换，即用贝壳等物品充当一般等价物，但在不同的原始聚落中，使用的交换媒介是不同的，这在原始社会的情况下是无法统一的，这就导致货币始终处于一种多维的状态下。

在进入农业社会后，在社会上交换的商品种类愈加丰富，此时原始社会中的物物交换的缺点逐渐暴露出来，逐渐走向消亡，在各个文明中普遍出现了贵金属制成的货币，比如中国在先秦战国时期的七国中，各个国家都有自己流通的货币，在秦朝建立后统一了货币，在西方地中海沿岸的诸城邦和国家中，也采用了德拉克马和塔兰特等金属货币，此时货币的维度变成了三维。

在进入工业社会后，由于商品内的价值量越来越大，同时，用于制作钱币的贵金属损耗大，且矿产采集逐渐匮乏，因此逐渐让位于纸币，这里值得一提的是，在我国宋代由于商品经济十分发达，出现了“交子”这种纸币，属于世界范围内的首例，也是工业化社会之前就出现的纸币。此时的货币由贵金属货币转化为纸币，在维度上也就从三维转化为了二维。

在进入20世纪80年代后，在信息技术革命的影响下，货币逐渐从纸币走向了电子化，比如信用卡、储蓄卡和手机支付，以及方兴未艾的货币数字化。从本质上来讲，货币变成了一种机器内的数据符号，从维度上来讲，也从二维的纸币变成了一维的数据。

（二）货币的辐射空间

原始社会的物物交换，基本局限在一个很小的部落范围内。农业社会不同的国家发行自制的金属货币，流通局限在国家的疆域范围内。比如，古希腊时期，希腊本土的城邦和小亚细亚沿岸城邦都有过自己的货币。

工业社会后，基本上所有的国家都拥有了自己的纸币，跨国贸易带来了各国纸币在全世界范围内的使用和流通，货币的辐射面大幅拓宽。随着货币的数字化，有一个问题的出现得到了世界各国的重视，那就是非主权国家对数字货币的发行权，因为数字货币一旦产生，就会立刻在全球范围内自由流通，无论是政府还是海关都很难进行管控。比如，比特币加密、匿名、去中心化的特性使得它可以摆脱银行网络、SWIFT运行，可以被不法分子用来洗钱、恐怖主义融资等。但是有一个特例，就是比特币，这种货币有一个天然的特性就是去中心化，使其脱离了主权信用，进一步导致无法保证比特币的发行基础，使得比特币没有一个稳定的币值，很难与社会财富联系起来，因此，比特币从根本上就不适合作为人类社会中流通的货币。

（三）货币的价值源泉

货币的价值主要来源于“货币锚”。“货币锚”是指货币发行的基础或储备，具有支持和约束货币发行规模的功能。早期的物物交换时期，充当货币的“物”如皮毛、贝壳的价值来源于人类付出的劳动时间或物质的稀缺价值。农业社会和工业社会时期广泛应用“金、银、铜”等金属作为货币，是由于黄金、白银、铜币开采不易，再加上这类金属性质稳定，因此适合作为货币，同时产量的自然增长难以通过人为进行操控，也能很好地保证币值的稳定。但“金本位”或“银本位”也存在天然的缺陷，由于金银储量有限且开采不易，一旦出现金银大幅增加或者外流，金银的价格就会大幅波动，导致经济出现通胀或通缩。

20 世纪 70 年代布雷顿森林体系解体后，以美国为首的西方国家的货币实际上没有以任何实物作为储备,仅仅是因为国家法律规定而具备了货币的功能,因此也被称为“法币”制度。货币的价值来源变成了与国家主权、GDP、财政收入相挂钩的国家信用，但因为缺少实物储备和明确的约束机制，在实践中带来了严重的货币超发。

2010 年以后，基于区块链技术的数字货币开始出现，典型如比特币及 Facebook 的 Libra。前者通过真实“挖矿”产生，它的货币锚是“挖矿”的“算法”，需要挖矿机、矿场设备、电能等成本，“价值”可以折算为对应生产矿机、建矿场、供应电力等的劳动时间。但此类货币没有固定的发行方，没有资产进行背书，发行规则基于特定的算法，发行数量往往是恒定的，难以根据经济发展的需求量扩大发行规模，其币值的波动导致无法承担支付使命，仅仅能作为避险货币而存在。

而后者 Libra，锚定的是以美元为主的“一篮子货币”，本质上类似于香港的“联系汇率制”，但 Facebook 在全球拥有超过 20 亿用户，一经实施，Libra 将对全球的金融体系与货币主权产生重大影响，因此对 Libra 类似的稳定数字货币发行，各国监管机构的态度极为慎重。

二、数字货币的未来发展主流将是央行数字货币

数字货币，顾名思义，是以数字化的形式实现货币的价格尺度、价值存储和支付交易等货币职能。数字货币和电子货币的区别在于，一般而言，数字货币是以数字形式存在的类似于现金的货币，可以实现点对点的匿名交易。而电子货币是建立在银行账户基础之上的，需要通过银行系统实现交割。

从发行主体来进行区分，当前数字货币可以分为 CBDC（央行数字货币）及私人数字货币。虽然近年来私人数字货币逐渐放弃锚定“算法”的发行方式，通过锚定主权货币为其价值背书，但其面临的发行主体可信度问题仍然没有得到解决。纵观货币发展历程，货币要成为被普遍接受的交易媒介，至少要包含三个要素。第一，要有政府主权背书。第二，币值大体上要维持稳定，除非发生严重危机。第三，不能伪造或不容易伪造。货币发展到数字货币阶段，也需要满足这三个要素，数字货币必须由国家发行由国家信用进行担保。任何私人发行的数字货币只能作为投资的证券，不能作为流通中使用的货币。货币的价格必须保持稳定。市场商品价格是通过货币来衡量的，而各类商品价格是市场经济环境下资源分配的指示器，因此清晰、稳定、可靠的货币是市场经济繁荣发展的基石。

除此之外，在一个国家的主权中，货币主权是一个重要的组成部分，回顾我国近代以来的发展历程，就可以看出我国货币主权的来之不易，不仅是我国，其他的发展中国家也一样，缺失了货币主权就谈不上生存更谈不上发展。以 Libra① 这种货币为例，一旦让其成功的发行和流通，就会立刻成为超主权的货币。这种超主权的货币有着巨大的危害：一是影响主权国家铸币税的收入；二是对于国家层面的宏观财政政策和货币政策来说都是一种严重的阻碍；三是促使资本外流，削弱了货币作为一般等价物本身的权威性，尤其是在一些经济实力较弱的国家，这种超主权的货币甚至可以直接取代本国的货币。一旦这些发展中国家失去了自身的货币主权，国计民生就无从保障，就会沦为新时期的殖民地。

因此从短期来看，私人部门发行的数字货币很难构成对现有货币体系的挑战。未来各国央行将成为数字货币的主导者。

三、发行央行数字货币的五个“动因”

自数字货币蓬勃发展以来，世界各国央行对 CBDC 的态度逐渐从谨慎保守到积极探索，很多国家均已在央行数字货币方面展开广泛工作，中国、瑞典、法国、新加坡等国家已进入测试、实验等阶段。央行大力探索 CBDC，主要有以下五个“动因”。

（一）替代纸币，进一步降低货币发行和流通成本

虽然近年来，我国现金支付由于移动支付的发展而持续低迷。但从规模上看，2019 年末我国 M0 仍然有 7.7 万亿元。根据测算，7.7 万亿元的 M0 大概对应纸币约 4000 亿张。而平均一张纸币的生产设计、防伪、存储、流通、销毁等成本约为 1.2 元。假如央行数字货币全部替代纸币，纸币的全套流程变成了数字运算，整体的创造、流转、维护成本将大幅度降低，预计能够节省几千亿元。另外，由于数字货币是通过密码算法等多重机

① Libra，是 Facebook 新推出的虚拟加密货币。Libra 是一种不追求对美元汇率稳定，而追求实际购买力相对稳定的加密数字货币。最初由美元、英镑、欧元和日元这 4 种法币计价的一篮子低波动性资产作为抵押物。

制来防伪，央行数字货币的防伪成本也将大幅度降低。

（二）促进普惠金融，提升支付多样性、便利性

账户是传统电子支付的核心，几乎所有的金融活动均与银行账户有关。但从全球范围来看，仍然有约 50% 的成年人没有正式银行账户。而基于代币无账户的 CBDC 设计可以使更多人享受到支付的便利，从而促进普惠金融的发展。

随着近年来全球互联网平台的高速发展，苹果、亚马逊、阿里巴巴、腾讯等公司旗下的支付机构在支付市场中的份额逐年提升，甚至开始取代传统商业银行成为支付市场的核心力量。一方面，某种支付方式的垄断有可能带来系统性的潜在风险。另一方面，引入多种支付方式可以有效加强市场竞争，方便老百姓在消费结算过程中自主选择支付方式，促进支付方式不断创新。尤其对于小微企业来说，不管是在境内贸易还是跨境支付场景中，小微企业多了一种收付款的方式，有助于进一步降低结算成本，提高结算效率。

（三）助力人民币国际化

此前的人民币跨境清结算不得不依赖于美国的 SWIFT 和 CHIPS 这两个系统，但是美国历来擅长使用金融霸权，SWIFT 系统逐渐沦为了美国长臂管辖的金融工具，这对我国的金融安全造成了极大的威胁。因此，我们及时上线了 CPIS 系统，这种系统可以为人民币在全世界使用保驾护航，同时，还可以为我国在境外的银行和当地的市场提供流动性资金。但是 CIPS 系统还是有一定的局限性，那就是需要以银行账户作为基础，这就给跨国交易带来了一定的障碍。这一点被 DC/EP 很好地解决了，使用 DC/EP 只需要有 DC/EP 钱包即可。同时，DC/EP 还可以借助 CIPS 系统帮助系统提升功能，促使跨境支付中的人民币应用的范围越来越广。

尽管 DC/EP 能够促进人民币国际化，但一国的货币要成为国际货币，跨境支付的便利性仅是必要条件，而非充分条件。成为国际货币需要满足一系列条件：货币可自由兑换、币值稳定、深广的跨境贸易场景、境内金融市场成熟且开放程度高、产权保护制度完善等，这已经超过了 DC/EP 的设计能力。因此，要实现人民币国际化的根本原因不在于央行数字货币走向国际化，而在于随着我国综合国力不断增强、资本项下自由兑换逐步展开、法制不断完善，当人民币成为国际货币的时候，人民币的数字货币才能够成为国际货币。

（四）应对私人数字货币的挑战

自加密货币推出以来，加密货币的匿名性、跨境支付的便利性以及潜在的财富保值就吸引了大量的人。虽然加密货币由于种种内在缺陷而无法成为主流货币，但其潜在的

优异特性已引起了各方的重视。2019 年 6 月，脸书宣布推出数字货币 Libra。Libra 完善了比特币作为支付工具存在的“通缩”“波动大”“交易费用高”等内在缺陷。Facebook 在全球拥有 20 多亿用户，且业务范围涉及跨境支付，一旦大规模推广开发，将给各国货币带来巨大的冲击。基于此，各国央行开始加速研发数字货币，探索基于主权背书的数字货币能够抵抗私人数字货币的冲击，捍卫数字货币主权，保证国家金融安全。

（五）提升监管效能，抑制洗钱、反恐怖融资等犯罪活动

数字货币的可追踪性和可编程性可以让央行追踪和监控数字货币发行后的流转情况，从而获取货币全息信息，实现对财政政策、货币政策的效果观测，有利于实施更有效的宏观货币政策。另外，经过设计的 CBDC 具有可追溯和标记特性，可以保证交易流程可追溯，在保障用户部分匿名性要求的同时对监管机构信息实名，从而帮助监管机构用大数据技术追踪洗钱、恐怖主义融资等行为，有效抑制犯罪活动。

四、发行央行数字货币要注意的四个“问题”

数字货币有利于降低现金成本、提高金融的包容性和支付系统的稳定性、提升监管效能，但在发展数字货币的过程中，也需要注意以下几个方面问题。

（一）央行数字货币需要借助银行、非银等金融机构进行间接投放

理论上，数字货币无须银行账户即可投放。但央行直接投放数字货币后，容易出现两个问题。

一方面，直接面向用户投放数字货币容易脱离“货币锚”的控制，引起货币超发。当前，央行的数字货币的发行是由货币 M0 进行置换的，商业机构需要向央行全额 100% 缴纳准备金，在这种二元运营模式下，央行数字货币没有脱离原有的货币体系，也没有凭空创造出来新的货币，央行数字货币仍然遵守货币发行纪律。

另一方面，央行直接投放数字货币有可能导致金融脱媒。商业银行的业务运作是建立在银行账户之上的，在账户的基础上开展存贷汇等业务。一旦数字货币直接大规模面向公众投放，等于绕过了银行、非银等金融机构，这些中介机构无法获得用户的金融交易数据，就无法提供与之风险相匹配的金融服务。因此，数字货币短期内仍然需要遵从二元发行结构，通过商业银行或非银金融机构发行，以降低对金融中介的影响。

（二）央行数字货币不对持有者支付利息

从央行数字货币的定位上来看，央行数字货币是 M0 的替代，相当于老百姓手里的现钞或硬币，所以这笔钱放在数字钱包中，银行并不对持有者支付利息。而且从理论上

来说，央行数字货币一旦计息，可能导致大量寻求安全的资产向中央银行转移，从而导致银行的存款流失。其结果是，银行要么面临负债端的成本上升导致的利润损失，要么提高存款利率水平。数字货币一旦开始计息，央行与商业银行就形成了竞争关系。为了降低数字货币对银行的影响，法定数字货币只能充当现金的替代物，不能替代 M1、M2。

（三）央行数字货币实施中要考虑对货币乘数的影响

央行数字货币在满足企业和居民需求的同时，由于其是现有货币体系内全新的货币形态，不可避免地将对现有的货币体系产生影响。央行数字货币在投放时，由于流通性更强，所以市场上流动性增加。为了避免市场上 M0 过多，未来发行的央行数字货币少于替代的纸币。因此，从货币乘数来看，由于分子不变，分母变小，整个货币乘数会在一定幅度上增大。当前以数量调控为主的货币调控模式将会因为乘数的波动而加大测量和控制难度，央行的货币政策操作难度将进一步加大。因此在实践过程中，数字货币的推动应当循序渐进，小心验证，使之在此过程中完善与现金的融合对接，验证其对金融中介和货币体系的影响，以弱化可能带来的负面影响，使其真正成为中国金融高质量发展的有力推手。

（四）在发展数字货币的同时，也要保留现金支付

近年来，随着移动支付的快速发展，现金在日常的使用中呈现下降趋势。未来随着数字货币发放规模的逐步扩大，其对现金的替代性将更为明显，流通中的现金和活期存款数额将进一步减少。

但中国各地区间数字化水平发展不均衡的现象十分突出，不同地区、不同年龄段的用户对数字货币的接受度也有所不同。因此，需要循序渐进地推动数字货币的发展。在推动数字货币的同时，不能强迫所有人使用电子化支付手段。即使未来现金支付已经接近消失，也要保留民众选择使用现金的基本权利。这既是经济伦理的要求，也是为了规避在极端情况下面临的风险不可抗力导致的电力中断、数据丢失等情况。

第三节　5G背景下金融科技的特征和发展路径

在4G技术广泛应用以后，出现了互联网经济消费的热潮，消费互联网迅速崛起，其中较有代表性的就是电子商务、社交媒体和文化娱乐。5G通信技术有着以下诸多优点：一是速率高，二是连接的范围更广，三是可靠性更强，四是延时低。这些优点会促使4G时代的消费互联网转向产业互联网，诸如大数据技术、云计算技术、人工智能技术和物联网技术会作为重要的技术推动力，推动金融科技向前发展。

一、金融科技发展的重要基础是产业互联网

金融为实体经济服务。有什么形态的产业链，就会有什么类型的供应链金融，相伴随的也会有相应的金融科技发展生态。数字化转型带来的价值空间与传统产业的规模密不可分，一个规模庞大的传统产业，在进行数字化转型之后带来的价值空间也不会小。在世界范围内，超过万亿美元级别的产业集群大概有60余个，这些产业集群都可以进行数字化转型。这些产业集群在数字化转型后都会节省大量的资金，拓展更大的产业价值空间，创造更多经济价值。当前的消费互联网时代，我国可以容纳几家万亿级别的互联网企业，在产业互联网时代，相同规模的企业可能存在几十家甚至上百家。

（一）在消费互联网领域，国内C端流量增量即将耗尽，行业主动求变

当前我国移动互联网月活用户增速持续下降，互联网增量红利消退，市场出现互联网下半场的声音。移动互联网行业急需向上游拓展，并走向国际化，头部互联网企业对于新的增长点十分渴望，为此提出了产业互联网的概念。

以中美两国的互联网行业作为对比，在美股科技前20名中，有一半是产业互联网公司。虽然在经济总量上，我国已经占到了美国的70%，但在产业互联网科技股的市值上，美国是我国的30倍，也就是说，我国现在还没有一个一马当先的产业互联网巨头企业。

没有产业内各个参与者的互联互通，就没有产业互联网的形成，同时，产业互联网的形成有着以下的好处：一是使产业内的数据采集和流通的方式得到改变；二是在区块链等技术的帮助下，产业内部的数据和交易的可信性得到增强；三是产业的价值链得到改变，参与产业互联网的每个参与者的价值也得到了提升。此外，数据要素在产业内的价值创造能力在产业互联网中得到了淋漓尽致的体现，这就意味着提升产业价值的一个

重要的渠道就是挖掘数据要素的价值。产业互联网具体来讲就是互联网技术、人工智能技术、物联网技术、大数据技术、云计算技术这些技术全都与企业的生产、研发和销售的各个环节联系起来，每家企业在技术的帮助下转变为信息驱动型的产业，在此基础上进行互联互通，在这种情况下，整体的产业效率就会得到提升。

（二）产业互联网与消费互联网的联系与区别

现在的消费互联网和将来的产业互联网之间存在着巨大的差别，比如现今的消费互联网存在一种现象，就是赢者通吃，这会导致马太效应的逐渐强化，不平衡感会逐渐增强，而产业互联网则可以避免这个现象，因为产业互联网是在产业链集群中的多方协作共赢；消费互联网的集中度更高，但没有相关的产业价值链，而产业互联网的价值链条不仅长，而且十分复杂；现今的消费互联网企业在一开始打价格战和补贴战赢取足够的用户之后，开始出现垄断式的盈利，而产业互联网是以产业为本，为产业创造价值，提高生产效率，节省更多的开支。可以说，构建起产业互联网的过程就是重塑产业价值链的过程，以往的传统产业链上的每一个具体的环节都必须进行数字化的升级，传统意义上的产业生态是将原材料转化为产品，而在产业互联网的环境下，需要加上一个要素“数据”。由此，数据成为了产品中不可或缺的一部分。

如今，发展产业互联网已是大势所趋，传统产业要进一步前行就必须大刀阔斧地改革，将落后于时代的商业模式抛弃，不断地升级自身的组织架构和组织能力，这样不仅可以使组织内部的协同效率大大提高，还会为传统产业向数字化转型铺平道路。金融科技向下一步发展，需要产业互联网作为基础，产业互联网的发展方向也是传统金融数字化转型的方向，两者是同向而行的。也可以说，消费互联网是金融科技发展的初级阶段，高级阶段则是产业互联网。

二、金融科技发展的主体是产业互联网金融

关于产业互联网金融的概念，现在没有一个定论，但有一个观点是以产业互联网的发展为基础的机构，该机构通过金融科技向中小微企业提供融资服务的，这样的机构的统称就是产业互联网金融。现阶段，以产业互联网为基础的供应链金融、互联网金融产品（如微业贷）助贷超市等形式，随着行业的发展，未来可能会有新的形式。

产业互联网金融与消费互联网金融的联系与区别主要为：产业互联网金融是消费互联网金融向上游产业端渗透，以企业为用户，以生产活动经营为场景提供贷款服务；消费互联网金融以个人为用户，以日常生活消费为应用场景提供贷款服务。

（一）产业互联网金融的现实意义在于有望解决小微企业融资难题

小微企业贡献了全国80%的就业，70%的专利发明，60%以上的GDP和50%以上的税收，在经济发展中意义重大。截至2018年中国小微企业有9318万家，占比为88%。小微贷款余额33.5万亿元，占企业贷款的37.6%，金融资源分配不够合理，产业互联网金融的现实意义在于有望改变这种状况。

在供给方面，我国传统银行业不能完全解决小微企业的融资需求。截至2018年底，我国共有134家城商行及1427家农商行，提供了13.22万亿元的小微企业贷款，且贷款规模发展迅速，高于国有商业银行与股份制银行的11.67万亿元，是小微企业贷款发放的主力。但与此同时，行业不良率也在持续走高，农商行行业不良率最高触及4.29%，高企的不良率迫使银行收缩信用放缓小微企业贷款发放，农商行及城商行不能完全解决小微企业的融资需求。

在需求方面，2018年起实体经济企业金融需求分层，呼唤新金融供给解决痛点问题。2019年12月，我国工业企业应收票据及应收账款达17.4万亿元，同比增长4.5%，实体经济融资需求旺盛，同时由于信用分层，小微企业融资难、融资贵问题日益严重。小微企业属于金融业长尾客户，由于存在抵押品不足、信用资质差、信息不对称、生命周期短等问题，银行通过传统手段进行风控的成本很高，造成了小微企业金融服务供需的不匹配，这是产业互联网金融产生的基础。

（二）各类因素叠加金融科技技术储备迭代，产业互联网金融产生

金融科技得到迅速发展是在2016年前后，在那个时间段金融行业的发展得到了人工智能技术，区块链技术和大数据技术的支持，在这种环境下，传统的商业银行和互联网银行以及产业互联网服务商都投入到了测试C端的风控技术在B端有效性上的实验，这些因素的纵横交错下，产业互联网金融就此产生，并且在发展的速度和深度上更是无与伦比。

产业互联网金融依托产业互联网，价值来源于金融赋能产业能力提升。产业互联网金融依托产业互联网服务，基于B端经营融资需求，行业价值来源于金融赋能产业能力提升，这一点与C端消费金融满足个人超前消费需求的价值逻辑不同。产业互联网金融相比传统金融供给体系的优势在于将企业服务数据与金融服务紧密地结合起来，以信息流转带动信用流转，从而解决传统金融供给无法解决的问题。

（三）产业互联网金融由五类基本构成要素

产业互联网金融的基本构成要素分别为产业链、中小微企业、产业互联网应用、金融科技及金融服务机构，我国未来产业互联网金融行业的重要节点在产业互联网应用与金融科技这两个部分，这一点类似C端的消费金融（见表7-1）。

表7-1　五类基本要素构成产业互联网金融

产业互联网金融构成要素	产业链	基础：数字化实现产业链智能、融合、弹性、协同、互联
	中小微企业	对象：中小微企业依附于产业分布，是行业目标服务主体
	产业互联网应用	数据：产业互联网应用将产业链变为数字驱动，提高产业效率
	金融科技	风控：新型多维数据验证，交叉风控模型构建
	金融服务机构	提供者：金融服务提供商

（四）产业互联网金融服务商相比传统金融机构有四方面优势

中小微企业天然具有生命周期短、业务规模小、抵押资产少、信息不对称等问题，过去我国采用城商行及农商行服务当地的做法，效率并不够高，不能完全满足中小微企业的融资需求。产业互联网金融相比传统金融机构服务可以有效解决获客成本、信息孤岛、智能风控、审批效率四方面问题，具有明显的优势（见表7-2）。

表7-2　产业互联网金融将从根本上解决中小微企业融资中的痛点问题

中小微企业融资难的原因	金融机构服务难的原因	产业互联网金融的优势
生命周期短	获客成本高	降低获客成本
业务规模小	尽调投入高	解决“信息孤岛”问题
信用记录不完善	—	
可抵押资产不多	担保品不足	智能风控
融资成本高	风险成本高	
审批时间长	风控流程长	效率高

产业互联网的金融服务目标将专注于中小微企业金融市场。一是产业互联网金融可以有效解决因信息不对称导致的信用不足。二是大型企业信息化过程中，一般采用本地化策略，产业互联网提供商提供定制化服务，产业大数据不好采集。三是中小微企业预算有限，偏好低价甚至是免费软件，一般愿意接受标准化服务，服务商可以获取大数据。四是大型企业信用好，融资手段多且成本低，已经被银行服务覆盖，中小微企业则因为风控原因，仍为蓝海市场。金融科技能力是产业互联网金融行业亟待验证解决的问题。

由于 B 端企业法人和 C 端自然人的巨大差异，同时中小微企业固有的生命周期短、抵押品不足、信息不对称等问题，目前行业最成熟的解决方案是用核心企业弥补中小微企业信用的供应链金融。脱离核心企业信用，仅以金融科技为基础的大数据风控，目前行业正在进行可行性验证，部分龙头企业已取得了初步的发展（如微业贷），未来完全依靠金融科技的产业互联网金融模式，还有待时间验证。

三、金融科技发展应遵循的原则和模式

（一）金融科技有两个基因，并不改变金融的传统宗旨与安全原则

金融科技的产生只是在金融这个领域中增添了科技这个要素，而金融领域传统的宗旨和安全性的原则并没有被改变，这就说明发展互联网金融需要充分发挥网络数字平台的优越性外，还要牢记现代金融形成的宗旨、原则和理念，这些不能被改变的内容。金融科技有其固有的两个基因：

（1）互联网数字平台的基因“五全信息”。

（2）金融行业的基因，即在任何金融业务中都能把控好信用、杠杆和风险的基因。

互联网这种技术天生就有着广泛的辐射性和深远的穿透性，在与金融结合后，更是提升了传统金融业的运行效率，降低了金融风险，但是对于互联网技术引入金融行业还要注意，金融业可能被系统性的颠覆。为了避免这种严重的现象发生，就必须制定好相应的运营模式的规定和对潜在风险的处置方法。以下行为是严令禁止的，比如利用高额利息扰乱储蓄和集资、对于资金的流向不明确和暴力催收等。

（二）消费互联网金融和产业互联网金融合理的发展模式：数字化平台与各类金融机构有机结合

发展科技金融可以采用“互联网技术 + 金融”，这种较为基础的模式，对于一些自身条件较好的网络数据平台公司可以独立发展自己的金融业务，发展“金融企业互联网”也不失为一种选择，即以产业链和供应链为基础，立足自身的实际需要发展互联网数字平台。在如此多的选择中，最合理有效的当属网络数据平台和产业链金融的有机结合。

对于 P2P 这种类型的金融产品我们要严肃整顿和处理，但这并不意味着将网络贷款全部取缔，经过国内外的实践表明，网络贷款具有普惠金融功能，但需要规避以下几个问题：一是高利息揽储，二是缺乏资本金，三是贷款资金的筹集是从非正规渠道来的，四是不考虑贷款对象的实际情况就随意贷款。现阶段，我国运行较为正规的网络贷款公司有几十家，总共的贷款金额约为 8000 亿元，同时，不良率保持在 3% 以内，这一不

良率比信用卡还低。

如果将科技金融理解为由科技公司自身打造的金融资本的融通公司就稍显狭隘，关于科技金融，最为合理和具有前景的模式是以当下的互联网或者将来的物联网为基础形成的数字平台与金融机构的有机结合，两者珠联璧合，可以发挥出更大的优势。由此，形成数字金融平台与各实体经济的产业链、供应链和价值链的结合，在此基础上，一个产业链金融形成。由于人类的消费具有同一性和同构性这两个特征，因此，在全社会开展电子商务活动时，可以采取“一刀切”的模式，这是消费互联网时代的便利性。但是，在产业互联网时代，这种便利性几乎荡然无存，这是因为产业具有复杂性和异构性两种特征，这具体体现在一个工业上的产业链和物流的供应链的数字化平台的结构是完全不同的，其他领域皆是如此。

在此基础上，在即将到来的产业互联网时代，如果一个网络数据公司仍旧沉迷于做金融业务，那么它就必须具备以下条件：

（1）资本金这一金融企业所必需的要素必须充足；

（2）放贷资金的市场来源必须十分规范；

（3）必须要有专业的理财人士的支持和帮助；

（4）必须接受国家监管部门的严格监管。

即便在满足了上述四个条件的情况下，参与金融业务的网络数据公司做的也是舍本逐末的事情。

因此，网络数据公司应该充分发挥自己的长处，在各类产业的价值链、供应链和产业链上努力耕耘，加快形成各行业的“五全信息”，这些信息就是网络数据公司重要的工具，金融战略伙伴得到这些信息之后，将会最大程度上提升产业链金融平台的服务效率，同时，还会优化资源的配置，降低运行的风险。

纵观国际的相关企业经验可以看出，一般的互联网平台公司对于金融方面的业务不会轻易触碰，比如美国的亚马逊和 Facebook 等知名的互联网平台公司，这些公司的股价都达到了数千亿美元甚至上万亿美元，但是即使发展到了如此的程度，他们依旧不敢随意染指金融业务。这主要有下面四个原因：

（1）一个成熟精明，目光长远的商业精英不会不懂得术业有专攻这个道理，与其各个领域都蜻蜓点水式的实践，最后竹篮打水一场空，不如盯紧一个行业不断前行，才能获得足够的行业地位，才能在此基础上获得超额的利润。

（2）一般情况下，一个互联网的商品销售平台没有过高安全等级底层技术，这就导致其无法满足金融的需求，如果费尽力气完成了金融业务的需求，在现有的条件下就不得不投入大量的资本，这往往会导致支出大于收益的情况出现。

（3）在美国，对于金融企业的监管是相当严格的，发生金融风险会导致数十亿美元的巨额罚款，这是一般的互联网公司难以承受的。

（4）金融风险可能来自任何一个业务点的风险，而金融风险一旦产生就会迅速波及所有的非金融业务，这就导致一个成熟的商业人士是不会做这种风险远大于收益的事。

（三）形成明确的各方多赢效益原则

发展互联网金融，一个必须要遵守的原则就是多方共赢的效益原则。在当下的消费互联网时代，人类生活具有同构性是一个重要的基础，在这种基础上，网络平台公司在前期会采用烧钱的方式取得规模上的优势，然后依靠广告业务获得垄断性的收益。这种简单直接的盈利模式在产业互联网阶段是行不通的，因为各个行业的结构是不同的，运行的模式也是不同的，如果依旧模仿消费互联网时代的烧钱做法，非但无法吸引足够的客户，更不可能扩大市场的占有率，纯粹是一种无用功，反而会严重限制网络数字平台的发展。

在产业互联网时代，一个科学合理的网络数字平台应该依靠以下四种渠道盈利：

（1）引入尖端的科技，比如大数据技术、云计算技术、人工智能技术，在这些技术的帮助下，提高金融业务本身的工作效率，带来更多的收益。

（2）对数字网络平台和金融业务的资源进行优化配置，由此带来优化的红利。

（3）在物联网技术、大数据技术等的帮助下，使产业链和供应链的物流成本不断降低。

（4）在上述技术的帮助下，全产业链、全流程、全场景的信息传递功能得以体现，这不仅会降低金融运行的成本，还会降低金融风险发生的概率，从而带来收益。

金融企业与网络数字平台的合作也会为自身带来效益和红利，主要是通过以下四种优势：

（1）可以以一个较低的成本进行融资，具体来讲，就是金融企业获取企业和居民的储蓄资金和从人民银行运行的货币市场获取的资金都是低成本的。

（2）可以对企业的信用进行判断，网络数字平台可以对客户的信用进行全方位的诊断，判断客户的抵押、信用和风险防范。

（3）具有一定的资本规模，尽管网络数据平台有着巨大的客户征信的规模，但是他的资本金规模却比较小，因此难以达到融资规模 10% 以上的资本金，也就无法实现放贷融资的金融行为，只能与金融公司进行合作。

（4）具有良好的社会信用，经过多年运营的传统的金融企业不仅符合金融监管当局的监管习惯，还符合居民的储蓄习惯和企业的投资习惯，通常来说，传统的金融企业都有牌照，因此交易的安全性更优，这也是网络数据平台无法比拟的优势。

综上所述，网络数据平台和传统金融企业需要将彼此的优势进行互补，这样才能发挥出更大的优势，创造出更大的价值。

第四节　全球贸易的数字新趋势

一、产业发展

在全球范围内的产业发展中，存在着一种泾渭分明的格局，一方面是传统制造业和服务业江河日下，其规模的年均增长率仅为 2% ~ 3%；另一方面，那些与战略新兴制造业密切相关的产业的增速则保持在 10% ~ 15%，而在大数据技术、云计算技术和人工智能技术在内的数字产业的年均增长率已经高达 25%。在这种诱人利益的影响下，大到一个国家，小到一个企业都在追逐战略性的制造业、服务业和“互联网 +”的相关产业发展，加快培养新的发展动能。

二、企业和产业的运行模式

在全球范围内，那些具有一定竞争力的跨国公司和支柱产业都在加紧建立起上中下游一体化的产业链集群，这种集群是十分具有竞争力的。上述构建这种产业链的集群也是制造业内部的一种协调，这种协调会带来一种好处，就是形成一整套的研发设计、物流配送以及销售的生产性的服务业配套的，系统化的供应链。同时，还可以促使总部协调控制的，分布在全球各个地区和各个环节的贸易清算和结算的价值链的枢纽化，这种枢纽化的结构不仅是一种离岸金融结算的方式，还是一个跨国公司首选的低税率的、零壁垒的自由贸易的枢纽地区。

比如，我国在加工贸易方面产生的大量的金融结算业务都出现了流失境外的情况，我国的进出口贸易值有 4 万多亿美元，其中有 1.8 万亿美元的加工贸易结算属于离岸金融结算，之所以选择离岸进行金融结算，是因为我国境内的各方面条件尚不许可，这 1.8

万亿美元的离岸金融结算中，中国香港占了3000多亿美元，东南亚的新加坡和西北欧的爱尔兰各自占了4000多亿美元，其余的则被中国台湾地区和日韩两国占据。

为了将这1.8万亿美元的金融结算放到国内，需要开放我们的离岸账户，并在税制方面与境外的自由贸易区趋同，在完成上述两步之后，跨国公司上万亿美元的加工贸易离岸金融结算就会回流到我国境内，这样带来的好处是不胜枚举的，包括产生相当体量的银行的收入，大量增加就业，增加政府的税收收入等。总而言之，无论是现代的企业还是现代化的经济体系，要在全球范围内具有相当的竞争力，就必须利用高新技术，增加资本积累，建立相关的产业链、供应链和价值链的全球运作能力。

三、产业链的全球一体化

进入21世纪以来，全球的经济贸易联系更加紧密，国际上的分工越来越深化，原先在一个国家或地区内就可以完成一种产品的生产，现在为了提高生产的效率，降低生产的成本，已经将一种产品的生产交由多个国家或地区来完成，这种产业分工就形成了全球化的产业链、供应链和价值链。以往一个产品，从生产出来到销售，都是在一个国家的内部完成的，在产业全球化的今日，已经将生产和销售的流程分到各个国家或地区中进行。原先的产业间贸易也转变为产品间贸易。全球化的产业链改写了国际贸易体系，中间品的贸易取代了最终品的贸易，成为国际贸易体系的重心。在21世纪第二个十年以来，在全球范围内的贸易当中，来自中间商品和服务的贸易量已经占据60%，超过了半壁江山，中间商品和服务是最终商品和服务的不同阶段。根据马克思主义政治经济学，生产关系会受到生产力变化的影响，生产力决定生产关系。传统的经济贸易规则需要面对全球价值链带来的冲击。

在全球化产业链的大环境下，随着中间品贸易的不断增加，贸易壁垒的产生是必然现象，但是贸易壁垒出现的过多会产生累积效应，这会导致贸易成本极大地增加。由于全球化大生产下的中间品需要经过多次跨境的贸易，因此，即使非常低的关税壁垒也会导致跨国公司承担过多的成本，各个国家和地区的贸易保护程度也会逐渐增加。因此，在这种情况下，“三零”规则被凸显出来，这“三零”就是：零关税、零补贴和零非关税壁垒。全球化价值链的一个要求就是高效率的全球贸易的便利措施。生产要素在各个国家和地区是自由流动的，因此导致了跨国贸易的与日俱增，通关和物流的成本也因此得到降低。同时，也将贸易的时间成本压缩到了最低。做到上述这些便利的措施需要多方共同努力，需要各个国家和地区建立起公正透明的营商环境，政府层面要提供更加便捷高效的服务，海关方面要避免重复关检等。

四、全球产业链的分工模式

在全球化产业链分工模式下，产品标准是一定要趋同的，同时，生产经营和管理模式也要向着一体化的道路迈进。在全球化产业链形成之前，各个国家单方面制定和执行的规则，比如知识产权的保护、生产环境和劳工的标准以及国有企业的竞争行为都应该充分考虑到国际规则的存在和约束，各个国家在各个方面制定和执行的规则都要做到公开透明，公平公正，不能歧视外国企业，也不能过度庇护本国的企业。发展全球的产业链、供应链和价值链需要不断进行谈判，谈判的主要议题包括国际的投资、服务贸易和劳工技术等标准，还有各个国家内部的管制以及中间品的贸易等。

五、数字贸易的时代

据相关统计显示，目前的全球服务贸易中，有一半以上已经实现了数字化，其中通过数字化平台实现的跨境货物贸易已经超过了12%，在未来很长一段时间内关于数字贸易方面的增长将会持续进行下去。对于货物贸易来说，数字技术的引入提供了很大的便利，不仅使服务贸易更加便捷，还使新的服务业态得以产生。在数字贸易发展的重要关口，我国要做到以下几个方面：

一是创新经济发展的思路，抢抓机遇，深入挖掘和培育数字经济新的增长点。在出口领域，主动引入先进的数字技术，将其作为出口的重要支撑；在服务方面，全面推进高端化的服务，同时，在数字经济领域扩大服务出口。

二是勇于改革，大胆创新，在服务贸易领域积极培育新的业态和模式，加快推进数字服务贸易集群的形成。

三是发挥好我国这个世界上最大的数字经济系统的优势，促进人工智能技术、云计算技术和大数据等高新技术的迅速发展，充分利用好“数字化”这个有力的工具，加快智慧城市的建设。

在数字贸易领域的接轨主要有以下几个问题：

一是招商引资，在招商引资领域最直接的问题就是交流的不便性，外商投资企业的管理人员与工作人员在进行商务交流时，需要借助境外的邮箱和交流软件，这对彼此之间的交流造成了一定的困扰，且跨国之间的资料和数据的交换也受到一定的阻碍，降低了效率。

二是与国际规则的接轨，现阶段我国的互联网电子商务要走出国门，面向世界，急需解决规则不接轨的问题。比如，国际上的互联网公司鲜有高垄断和金融业务的，还有在网络上进行交易、纳税、支付等一系列操作都与我国国内的情况不同。

面对上述两个问题，必须深入研究，共同探讨解决数字贸易市场集中度、隐私保护以及安全威胁等国际规则的相关问题。以下是几种具体的做法：

首先是在国际范围内加强数字贸易的合作，确保各个国家和地区用于交易的网络是公开透明的，同时，必须大力支持国际数字贸易的自由化和便捷化。

其次是进行交易的双方必须保证各自的数字经济政策符合全球范围内的合理共识。

最后是要进行多边或者双边的贸易合作，为构建坚实的国际数字贸易规则提供确定性。

综上所述，目前，在全球范围内，产业和贸易演变发展不断出现新的趋势，如果还按照过去的产业发展方式进行，必然会落后于时代。因此，必须立足产业发展的最前沿，以最快的速度适应新形势的变化，把握住全球产业发展的新特点，加快转变为制度型的开放。

后 记

不知不觉间，本书的撰写工作已经接近尾声，颇有不舍之情。因为本书是作者在研究供给侧结构性改革多年后的一部投入大量精力与数据调研后的作品，倾注了作者的全部心血，但是想到本书的出版能够为供给侧结构性改革提供一定的帮助，为实现经济高质量发展贡献一份力量，作者颇感欣慰。同时，本书在创作过程中得到社会各界的广泛支持，在此表示深深地感激与感谢!

本书在撰写与研究的过程中，作者一是通过科学的收集方法，确定了该论题的基本概况，并设计出研究的框架，从整体上确定了论题的走向，随之展开层层论述；二是对供给侧结构性改革理论的论述有理有据，先总结基本理论，多角度进行解读，进而给出合理化的建议和举措；三是深度解析供给侧结构性改革发展问题，通过各章节鞭辟入里地分析，试图构建关于供给侧结构性改革的系统研究体系。通过理论与案例分析，找到最具特色的经济高质量发展之路，使我国得以更好地应对百年未有之大变局。

由于供给侧结构性改革不是一蹴而就的，需要不断探索与实践。因此，作者由衷地期待全社会共同努力，推动供给侧结构性改革不断深化完善。

总之，全球产业和贸易演变发展的新趋势，要求我们必须积极调整产业发展方式，主动拥抱产业发展新浪潮，努力适应新形势；把握新特点，从过去的商品和要素流动型开放向规则等制度型开放加快转变。

参考文献

[1] 方福前．供给侧结构性改革、供给学派和里根经济学 [J]. 中国人民大学学报，2020,34(3):72–81.

[2] 罗力．“供给侧结构性改革”与“里根经济学”异同辨析 [J]. 经济师，2016(4):63,65.

[3] 胡鞍钢,周绍杰．供给侧改革不是“里根经济学”的“中国版”[J]. 新华月报，2016(16):28.

[4] 吴敬琏．供给侧改革的经济本质 [J]. 商周刊，2017(9).

[5] 供给侧改革背景下的经济法 [J]. 时代金融（中旬刊），2019(4).

[6] 陈冬治．供给侧改革的创新典范 [J]. 中国集体经济，2016(21):53–56.

[7] 王子林．供给侧改革的创新驱动与产业升级 [J]. 当代经济，2017(5):26–28.

[8] 冯俏彬,贾康．我国供给侧改革的背景、理论模型与实施路径 [J]. 经济学动态，2017(7):35–43.

[9] 杨振宁．我国供给侧结构性改革路径选择 [J]. 合作经济与科技，2016(24):44–45.

[10] 程震．深化供给侧结构性改革实施路径分析 [J]. 价值工程，2020,39(8):293–297.

[11] 李莉,管理要．供给侧改革中的大学生就业劳动力要素分析 [J]. 内蒙古教育(职教版)，2016(3):11.

[12] 刘羽琪．“供给侧改革”背景下的劳动力流动与最优化配置——以京津冀地区为例 [J]. 商情，2017(16).

[13] 陆岷峰．民营企业融资窘境与金融供给侧结构性改革——基于资本要素市场化的视角 [J]. 福建商学院学报，2020(4):13–19.

[14] 浦文昌．供给侧改革中企业家要处理好五个关系 [J]. 中国民商，2016(8):76–78.

[15] 朱晨旭,冯百侠．基于供给侧改革下我国技术创新策略研究 [J]. 华北理工大学学报（社会科学版），2017,17(4):56–59.

[16] 王燕武,李文溥,张自然．对服务业劳动生产率下降的再解释——TFP 还是劳动力异质性 [J]. 经济学动态，2019(4):18–32.

[17] 杨玲．人口老龄化对劳动生产率的影响分析 [J]. 管理学家，2020(1):40–41.

[18] 张淑婷．中国区域全要素生产率增长率的测算 [J]. 现代经济信息，2018(1):456,458.

[19] 陆旸．中国全要素生产率变化趋势 [J]. 中国金融，2016(20):40–42.

[20] 王慧姝．简析中国降低金融风险的措施 [J]. 大经贸，2018(9).

[21] 姚正海．经济高质量发展研究现状述评 [J]. 科技与管理，2020,22(3):81–87.

[22] 尹冰清．经济高质量发展的路径思考 [J]. 银行家，2020(2):38–39.

[23] 杨煌．扎扎实实推动经济高质量发展 [J]. 中华魂，2020(2):6–8.

[24] 卜艳华．坚持推动经济高质量发展 [J]. 新长征（党建版），2019(7):10–11.

[25] 郭春娜,陈春春,彭旭辉．中国制造业劳动生产率再测算——基于资本深化和全要素生产率贡献率的考量 [J]. 价格理论与实践，2018(7):151–154.

[26] 易虹汝 . 论金融供给侧结构性改革与我国宏观经济 [J]. 财经界（学术版），2020(1):12-13.
[27] 邝始炜 . 供给侧改革背景下宏观经济发展策略 [J]. 经济与社会发展研究，2019(15):7.
[28] 李瑾 . 略论供给侧结构性改革的微观基础:国有企业推进混合所有制 [J]. 河南财政税务高等专科学校学报，2019,33(5):1-5.
[29] 汤吉军,郭砚莉 . 供给侧改革下激发企业家创新的微观机制与制度选择 [J]. 经济学家，2019(1):87-95.
[30] 常晓筱 . 浅析供给侧改革在微观企业的有效实施——以财务报告目标为视角 [J]. 农村经济与科技，2017,28(16):104-110.
[31] 李国良 . 数字货币 [J]. 智力（提高版），2018(2):8-11.
[32] 宋英豪,戴建兵 . 数字货币研究综述 [J]. 高校社科动态，2020(2):14-20.
[33] 段以沛 . 数字货币及央行发布数字货币的意义 [J]. 新营销，2019(8):88-87.
[34] 魏雅隽 . 金融科技发展探析 [J]. 金融经济，2019(4):112-114.
[35] 史圆圆 . 金融科技的创新与挑战 [J]. 经济与社会发展研究，2020(2):216.
[36] 朱宏 . 供给侧结构性改革的理论源泉 [J]. 区域治理，2018(2):57.
[37] 王洁钰 . 新时代供给侧结构性改革理论的发展与创新 [J]. 濮阳职业技术学院学报，2020,33(2):8-10.
[38] 亓为康 . 浅析供给侧结构性改革与西方供给理论的差异 [J]. 商业经济，2018(2):108-109.
[39] 任智颖 . 我国供给侧结构性改革的形成及理论渊源研究 [J]. 学理论，2019(4):89-91.
[40] 张雷声 . 习近平供给侧结构性改革理论研究 [J]. 毛泽东研究，2019(6):4-13.
[41] 熊煜 . 供给侧结构性改革的理论分析 [J]. 知识经济，2017(15):24-25.
[42] 王亮 . 西方供给学派经济理论与我国供给侧结构性改革理论的比较研究 [J]. 中国市场，2019(27):19-27.
[43] 孟晓进 . 供给侧结构性改革的理论与实践创新研究 [J]. 全国流通经济，2018(18):67-68.
[44] 林威 . 论供给侧结构性改革的经济理论演进过程 [J]. 今日财富，2018(15):93.
[45] 涂农夫 . 供给侧结构性改革的理论逻辑与实践路径 [J]. 经济，2018(1):291.
[46] 高东方 . 供给侧结构性改革的理论基础是萨伊定律吗？ [J]. 商业经济，2020(11):161-162.
[47] 赵欢 . 探究中国特色社会主义政治经济学及其供给侧结构性改革理论逻辑 [J]. 辽宁经济，2020(9):6-7.
[48] 张俊艳,万慧颖,朱慧芳,朱思宇 . 推进供给侧结构性改革的理论与实践问题研究 [J]. 现代经济信息，2017,(23):69.
[49] 金春华 . 供给侧结构性改革理论根基及其路径探析 [J]. 中外交流，2017(27).
[50] 刘元春 . 推进供给侧结构性改革理论和实践创新 [J]. 先锋队，2017(20):14-16.
[51] 尤彧聪,易露霞 . “供给侧结构性改革”理论:溯源与作用机理研究 [J]. 社会科学(文摘版)，2017(4):204-205.
[52] 任颖洁 . 供给侧结构改革视角的中国产业转型与升级路径 [J]. 社会科学家，2020(8):82-88.
[53] 吕欣 . 浅谈供给侧结构改革背景下的金融风险及对策 [J]. 福建质量管理，2020(17):135-136.
[54] 张赫 . 基于供给侧结构改革下政府经济职能的转变分析 [J]. 中国商论，2020(9):85-86.
[55] 郁伟 . 新形势下低效国有企业治理对策研究——对供给侧结构改革的重要实践 [J]. 国有资产管理，2020(4):47-52.